기 후 Climate
변 화 Change
정 의 Justice

기후변화 정의

초판 발행 2014년 11월 4일

지은이 Eric A. Posner, David Weisbach
옮긴이 이은기
발행인 유기풍
편집인 우찬제
편집팀 김영주, 박민하
발행처 서강대학교출판부

주 소 서울특별시 마포구 백범로 35번지
전 화 (02)705-8212
팩 스 (02)705-8612
등 록 제313-2002-170호 (1978년 9월 28일)
ISBN 978-89-7273-251-8 93360

판매・유통 ㈜서강하우・홈페이지 http://www.hawoo.co.kr

값 21,000원

CLIMATE CHANGE JUSTICE

기 후 변 화 정 의

Climate Change Justice

Eric A. Posner
David Weisbach 지음

이 은 기 옮김

서강대학교출판부

역자 서문

정의(Justice)는 철학 · 정치학 · 경제학 · 사회학 · 법학 등 인문사회과학의 연구 대상이 되어온 다의적 개념이다. 그리스 · 로마 시대로부터 현재에 이르기까지 매우 흥미로우면서도 어려운 논쟁 대상이다. 최근 마이클 샌델의 '정의란 무엇인가'라는 책이 우리나라 독자들에게 많은 흥미를 끈 이유도 그런 이유에서였을 것이다.

"기후변화 정의(*Climate Change Justice*)"라는 이 책의 제목을 접하면서 독자들은 우선 기후변화와 정의가 어떻게 관계되는가에 대해서 다소 의문을 가질 수 있을 것이다.

저자들은 미국 시카고대 로스쿨 교수들로서 법학 및 경제학적 관점에서 기후변화와 정의문제를 분석하고 있다. 지구의 소행성 충돌과의 비유 등을 들며 과학적 예측과 더불어 지구온난화로 인한 미래에 대한 불안정성 하에서 세계 각국의 국제적 이해관계가 교토의정서 이래 기후변화협약에서 어떻게 대립되고 있는가를 면밀히 고찰하고 있다.

지구온난화 완화를 위한 비용부담문제에 관하여 선진국(the developed countries, the North)과 개발도상국(the developing countries, the South)의 상반된 입장을 대비시키고 있다. 분배적 정의 관점, 윤리적 · 의무론적 관점, 복지주의적 관점에서 과연 선진국이 후진국을 도와야 할 의무가 어디서 생기는지에 대한 논의를 전개하고 있다. 아울러 현재 세대(present generation)와 미래 세대(future generation) 간의 환경정의 문제도 가격 할인(discounting)이라는 개념을 토대로 현재 세대의 미래 세대에 대한 의무에 대해 경제학적 · 실증적 분석을 하고 있다.

또한 저자들은 선진국과 후진국 사이에서 지구온난화 완화를 위한 온실가스 감축 비용을 과연 누가 더 많이 부담해야 할 것인가에 대하여 현상태 접근법과 1인당 소득 접근법을 분배적 정의 문제를 관련지어 분석하고 있다. 과거 산업화로 인한 온실가스 배출이라는 과거의 잘못된 행위(past wrongdoing)로 인한 선진국의 도덕적 의무라는 측면도 있지만, 현재 산업화 과정에 있는 개도국인 중국, 인도 등의 공동 대처도 필요하다는 점을 강조하고 있다. 미국 학자들인 만큼 미국의 입장을 반영한 것이기도 하다.

복지주의적 관점과 윤리주의적 관점을 경제학적 분석을 토대로 분배적 정의론 관점과 대비시키며 논리를 펴고 있는 바, 난해한 부분도 있어 가독성이 다소 떨어질 우려도 좀 있지만 어쨌든 상당히 흥미로운 연구서이다.

이 책은 본인이 2012년 미국 버클리대 로스쿨에서 연구년을 보내던 중 우연히 접할 수 있었다. 마지막으로 이 책을 옮기는 데 도움을 준 2013년 1학기 서강대학교 대학원 환경법 수강생들에게 심심한 감사를 전한다.

2014. 10.

옮긴이 이 은 기

차 례

감사의 말 Acknowledgements

이 책을 준비하면서 우리는 아래에서 처음 등장하는 몇 개의 논문을 아주 많이 수정하였다. Eric A. Posner and Cass R. Sunstein, Climate Change Justice, 96 *Georgetown Law Journal* 1565 (2008) ; Eric A. Posner and Cass R. Sunstein, Should Greeenhouse Gas Permits Be Allocated on a Per Capita Basis? 97 *California Law Review 51* (2009) ; and Cass Sunstein and David Weisbach, Climate Change and Discounting the Future : A Guide for the Perplexed, 27 *Yale Law and Policy Review* (2010). 우리는 우리의 논문들을 게재하도록 허락한 이러한 간행물 저자들에 대해 감사드린다.

이름을 거명하기에는 너무 많은 사람들이 우리가 이 책에서 진전시킨 아이디어들을 발전시키는 것을 도와주었다. 그들 중 대부분에게는 우리가 이전에 출간한 논문들에서 감사를 표했다. 그러나 우리는 시카고대 지구물리학과 소속인 David Archer와 Ray Pierrehumbert의 이름을 들지 않을 수 없다. David와 Ray는 우리가 여기서 얘기하는 것의 많은 부분에 동의하지 않음에도 우리의 논쟁에 대한 비판은 물론 기후변화의 과학에 대해서 친절한 충고를 해 주었다. 또한 전체 원고에 대한 코멘트를 한 Richard Stewart, Michael Vandenbergh 그리고 이름을 밝히지 않은 많은 검토자들에게 감사한다. 우리는 또한 Kathryn Burger, Lena Cohen 그리고 Katie Reaves의 연구에 대한 조사 그리고 학장 Saul Levmore의 재정적 지원에 대해 감사드린다.

Cass Sunstein은 위에서 언급한 3개 논문의 공동 저자였고 원래 계획에서는 그도 이 책에서의 공동 저자였었다. 실로, 그는 원고 준비의 초기 단계에서는 광범위하게 관계하고 있었다. 그러나 오바마 행정부에서의 그의 직책 때문에 - 그는 현재 백악관의 정보·규제실 행정관이다 - 그는 그 후의 개정 작업에 참여할 수 없었다. 우리는 오로지 이 책 발간에 그가 관련되었다는 점에 대해 그에게 감사를 표할 수 있을 뿐이다. 이 책의 최종 수정에 대한 어떠한 논의에 대해서도 그는 책임이 없다.

안내말 Introduction

기후변화는 오늘날 세계가 직면하는 가장 심각한 문제 중 하나이다. 이산화탄소와 다른 온실가스가 대기 중에 방출되어 지구의 기후를 변화시켜 왔고 앞으로도 계속 변화시킬 것이며 인류가 출현하기 오래 전부터 보여 주었던 것보다 훨씬 빠르게 평균기온이 상승하고 있다는 데 대해 현재 강력한 과학적 합의가 이루어져 있다. 이산화탄소 배출의 주요인이 화석연료의 생산과 소비이지만, 산업 활동이나 농업과 관련된 다른 기여요인도 매우 많다. 더욱이 농경지를 얻기 위해 숲을 파괴하는 것을 포함한 토지이용의 변화는 천연의 이산화탄소 흡수원을 감소시켜 왔고 그 결과 대기 중 이산화탄소의 축적을 더욱 증가시키고 있다.

가장 낙관적 전망은 기후변화가 가볍고 느리게 일어날 것이라는 것이다. 그럴지라도, 기후변화에 있어서 지방에 따른 다양성은 농업과 같은 전통적 경제활동을 방해하고 그 결과 자본투자의 낭비, 대대적 이주 등을 가져 온다. 해수면 상승이 아주 적다고 할지라도 폭풍우로부터의 위험은 증가할 것이고 사람들은 방파제를 설치할 필요가 있고 해안으로부터 멀리 이주하고 다른 부담에 직면하고 비용을 발생시킨다. 말라리아와 같은 따뜻한 날씨로 인한 질병이 창궐해 사람들이 죽고 결과적으로 심각하게 대처할 필요가 생기게 된다.

이분법적 전망은 business-as-usual 시나리오 하에서 지구 기온 변화는 실질적이 될 것이고 기후변화의 효과는 그렇지 않으면 피할 수 있는 수백

만의 홍수, 질병 및 기타 위험에 의한 죽음과 수조원의 비용과 함께 심각한 파괴를 가져온다. 우리가 강조하듯이 그 영향은 아마도 가장 취약한 지역에서는 최악이 될 것이다 - 인도와 사하라 이남의 아프리카와 같은 빈곤한 나라들이다. 정말 파국적 결과(truly catastrophic outcome)일 위험도 있다 - 예를 들면, 지구 기온의 심각한 상승과 대규모 해수면 상승은 인간의 생활을 상상하기 어려울 정도로 변화시킬 것이다.

어떤 일이 일어날 것인가? 대부분은 불분명하나 몇 가지 점은 분명하다. 첫째, 현재나 장래에 선도적으로 기여하는 정부들은 온실가스 배출을 줄이는 정책을 채택하여야 한다. 이러한 정책들은 사람들로 하여금 화석연료를 태우거나 숲을 없애거나 지구온난화에 기여하는 행위들을 하기 위해서는 비싼 대가를 지불하도록 할 것이다. 환경친화적인 마음을 가진 시민들(green-minded citizens)에 의한 자발적 배출 감축은 시작에 불과할 뿐이지 충분하지는 않은 것이다. 이상적으로는 공산품을 사용 또는 소비함으로써 초래되는 기후에 대한 악영향을 탕감하는 세금을 부과하는 것이다. 실제로 이러한 것이 무엇을 의미하는지는 우리가 답해야 할 복잡한 문제이다. 배출권거래제도(cap-and-trade system)와 같은 대안적인 정책들이 있는바, 그것은 배출권을 팔거나 거래하는 것이다. 이러한 대안적 방법들은 조세보다는 아마도 덜 효과적이겠지만 그것은 정치적으로는 더 실현가능한 것들이다.

둘째로, 조세, 배출권거래제, 다른 어떤 것이든 어떤 정책들이 선택되든지 세계 각국 정부는(적어도 이 문제에 대해 기여하는 모든 기여자들은) 이러한 정책들을 대부분 협약을 통해서 조정하려 할 것이다. 국제협약의 중요성은 거의 과장될 수 없다. 기후변화는 전 지구적 문제이다. 지구온난화는 지구의 공유자들, 이산화탄소와 다른 온실가스를 저장할 공기(그리고 해양, 숲)의 수용가능성의 침식으로부터 오는 것이다.

만약 어떤 나라가 그 영토 내에서 배출을 규제하고 다른 나라들은 규제하지 않으면, 그 첫 번째 나라는 그 자신이나 세계를 위해서 이득을 주지 못하는 반면 큰 비용을 부담할 것이다. 그 이유는 배출은 다른 나라들에서는 전과 다름없이 계속될 것이기 때문이다 ; 이러한 배출은 첫 번째 나라를 해치는 기후변화의 원인이 될 것이다. 더 나쁜 것은 산업이 첫 번째 나라로부터 다른 나라로 이동할 것이고 거기서는 전과 같이 온실가스를 계속 배출할 것이다 ; 이것이 "누출"의 문제(problem of "leakage")이다. 물리적 위치 변화, 지리적 특성 보상을 하고 국가마다의 다른 경제성장 수준 때문에 다른 곳에서보다 감축 비용에 의해 정면으로 공격받는 국가들에 몇몇 지역에서의 중요한 감축방법들은 집중된다 - 감축 조치 비용이 적게 드는 그런 지역들 - 이러한 단계는 일방적으로 진행될 수 없다. 협약이 필요하다.

많은 정부들이 이미 이러한 관점에 다다랐다. 1990년대에는 국가들이 유엔 기후변화협약에 동의하였고 기후협약에 관한 협상을 구축하기 위한 몇 가지 원칙들을 제공하였다. 이러한 협상은 1997년 교토의정서를 이루어냈고 그것은 2005년에 발효되었다. 교토의정서는 심각한 치명적이기조차 한 문제를 가지고 있었다. 그것은 중국과 인도와 같은 개발도상국들에 대하여 어떠한 규제도 할 수 없었고 그러한 나라들에서 배출은 매우 심각하게 증가하고 있다 ; 이러한 이유에서 온실가스를 허용할 수 있는 수준까지 줄일 수가 없다. 게다가 교토의정서는 미국에게는 극단적으로 심각한 의무를 부과하였고 그 결과 미국은 그 협약체제에의 가입을 거부하였다. 2008

년 발리의 기후회의에서 이러한 문제들에 대한 몇 가지 진전이 이루어졌다. 미국은 몇 개의 기후협약에 가입하였고 개도국들은 그들이 온실가스 감축에 마찬가지로 기여해야 한다는 것을 인정함에 있어 과거보다 적극적 의지를 드러냈다.

한편 외교관, 학자, 언론인 그리고 기타 해설자들은 기후협약의 설계를 위한 원리들을 개발하기 위해 노력하였다. 그러한 협약을 설계함에 있어서 기술적 어려움은 헤아릴 수 없다. 국가들은 장래의 엄청난 과학적, 경제적 불명확성에도 불구하고 대기 내에 수용 가능한 온실가스 수준에 대하여 합의를 해야 했다. 그들은 감축방법과 준수를 모니터할 방법에 대해 합의를 해야 할 것이다. 그리고 그들은 감축방법의 부담을 어떻게 배분할 것인가에 대한 합의를 해야 한다. 이 마지막 문제가 가장 어려운 문제이다. 정의에 관한 논쟁을 함에 있어서 가난한 나라들은 부유한 나라들이 감축 비용(cost of abatement)의 대부분을 부담해야 한다고 주장한다. 중국, 인도, 브라질은 미국과 유럽의 부자 나라들이 적극적인 배출 감축 책임을 져야 하고 개발도상국가들의 배출 감축 부분에 대하여 많은 재정적 원조도 해야 한다고 주장한다. 부자 나라들은 (빈곤국들을 포함한) 가장 많이 배출하는 국가들이 엄격한 의무를 져야 한다면서 반대하고 다른 나라들은 각기 다른 형평의 원칙(different principles of equity)을 주장하고 있다.

국가들은 각기 다른 정의의 원리를 주장할 뿐 아니라 ; 그들은 기후변화로부터의 위험을 다르게 인식하고 있다. 그리고 정의의 원리(principles of justice)에 대해 동의할 때조차도 그들은 그것을 다르게 적용한다.

몇몇 가난한 나라들은 기후변화로부터 중대한 위험에 직면하고 있는 것을 인식하고 있고 부자 나라들이 그들의 배출을 감축하기를 원하고 있다. 몇몇 부국들은 기후변화에 의해 그들이 심각하게 위협받지 않고 있다고 믿고 있고 먼 미래의 사변적인 문제에 대해 그들을 위해 현상을 해결하기 위해 많은 비용을 지불해야 하는 이유에 대해 회의적으로 보고 있다. 몇몇 빈국들은 기후변화는 그들이 직면할 가장 심각한 위협과는 거리가 먼 것으로 믿고 있다 ; 그들은 진실로 위협이 되는 것은 빈곤과 관련된 것이라고 믿고 있고 온실가스 배출이 아니고 경제성장, 빈곤을 가장 바람직한 것으로 믿고 있다. 그들은 형평성을 고려함에 있어서 그들이 자국의 배출을 감축하기 위해서 많은 비용을 지불해야 한다는 데 대해서는 회의적이다.

기후변화에 대한 논쟁에 있어, 형평과 정의의 문제(questions of fairness and justice)는 중대한 역할을 한다. 해설자들은 기후협약이 빈곤한 나라들보다 부유한 나라들에게 더 많은 부담을 지워야 하거나 많은 양의 온실가스를 배출한 나라들을 응징해야 하고 지구상의 사람들에게 공평한 부담을 지워야 한다고 주장한다.[1] 우리는 정의에 대한 주된 논쟁은 심각한 반대에 부딪힌다고 본다. 그것을 주장하면 즉 이상론에 의하면 실제적 고려를 무시함으로써 그들은 종종 수단과 목적을 혼동한다. 기후변화협약은 부의 재분배방법일 뿐 가장 좋은 방법이 아닌 것 같다. 부를 재분배하는 더 좋은 방법이 있다면 우리는 기후협약이 그렇게 하도록 이용해서는 안 된다. 교정적 정의와 과거의 나쁜 행위(past wrong)에 초점을 맞추는 것과 같이

---

1) 기후변화와 관련된 윤리적 문제에 대해 책으로 다룬 것은 매우 적다. 이 문제에 대한 최근의 의미 있는 저술은 Steve Vanderheiden, *Atmospheric Justice*(2008) ; James Garvey, *The Ethics of Climate Change : Right and Wrong ina Warming World*(2008)을 보라.

이상론과 다른 논쟁을 일으키는 유사한 문제점이 있다.

더구나 그러한 논쟁들이 자기 방식대로 옳다고 할지라도 그것들은 기본적 실용주의나 실현성 제약을 고려할 수 없다. 그렇게 함으로써 그들은 기후변화협약을 좌절시킬 우려가 있고 그렇게 함으로써 이러한 바로 그 논쟁을 압박하는 국가와 사람들에게 피해를 입힌다. 윤리적 주장과 현실적 제약(ethical claims and pragmatic constraints) 사이에는 긴장이 있다. 국가들이 윤리적으로 요구되는 행위를 거절할 것이라고 말하는 것은 윤리적 요건의 위반(violation of ethical requirements)에 대해 용서를 구하는 것이 아니다. 국가의 이익을 무시하는 윤리적 논쟁은 환상이다 ; 단지 가장 강력한 국가들의 이익을 향상시키는 것은 윤리적 기반을 갖지 못할 것이다. 이러한 고려사항들의 균형을 기하고 윤리적이면서도 동시에 실현가능한 협약을 만드는 것이 과제이다.

우리가 알 수 있듯이 이 두 가지는 어느 정도 긴장관계이나, 그 긴장은 파괴적일 필요는 없다. 우리는 협약이 어떻게 실현될 수 있는 것을 보여주고 싶고 정의의 요건과 부합하는 한편 세계 사람들의 복지를 촉진하는 것을 목표로 한다.

우리의 논쟁은 비정상적이다. 우리는 기후변화협약이 빈국에 있는 가난한 사람들을 도울 수 있기에 그것을 강력히 옹호하고 부자로부터 가난한 자에게로의 재분배도 지지한다. 동시에 정의에 관한 어떤 직관적 관념이 기후협약의 설계에 있어서 중요한 역할을 하여야 한다고 하는 주장을 거부한다. 우리는 네 가지 주요 논제를 좀 더 상세하게 살펴보기로 한다.

뒤가 아닌 앞을 보기 Looking Forward, Not Backward

국가들은 기후문제를 전향적으로 보고 실용적 관점에서 접근해야 한다. 많은 사람들은 기후협약이 교정적, 배분적 정의의 원리를 반영해야 한다고 주장한다. 그들은 기후협상을 세계의 가장 심각한 문제 - 모두가 인정하는 선진국과 후진국 간의 불공평한 분배, 식민주의의 유산으로 계속되는 피해 등 - 를 해결할 기회로 여기고 있다. 우리는 이러한 접근방법을 거부한다. 그러한 주장은 원리에 대한 심각한 반대에 부딪힌다. 그것들은 기후협약을 더욱 실현불가능하게 만들 우려도 있다 ; 세계의 모든 병들을 해결하려는 노력이나 그 중 일부를 해결하려는 노력조차도 여러 나라의 다양한 가치와 이익을 해칠 것이다. 가난한 나라의 대표자들이나 학자들 그리고 선진국의 사람들을 포함하여 그러한 주장을 하는 사람들은 결국에는 가난한 나라들에게 피해를 입힐 수 있다. 그들이 부유한 나라들에게 너무 많은 것을 요구할 경우 부자 나라들은 어려움을 겪을 것이다.

개인에게는 통하는 도덕적 주장이 언제나 국가에게 통하는 것은 아니다 Moral Argument That Make Sense for Individuals Do Not Always Make Sense for States

기후변화에 대해 논쟁하는 정부와 해설자들은 흔히 국가를 피해를 주거나 입는, 비난받을 만하고 다른 국가들에게 도덕적 의무(moral obligations)를 지는 독립된 실체로 여긴다.

이러한 표현이 국제법과 국제관계의 수사학의 중요한 부분이라고 할지라도 기초가 되는 도덕적 문제들을 애매하게 한다. 기후변화는 그것이 국가들을 해치기 때문이 아니라 사람들에게 피해를 주기에 문제가 된다. 사람들은 종종 국가의 정책들로부터 발생하는 피해에 대해서는 도덕적으로 책임이 없고 개인의 행동을 지배하는 도덕적 원리들 - 교정적, 분배적 정의와 같은 - 이 국가에게 적용될 때에는 보호조치가 이루어져야 한다.

국제 파레토이즘과 실현가능성 문제
International Paretianism and the Question of Feasibility

어떠한 조약도 우리가 국제 파레토이즘이라고 부르는 것을 충족해야 한다 : 모든 국가들은 기후협약의 결과로서 그 빛을 받아 더 좋아진다고 믿어야만 한다.[2] 국제 파레토이즘은 윤리적 원리가 아니고 실용적 제약(pragmatic constraint)이다 : 국가체제 내에서는 조약은 모든 국가의 동의 없이는 불가능하고 국가들은 그들에게 이익이 될 경우에만 조약에 가입한다. 분명하게도 국가들은 도덕 논쟁에 의해서 영향을 받을 수 있으나, 역사는 다른 국가들의 도덕적 요구를 충족시키기 위해서 자신의 이익에 반하여 행동한 사례가 거의 없다는 사실을 보여 주고 있다. 그러나 진실한 사실은 국가는 그들 국민의

---

2) Jonathan Wiener는 논문과 책에서 유사한 점을 지적하였다. Jonathan Wiener and Richard Stewart, *Reconstructing Climate Policy : Beyond Kyoto*(2003) ; Jonathan Wiener, Global Environmental Regulation : Instrument Choice in Legal Context, 108 *Yale Law Journal 677*(1999) ; Jonathan Wiener, Climate Change Policy, Policy Change in China, 55 *UCLA Law Review* 1805(2008)을 보라.

복리(well-being of their populations)에 의해 그들의 이익을 정의한다는 것이다. 그러므로 국제 파레토이즘은 제한적이나 중요한 도덕적 비전과 부합한다 - 국가가 온실가스 배출을 제한하는 데 동의함으로써 협력적으로 그들 국민의 복리를 증진하고 그 결과 지구인의 복리를 증진한다는 것이다. 실현가능성은 교정적 · 분배적 정의를 근거로 하여 도덕적으로 요구된다고 믿는 광범한 부의 재분배(redistributions of wealth)를 지배하나 지구적 복지의 증진을 좌우하지는 않는다. 실현가능성과 복지주의는 성공적인 기후협약의 두 기둥이다.

전 지구적 최적 배출 감축과 지역적 변용 문제 Globally Optimal Emissions Reductions and the Problem of Local Variation

최적의 기후협약은 배출 감축에 관해 선과 악, 모든 효과를 고려하여 전 지구적으로 적합한 대기 중 온실가스 축적 수준을 제공할 것이다. 가장 평등하게 배출 수준을 설정함으로써 배출로 인해 알려지지 않은 위험을 충분히 고려하면서 배출 감축 비용이 피할 수 있는 피해를 균등화하도록 한다. 각기 다른 국가들에서의 기후변화의 악영향(adverse impact)의 차이로 인하여 전 지구적 최적 수준이 어떤 나라에서는 적정한 것보다 높게 될 수 있고 어떤 나라에서는 적정수준보다 낮을 수 있다. 감축 계획에 있어 협력을 보장하기 위하여 첫 번째 그룹의 국가들에게는 부대비용을 부과하는 것이 필요하다 ; 두 번째 그룹의 국가들은 비용을 지불해야 한다. 우리는 부담의 배분이 국가들의 상대적 협상력에 좌우될 것이라고 의심하나, 윤리적 고려도 작동한다고 믿는다. 국제 파레토이즘을 충족하는 협약은 윤리적 원리의 기초에서 국가들 사이에 증권 또는 현금 지급 형태로 배분될 수 있는 잉여분(surplus) - 기후적 이득으로부터 감축 비용을 뺀 것 - 을 발생시킨다. 예를 들면, 가장 적극적으로 감축 방법을 이행하거나 감축 기술에 투자한 국가들은 그들의 노력에 대한 보상을 받아야 한다.

우리는 부유한 국가들이 배출 감축과 그에 대한 적응으로써 빈곤한 국가들을 도와야 한다는 점에 역시 동의한다. 설사 이러한 논점에 대한 우리의 요구에 제한이 있더라도 말이다. 그러나 설사 협상력이 이와 같은 잉여분의 분배를 결정짓는다고 하더라도 국가들이 조약에 의해 부유해진다면 역시 그 국민들의 삶도 부유해질 것이라는 점을 보는 것이 중요하고, 이것이 기후변화협약을 지지하는 데 충분한 윤리적인 근거가 된다는 사실을 아는 것이 중요하다.

제1장부터 제3장까지는 우리의 논쟁에 대한 배경을 이야기한다. 제1장은 기후협약의 설계에 영향을 미친 과학적이고 경제적인 사실들을 논의하는데, 불충분하게 인식된 논점을 강조하고 있다 : 배출 감축에 관한 비용과 이익이 나라에 따라 매우 다르다는 점이다.

우리는 어떤 국가나 지역의 경우 다른 곳에 비해 훨씬 취약하다는 점을 알려줄 것이다 ; 특히 빈곤 국가들은 매우 큰 위험에 놓여있는 바, 정의에 관한 문제에 대해 직접적으로 영향을 미치는 방식에서 그렇다. 우리는 여기서 또한 국제협약이 불가피하다는 점을 강조하고 싶다.

제2장은 다양하고 유용한 정책적인 선택사항들을 살펴보고 있으며 윤리적인 고려가 이와 같은 정책 선택에 영향을 미치는지 여부에 관하여 살펴본다.

제3장은 지금까지 시도되어 온 지역적, 국가적, 국제적인 노력들을 설명하고 그것들이 주로 상징적인 것이었는지에 대해 논의한다 – 사람들은 기후변화문제에 대해 강하게 느끼나 일방적 행위는 그 문제에 거의 영향을 미치지 못하고 그래서 많은 비용이 드나 별로 도움이 되지 않는 규제들보다 협약을 고대하게 되는 것이다.

이 책의 논쟁의 핵심은 제4장부터 제7장까지이다. 제4장은 기후협약이 분배적 정의의 원리를 반영해야 한다는 주장에 대해 비판한다 – 대략, 부자나라들이 감축부담을 져야 하고 가난한 나라들은 감축해야만 하는 것은 아니고 그들의 감축노력에 대해 보상을 받아야 한다는 견해이다. 제5장은 기후협약이 교정적 정의 원리를 반영해야 한다는 주장 – 대략, 일찍이 산업화된 나라들은 해악의 대부분의 원인을 제공했고 따라서 감축에 대해 전적인 부담을 져야 한다는 견해 – 에 대해 토론한다. 6장은 배출권이 개인별 소득을 근거로 분배되어야 한다는 일반적인 생각에 대해 질문을 던지기 위해 이러한 비판을 공론의 장으로 가져온다 ; 이것은 또 다른 원리 – 지구의 자원은 세계의 거주자들에게 공평하게 분배되어야 한다는 원리 – 에 대해서도 다룬다.

제7장은 미래 세대들에 대한 의무(duties to future generations)를 다룬다. 세대 간 중립성 원리(principle of intergenerational neutrality)에 대해 주장하나, 미래비용과 편익을 할인하는 것(discounting the future costs and benefits)이 윤리적으로 공정하다는 견해에 대해 제한적으로 시인한다. 제8장에서는 기후협약에 대한 최적의 설계를 위한 우리 주장의 함의를 서술한다.

처음부터 우리는 우리의 몇 가지 윤리적이고 경험적인 근본원리에 대해 언급해야 한다. 윤리적 문제들에 대한 두 가지 다른 접근은 통상적이다 : 의무윤리론적 접근(deontological approaches)과 복지주의자적 접근(welfarist approaches)이다. 의무론적 접근은 어떠한 행위를 그 효과는 무시하고 옳음이나 그름(rightness or wrongness)에 초점을 맞춘다 : 예를 들면 거짓말이나 다른 사람을 해치는 것과 같은 어떤 행위는 그 결과에도 불구하고 나쁘다거나 나쁘다고 추정된다. 복지주의자적 접근은 관련된 사람들(과 동물들의 경우도)의 복지를 증진시키는 행위에 대해 찬동한다. 예컨대 다른 사람의 복지를 줄이지 않은 한 사람의 복지를 증가시키는 행위는 좋은 행위(a good act)이고 많은 사람의 복지를 증진시키는 행위는 매우 좋은 행위(a very good act)이다.[3)]

우리가 위에서 언급한 바와 같이 기후변화에 대해 우리가 택한 접근법은 광범위한 복지주의이다. 우리는 사람들의 안녕(people's well-being)에 대한 영향 때문에 관심사안인 현상을 다룸에 있어 복지주의가 우리에게 좀 더 잘 맞고 적절하다는 것을 안다. 그러나 우리는 의무론적 요구가 상당한 힘을 가지고 있다는 사실을 알고 있으며 많은 경우에 있어 복지주의자와 의무론적 접근이 바람직한 결론을 이끌어 낸다는 것을 보여 줄 수 있을 것이다. 끝으로 우리는 어떤 다른 경우에는 의무론적 사고(deontological thinking)가 생각대로 되지 않고 직관적으로 받아들이기 어려운 결과를 가져온다는 것을 주장할 것이다. 그러나 의무론과 복지론 간의 해묵은 논쟁을 해결하는 것이 우리의 목표는 아니다.

---

3) 때로는 개인의 복지에 관한 정책들이나 행위의 효과에 초점을 맞추는 윤리적 이론은 복지주의자라기보다 공리주의자로 불린다. 복지주의자들이 다른 총합적인 방법들이 수용할 만하다고 일반적으로 보는 데 반하여, 공리주의자들(Utilitarians)은 개인들의 복지의 총합을 어떻게 변화시키는가에 기초한 어떤 행위나 정책의 가치를 우리가 측정할 수 있다고 생각한다.

또 한 가지는 우리는 대부분의 복지주의자들이 그렇게 하듯이 인간의 평등성에 대한 어떠한 원리(certain principles of human equality)를 당연하게 여길 것이다. 우리는 세계의 모든 개인들의 복지가 똑같은 비중을 갖는다고 가정할 것이다 ; 인도 사람이 미국 사람보다 더 중요시되거나 더 경시되지 않는다. 또한 우리는 미래 세대의 사람들도 같은 비중을 가지는 것으로 가정할 것이다 ; 2090년에 태어난 사람들이 1990년에 태어난 사람들보다 더 중요시되거나 더 경시되지 않는다. 이러한 가정은 종종 부의 재분배를 위하여 오히려 가혹한 처방을 가져다준다 ; 가난한 사람들이 복지의 견지에서 주어진 화폐 단위로부터 부자들이 얻는 것보다 많이 얻기 때문에 복지주의는 부유한 나라들의 부유한 사람들이 가난한 나라들의 가난한 사람들에게 매우 많은 액수의 돈을 이전해야 된다는 것을 의미한다. 그러나 우리는 또한 우리가 살고 있는 국가체계를 심각하게 받아들이고 다른 사람들의 복지를 위하여 보통 사람들이 희생을 하려는 것에 대한 현실적 한계도 받아들인다. 국제적 파레토이즘은 우리가 현실적으로 비준될 기회를 가진 협약들에 대해서만 논의할 것이라는 점을 확실히 한다.

제1장

윤리적으로 관련된 사실과 예측
Ethically Relevant Facts and Predictions

기후변화의 윤리학(ethics of climate change)을 연구하기 위해서 우리는 기후변화가 현재와 미래 세대에 지구에 사는 사람들에게 어떠한 영향을 줄 것인가를 이해해야 한다. 그러한 이해에는 세계 각 지역에서의 온실가스의 영향에 대한 과학적 예측에 대한 지식이 있어야 하고 시간이 흐름에 따라 이러한 기후변화로 인해 사람들이 어떤 영향을 받을 것인가에 대한 지식 그리고 어느 정도까지 적응할 것인가에 대해 알 필요가 있다. 예를 들면 과학적 예측이 어떤 지역은 앞으로 100년 동안 강수량의 감소로 고통을 겪을 것이 예상된다는 사실을 우리에게 알려 준다. 이러한 변화가 그 지역의 농업 활동에 어떤 영향을 줄 것인가를 우리는 알아야 하고 그 지역에 거주하는 사람들이 다른 식량자원을 얼마만큼 발견할 수 있을런지도 알아야 한다.

이러한 쟁점들에 대해 많은 문헌이 있다고 말하는 것은 본질을 왜곡하는 것이다.[1] 여기서 우리의 목표는 이러한 문헌들에서 기본적 요소들을 추출함

1) IPCC의 제4차 평가보고서 제3권 *Climate Change 2007*은 이들 분야에 대한 연구에 수천 페이지를 할애하고 있다. 이것은 Working Group I : The Physical Science Basis ; Working Group II : Impacts, Adaptation and Vulnerability ; and Working Group III : Mitigation of Climate Change, available at http://ipcc.ch.

으로써 그 결과 기후변화에 관한 우리의 윤리적 의무에 대하여 생각하는 데 이용하기 위해 많은 사실과 예측을 배우는 것이다. 우리는 기후변화에 관련된 이슈들에 대해 과학적 합의를 보고하기 위해 설립되었고 노벨상을 수상한 국제기구인 IPCC의 정기보고서에 많이 의존하고 있다.[2] 기후변화가 일어나고 있고 그것이 인간에 의한 것이라는 데 대해서는 의견이 일치하고 있는 데 반해, 탄소 배출이 앞으로 100년 또는 200년 후에 살 사람들에게 어떠한 영향을 줄 것인지 예측하는 것은 매우 어렵다. 예측은 기후변화의 과학에 대한 본질적 불확실성과 사회가 향후 몇백 년 동안 어떻게 진화할 것인지를 모두 고려해서 이루어진다. 1909년 혹은 1809년 살고 있던 어떤 사람이 오늘날의 생활을 과연 어떤 것이라고 예측했었을까 하는 것을 상상해 보라.

우리는 여기서 기후변화 영향에 대한 주요한 예측들과 일어날 수 있는 광범위한 결과들 모두를 강조할 것이다. 많은 사람들이 불확실한 대변혁의 가능성이 주요 고찰 대상이 되어야 한다고 믿고 있고 우리 역시 이것에 대해 논의한다.

이 장에서 연구되어야 할 5개의 주요한 논제가 있다.

• 가난한 나라는 기후변화로부터 최대 피해를 받을 수 있다.

세계에서 기후변화 영향을 가장 크게 받을 수 있는 지역은 역시 가난한 곳이다. 가난한 나라들은 더운 지방에 자리 잡고 있고 기후변화는 추운 나라들보다 더운 나라들에 더 많은 피해를 줄 것이다. 비교적 추운 기후로부터

---

2) IPCC Reports, *Climate Change 2007*(2007), available at http://ipcc.ch.

기온의 완만한 상승은 농업생산력을 증가시킬 수 있고 난방 수요를 줄인다. 그러나 더운 기후로부터 기온의 완만한 상승은 농업생산력을 감소시키고 냉방수요를 증가시킨다. 더욱이 가난한 사람들은 기후변화에 대한 적응력이 떨어진다.

그들 나라의 경제는 (다른 경제활동에 비해 기후변화에 의해 훨씬 피해를 입기 쉬운) 농업에 보다 더 의존하고 기후변화 영향을 완화시킬 수 있는 자원이 부족하다. 그럼에도 불구하고 대다수의 기후변화에 대한 연구에서 비단 가난한 나라들만이 아니라 거의 모든 국가들이 기후변화로 피해를 입을 수 있다는 결론을 내리고 있다. 특히 지구의 기온 변화가 최소한도를 넘을 때에는 그렇다는 것이다.

- **현재의 배출로 인한 효과(effects of emissions today)는 먼 미래에 느껴질 수 있을 것이다.**

오늘이 아닌 미래에 사는 가난한 사람들(poor people living in the future)이 가장 피해를 많이 입을 것이다. 우리는 이러한 효과를 가늠하기 위해서 먼 미래를 예측해야 할 필요가 있기 때문에 이러한 효과에 대한 불확실성은 매우 크다. 그리고 먼 미래는 어느 누가 아주 정확하게 풀 수 없을 정도로 불확실하다. 불확실성(uncertainty)은 기후변화에 관한 모든 선택에 영향을 미친다. 아주 나쁜 결과에 대한 "보험정책(insurance policy)"에 우리가 얼마나 많은 돈을 지불할 용의가 있는가? 정확히 말하자면 우리는 어디에 자원을 투자해야 하는가? 새로운 기술에, 보존노력에, 현 세대의 최고 기술을 확고히 확립하는 것에? 기후변화를 감소시키기 위해 현재의 자원소비에 대한 선택은 현재 사는 사람들과 미래 세대에 살 사람들의 이익의 균형과 관련된다. 우리는 이 문제를 제7장에서 상세히 다룬다.

- **미래에 가난한 나라에 살 사람들은 현재와 미래의 탄소 배출저감으로 인해 가장 많은 이득을 볼 수 있다.**

이러한 결론은 기후변화로 인해 가난한 나라들이 가장 피해를 입을 것이라는 사실에 비추어 보면 놀랄 만한 일은 아니다. 그러나 우리가 논의하겠지만 그 문제는 처음에 나타나는 것보다 매우 민감한 문제이다. 특히 자료가 보여 주듯 기후가 탄소 축적에 대해 아주 민감하다면, 잘사는 나라들이 탄소 배출저감으로 인해 더 많은 이득을 얻게 된다. 그 이유는 만약 기후변화로 인한 피해가 아주 심각하다면 탄소저감을 조금하는 것은 가난한 나라들에 별로 도움이 안 되고 오히려 잘사는 나라들에게는 매우 큰 차이를 만들 수 있다.

- **얼마나 많은 나라들이 현재까지의 배출에 대하여 책임이 있는가를 말하기는 쉽지 않다. 왜냐하면 그 계산이 복잡한 측정방법 문제에 달려 있기 때문이다.**

대부분의 분석자들이 유지하는 표준적 관점은 현재까지 배출의 대부분은 잘사는 나라들에게 책임이 있다는 것이다.[3] 표준적 관점은 잘못된 것일 수 있다. 토지 이용 변화와 화석연료의 연소로 인한 이산화탄소와 같은 온실가스를 포함시키면 브라질, 러시아, 인도네시아, 중국과 같은 개발도상국들은 미국이나 유럽연합과 같이 잘사는 나라들이 온실가스 축적에 기여한 정도로 기여해 왔다. 개인별 관점에서 배출에 대해 포괄적 측정법을 사용해도

---

3) Eileen Claussen and Lisa McNeilly, Equity and Global Climate Change : The Complex Elements of Global Fairness, Pew Center on Global Climate Change(October 29, 1998) ; Marina Cazorla and Michael Toman, International Equity and Climate Change Policy : Resource for the Future, *Climate Issue Brief 27*(December 2000).

유사한 결과가 나온다. 이러한 측정법에서는 선진국과 개발도상국을 모두 배출국의 최상위 그룹에 포함시키고 있다 ; 벨리즈나 기아와 같은 몇몇 작고 상대적으로 가난한 나라들은 최상위 그룹에 있고 미국은 13위이다.[4] 개인당 배출의 최상위국을 적절한 대배출국으로 한정해도, 최상위국 명단에 못사는 나라와 잘사는 나라가 섞여 있다. 단지 에너지 사용이나 여러 지역에 있는 나라들을 합치는 것과 같은 측정법에 의하면 잘사는 나라들이 우선적으로 배출에 대하여 책임이 있다. 예를 들면 IPCC는 잘사는 나라들에 대하여 공평하게 책임을 묻는 측정법을 사용하고 있다. 더욱이 어떤 측정법에 의하면 많은 못사는 나라, 특히 아프리카 국가들은 배출량이 아주 적고 거의 모든 잘사는 나라들은 높거나 아주 높은 배출을 하는 것으로 나타난다.

• **효과적인 기후활동에는 대부분 또는 모든 주요 배출국이 포함되어야 한다.**

어떠한 국제조약에서도 교토의정서의 배출량 제한에 동의하는 선진국들(과 미국)을 포함시켜야만 한다. 그러나 중국, 브라질, 인도네시아와 같은 나라들도 포함되어야 한다.

배출량 증가의 많은 부분이 개발도상국에게 있다. 그러한 나라들에 대한 배출량 제한이 이루어지지 않는다면 선진국들의 노력은 상대적으로 별 효과를 나타내지 못할 것이다. 그 결과 개발도상국들을 포함하지 않는 기후조약들은 별 효과를 나타내지 못할 수 있다.

이러한 우리의 결론이 다소 논란이 있다 하더라도 우리는 논의의 목적을

---

4) World Resources Institute, Climate Analysis Indicator Tools(CAIT), available at http://cait.wri.org. Total GHG Emissions in 2000 with land use change(most recent land use data available).

달성하기 위해 그것을 올바르게 고쳐야 할 것이다. 우리는 기후변화의 이면에 있는 과학에 대해 간단히 살펴본 다음 탄소 배출과 그로 인한 효과에 대하여 살펴보기로 한다.

과학 The Science

기후변화의 이면에 있는 기초과학(basic science)이 100년 이상 숙지되어 왔다.[5] 그러한 과학지식은 달이 춥고 지구가 생명체가 살기에 적합한 기온을 유지하고 금성은 너무 뜨겁다는 것을 설명하는 이유로도 사용되었다. 지구의 기온은 지구가 태양으로부터 흡수하는 에너지와 도로 방출하는 에너지 간의 관계에 의해 결정된다. 기온이 안정을 유지하기 위해서는 이 두 가지가 균형을 유지해야 한다. 태양이 뜨겁기 때문에 태양에너지의 대부분은 적외선에 가까운 가시광선 형태를 띠고 있다. 지구가 더 차가울수록 지구가 우주에 방출하는 에너지는 더 긴 파장을 가진다 ; 이것은 적외선 스펙트럼대에서는 항상 그렇다. 대기가 없다면 흡수하는 에너지와 방출하는 에너지의 가감 결과는 지구표면 온도가 약 섭씨 -20도(화씨 14도)로 생명체를 유지하기에 너무 춥다. 지구가 이렇게 춥지 않은 이유는 지구가 대기에 의해 둘러싸여 있기 때문이다. 대기는 태양으로부터 방사되어 들어오는 방열선을 거의 투과시키지만 지구로부터 나오는 적외선방열도 흡수한다. 이것이 행성 단열효

---

5) Working Group I : The Physical Science Basis, IPCC Fourth Assessment, Report 95, *Climate Change 2007*(2007) ; David Archer, *Global Warming : Understanding the Forecast, Part I : The Greenhouse Effect*(2007).

과와 같이 작용한다. 그 결과 지구는 거의 섭씨 35도까지 덥혀지고 평균기온이 약 섭씨 15도가 된다.

적외방열선의 흡수는 온실가스라는 오직 대기 속에서의 마이너스 요인에 기인한다. 대기의 주요 성분은 니트로겐, 산소로서 그것들이 가시광선일 때에는 적외선을 투과시킨다. 가장 양이 많고 중요한 온실가스는 이산화탄소이다.[6] 이것은 현재 380ppm 정도로 대기 중에 아주 소량이지만 강한 효과를 나타낸다.

이산화탄소는 대기 중에서 자연적으로 발생한다. 산업화 이전 축적량이 약 280ppm이었다. 그러나 지난 세기나 그 이전에 인간들이 이산화탄소의 축적을 크게 증가시켰는데, 주로 화석연료의 연소, 토지 사용 변화, 농업을 통해서였다. 우리가 화석연료을 태우면 그 속에 있는 탄소를 이산화탄소의 형태로 배출하게 한다. 전 지구의 온실가스 연 배출량의 대략 60%는 화석연료에서 나오고 그 중 80%는 미국의 배출량이다. 토지 사용 변화는 여러 가지 이유에서 대기 중의 이산화탄소의 축적을 가져온다. 가장 중요한 이유는 나무는 탄소동화작용(photosynthesis)을 통해 이산화탄소를 흡수한다는 점이다. 우리가 나무를 베면 이러한 탄소처리대(carbon sink)를 없애는 것이다. 더욱이 우리가 목재를 태우거나 자연적으로 분해시키면 목재가 저장하고 있던 탄소를 방출하게 하는 것이다. 전 지구배출량의 18% 이상이 임업활동으

---

6) 가장 강력한 온실가스는 수증기(water vapor)이다. 그러나 수증기는 대기가 수증기를 함유하는 능력이 대기의 온도에 의해 결정되기 때문에 아주 짧은 기간 이상 인간의 활동에 의해 직접 변화시킬 수가 없다. 당신이 주전자에 물을 끓일 경우, 수증기가 배출되지만 상온에서는 대기가 단지 물을 일정한 양만 함유할 수 있기 때문에 그것은 얼마 되지 않아 비로 내려 버린다. 더 따뜻한 기온은 대기 중에 더 많은 물이 있다는 것을 의미한다. 수증기가 증가하면 수명이 긴 온실가스로 인한 온난화를 대략 두 배로 증가시킨다.

로부터 온다. 나머지 중 대부분은 농업으로부터 오는데(전 세계적으로 13.5%), 비료의 사용과 토양 속에 저장되어 있던 탄소의 방출이 원인이다.

이산화탄소가 가장 중요한 온실가스이긴 하지만, 여러 가지 다른 가스들도 온실가스 효과를 내고 있다. 이들 중 다수는 더 강한 효과를 내지만 그 양이 적을 뿐이다. 메탄은 온실효과를 내는 주요 원인인 바, 이산화탄소의 약 21배 강한 효력을 가지고 있다고 측정되고 있다. 아산화질소는 이산화탄소의 약 310배의 효력을 갖고 있다. 어떤 수소합성물(perfluorinated compounds)과 같은 기체는 이산화탄소의 거의 24,000배의 강한 효력을 가지고 있다. 이러한 측정방법들 - 온실효과에 있어 어떤 기체가 이산화탄소보다 얼마나 더 많은 효력을 갖는가 - 은 "지구온난화 잠재력(global warming potentials)"으로 알려져 있다. 전체 배출량을 측정하기 위해서 과학자들은 이러한 기체들의 배출량을 이산화탄소의 등가량으로 환산하여 Co_2 eq로 명명, 표기한다. 우리는 이 단위가 이산화탄소 등가량으로 환산된 모든 기체들을 포함하는 것이라는 이해 하에서 단순히 이산화탄소만으로 인용한다.

모든 온실가스들은 일단 대기 중에 배출되면 아주 오랫동안 대기 중에 잔류한다는 것이 문제이다 - 기후정책이 관련되는 한 우리는 이들이 거의 영구적으로 남아 있다고 생각할 수 있다.[7)]

일단 누군가가 이산화탄소 혹은 다른 온실가스를 배출하면, 기후에 대한 효과는 피할 수 없다.[8)] 더욱이 이러한 기체들은 대기 중에 고르게 섞여져서

7) IPCC 보고서에 의하면 이산화탄소의 절반 이상이 100년 이내에 없어지고 배출된 이산화탄소의 일정 부분(20%)은 대기 중에 수천 년 간 남아 있게 된다고 한다. IPCC 4th Assessment Report 95, *Climate Change 2007*(2007).

8) 우리가 온실가스 쓰레기통(greenhouse gas sink)을 늘리는 것은 가능하다.

그 효과는 국지적이 아니라 전 지구적이다. 이러한 점이 기후변화 정책이 그 효과가 통상 국지적이거나 일시적인 다른 오염정책과는 달라야 하는 이유이다.

현재 지구 전체의 매년 이산화탄소 배출량은 대략 50기가 톤(500억 톤)이다. 이렇게 배출한 결과 대기 중의 이산화탄소 축적(여기서는 Co_2 eq가 아니라 오직 Co_2만)은 산업화 이전 시대의 약 280ppm으로부터 최근 몇 년 동안의 평균증가율인 약 380ppm으로 늘어났다. 최근 추세대로 매년 2ppm씩 축적된다면 배출량이 현 수준에 머문다 하더라도 2050년 이전에 산업혁명 전 축적량의 두 배가 될 것으로 보고 있다.[9] 만약 경제성장으로 배출량이 증가하고 경제성장이 지속된다면 지금이 바닥이고 아주 단시일 내에 두 배가 될 것이다. 게다가 다른 가스들이 포함된다면 광범위한 측정 방법이 사용될 때 정확한 가스의 숫자에 대한 불확실성이 크다 하더라도 배출량의 축적은 더욱 증가할 것이다. 우리는 이산화탄소 축적량이 두 배가 되더라도 화석연료로부터 벗어나지 못할 것이다 ; 우리가 화석연료 사용을 계속하는 한 축적량은 증가할 것이다. 우리가 통상적 배출(business-as-usual emissions)을 계속한다면 산업화 이전 배출량의 4배에 쉽게 이를 것이다.

지구 평균 기온은 지난 세기 동안 계속 상승해 왔고 최근 30년 동안 매 10년마다 약 0.2℃씩 상승해 오고 있다.[10] 그림 1.1은 지구 표면 기온을 전반적으로 보여 주는 그래프 예이다.[11]

---

9) IPCC 보고서에 의하면 지난 10년간 1.9ppm으로 보고되고 있다.

10) James Hansen, et al., Global Temperature Change, 103 *Proceedings of the National Academy of Science* 14288(September 26, 2006), available at www.pnas.org/content/103/39/14288.full.pdf.thtml.

11) Makiko Sato, GISS Surface Temperature Analysis, NASA Goddard Institute for Space Studies(2009).

전형적인 의문은 이러한 기온 상승이 인간이 원인이 된 온실가스 배출이라기보다는 자연적 원인에 기인한 것인지의 여부이다. 무엇보다도 과거에 기온이 극적으로 오르내렸고 그 결과 온난기(warm periods)와 빙하기(ice ages)를 초래했다. 그리고 에어졸, 구름, 그 밖의 자연적 현상들이 어떻게 기후에 영향을 미치는지 우리는 정확하게 알 수가 없다. 우리가 어떻게 이러한 것들을 자연적 변화가 아니라고 확신할 수 있을까?

과학자들은 여러 가지 방법으로 자연적 변화에 반해 인간에 의한 원인 제공의 범위를 재단해 보려고 노력해 왔다. 가장 중심적인 논쟁은 지난 한 세기 동안의 기온 변화가 자연적 변화와 인간의 원인 제공에 의한 기후변화를 둘 다 포함하는 모델들에 의해서만 설명될 수 있다는 것이다.

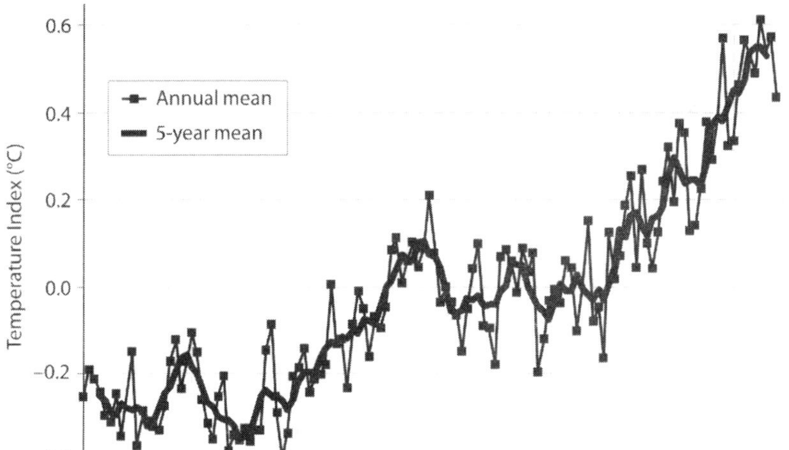

그림 1.2 지구의 육지-해양 온도 변화
Global Land-Ocean Temperature Anomaly(℃)

만일 인간의 원인 제공에 의한 기후변화가 없다면 모델들은 기온 자료를 설명할 수 없다 ; 사실 그러한 모델들은 최근의 기후변화의 다양성에 대한 자연적 원인 같은 것들이 온난화보다는 가벼운 추위를 가져오고 있는 것처럼 보이고 있다.[12] 더욱이 다른 대안적 설명에서는 이산화탄소가 온실효과를 가져온다는 과학적 기초가 왜 틀린 것인지에 대한 해답을 내놓지 못하고 있다. 시카고대 기후과학자인 데이비드 아처(David Archer) 교수가 기온 자료에 대한 대안적 설명을 하기 위해서 관찰하듯이 우리는 하나가 아닌 두 개의 전적으로 새로운 과학적 발견을 필요로 한다 ; 하나는 기온 상승의 원인을 설명하기 위한 것이고 다른 하나는 이산화탄소가 우리가 예상되는 만큼 열을 가두지 않는 이유를 설명하기 위해서이다.[13] 비유하자면, 만약 우리가 희생자 앞에 서 있는 하인의 총에서 연기가 나고 있는 것을 발견한 경우 다른 누군가가 범인일 수도 있고 우리는 그 다른 사람을 찾아야 하고 총과 연기에 대해 설명할 수 있어야만 한다는 것이다. 이것은 터무니없는 요구이다. 그런 이유로 IPCC는 "과거 50년간의 지구 기후변화가 외부의 어떤 힘(예를 들면 온실가스 배출) 없이는 절대로 설명될 수 없다."고 결론을 내렸다.[14] 우리는 인간이 원인이 된 심각한 기후변화를 전적으로 논쟁의 대상이 아닌 것으로 받아들여야 할 것이다.

비록 Co_2 아닌 기체의 배출 정도와 몇 가지 기온 데이터와 같은 몇 가지 데이터들은 측정방법에 대한 불확실성이 있지만 우리가 보고해온 모든 것들

---

12) IPCC WGI supra n.5, at 665.

13) David Archer, *The Long Thaw* 43(2009).

14) Synthesis Report, IPCC Fourth Assessment Report 39, *Climate Change 2007*(2007), available at www.ipcc.ch/pdf/assessment-report/ar4/sys/ar4_syr.pdf

은 거의 모든 기후과학자들에 의해 받아들여지고 있다. 기후과학에서의 난제는 정확한 효과를 명확히 밝혀야 하는 것이다. 중심 변수는 기후민감성(climate sensitivity)이라고 알려져 있는 것이다. 이 용어는 Co_2가 두 배가 될 때 지구표면 평균 온도 상승의 평형점을 의미한다. 이러한 예측이 어려운 하나의 이유는 기온 변화가 느리게 일어나기 때문이다. 예를 들면 대양과 같은 큰 부피에서는 의미 있는 기온 관성이 있다. 우리는 활동의 효과를 즉시 관찰할 수 없는데, 그것은 평형점의 변화를 예측하기 위해서는 모델들을 종합하여 관찰이 이루어져야 한다는 것을 의미한다. 더욱이 기후체계는 매우 복잡하다. 위에서 본 기후변화의 원인에 대한 단순한 기술은 습도, 대류, 바람, 에어졸과 같은 요소들을 간과하고 있다. 태양광선이 녹고 있는 얼음으로 인해 얼마나 많이 하늘로 반사되는지에 대한 변화와 같은 피드백 효과는 계산하기가 어렵다. 구름의 피드백 효과는 예측하기가 특히 어렵고 불확실성의 가장 큰 요인 중의 하나이다.[15)]

이러한 불확실성 하에서 가장 최근 IPCC는 기후민감성을 2℃와 4.5℃의 가능한 범위 내에서 3℃로 예측하였다. 이것은 넓은 범위이다 : 2℃와 4.5℃ 사이에서 인간과 환경에 대한 영향에 있어서의 차이들은 심할 수도 있다. IPCC는 구름의 반사효과(cloud feedbacks)와 토양의 탄소방출(soil carbon release)과 같은 다양한 피드백 구조를 충분히 조합하지 못하기 때문에 더욱이 이러한 범위는 높은 끝 지점까지 충분히 나타내지 못한다. 더욱 나쁜 것은 주요 변수가 변화가 얼마나 빨리 일어나는가이기 때문에 이러한 범위는 불

---

15) Reliability of Climate Change Models and Summary of Remaining Uncertainties, see IPCC WGI report, supra n. 5, at 600, 666.

확실성을 충분한 정도까지 반영하지 못한다. 기후변화의 영향은 전적으로 속도에 달려 있다 : 빠른 기후변화와는 달리 느린 기후변화는 인간과 다른 종들에게 적응할 시간을 준다.

기후민감성에 대한 불확실성을 줄이기 위해서 영국 정부는 스턴 보고서(Stern Report)라고 알려진 기후변화의 경제학에 대한 다양한 모델들로부터 주어진 탄소 축적으로 인한 주어진 지구 평균 기온 변화의 가능성에 대한 다양한 범위의 추정치들을 수집하였다.[16] 표 1.1에서 우리는 Hadley Centre Ensemble 모델들에 대한 추정을 재구성한다.[17] 이러한 숫자들은 매우 불확실하고 대강의 목록을 잘 보여 주고 있다.

표 1.1 평형점에서의 기온 상승을 초과할 가능성(퍼센트)
Likelihood (in percentage) of Exceeding a Temperature Increase at Equilibrium

stabilization Level (ppm of CO_2e)	2°	3°	4°	5°	6°	7°
450	78	18	3	1	0	0
500	96	44	11	3	1	0
550(doubling)	99	69	24	7	2	1
650	100	94	58	24	9	4
750	100	99	82	47	22	9

이 표는 Co_2가 두 배가 되면 기온이 2℃ 상승할 가능성이 99%라는 것을 나타내 주고 있다. 더욱이 4℃ 상승할 가능성은 24%인데 그것은 매우 피해

16) Nicolas Stern, *The Economics of Climate Change, The Stern Review*(2006).

17) Stern, supra n.20, at 98.를 보라.
스턴보고서 자체에서는 지구 평균 표면 온도를 5도까지 상승으로 추정했다. 최근 논문에서는, 스턴은 7도까지 표를 수정했고 우리는 이러한 추정치들을 사용한다.

를 많이 줄 것이고 심지어 7℃가 상승할 가능성은 1%인데 그것은 정말 대재앙이다. Co_2 축적이 증가함에 따라 아주 높은 기온으로 상승할 가능성은 그에 맞춰 상승한다. 대재앙의 위험 때문에 예상되는 상승이 아닌 높은 기온 상승의 위험에 맞추어 정책이 만들어져야 한다는 선의의 논쟁이 가능하다.[18)]

결국 이미 언급한 했듯이 이러한 변화들이 일어나는 시점을 예측하기 어려우나 우리는 변화들이 미래, 그것도 100년 혹은 200년 내에 일어날 일이라는 점을 알고 있다. 기후체계는 중요한 관성을 가지고 있기 때문에 현재의 배출량은 긴 시간에 걸쳐 계속적으로 기후변화를 초래할 것이다. 더욱 중요한 것은 이산화탄소 축적은 새로운 배출 때문에 계속 증가한다는 점이다. 우리 경제의 화석연료의존과 근대적 농업 형태가 갑자기 변할 수는 없다. 미래의 배출도 불가피하고 따라서 미래의 기온 상승도 불가피하다. 이런 요소들을 감안하여 모델들은 오랜 시간에 걸친 기온 상승을 예측하고 있다.

영향 Impacts

이러한 모든 것들은 만약 인간과 다른 생명체들에게 영향을 주지 않는다면 사회정책문제로서 관심을 끌 수 없을 것이다.

따라서 중심적 의문은 과연 기후변화의 예상되는 효과가 무엇이냐는 것이다. 세계에 흩어져 사는 사람들에게 business as usual은 무엇을 의미하는가?

---

18) Martin L. Weizman, On Modeling and Interpreting the Economics of Catastrophic Climate Change, *91 Review of Economics and Statics* 1(2009)를 보라.

그 효과를 측정하는 데 있어서의 첫 번째 단계는 business-as-usual은 무엇이 될 것이냐를 결정하는 것이다. 이것은 작은 임무가 아니다 ; 이것은 먼 미래에 이르기까지의 배출을 예측하는 것을 포함하고 그것은 인구 변화, 경제성장 그리고 먼 미래까지의 기술력을 예측하는 것을 의미한다. 그러한 예측은 "배출 시나리오들"을 통하여 이루어져 왔다. 시나리오들은 세계의 미래역사이다. 즉 앞으로 백 년이 전개되는 있을 법한 방법을 보여 주는 줄거리이다. IPCC는 이런 시리즈들을 모았는데, 그것들은 개발도상국가들이 빠르게 선진국 대열에 합류하는 종합적 이야기, 분산된 이야기, 지역 개발 이야기 등[19]과 같은 가능한 범위를 나타내는 것이다. 이러한 이야기들은 모두 경제 및 인구 증가 그리고 그 결과인 탄소 배출과 관련되어 있다.

만약 우리가 시나리오들을 이용하여 미래의 탄소 배출을 예측할 수 있다면 우리는 기후민감성과 같은 측정방법을 통하여 이것을 기온 상승치로 바꿀 수 있을 것이다. 그러나 시나리오들은 우리에게 단지 탄소 배출 효과의 측정으로서 지구 평균 표면 온도만을 제공한다. 기온 변화는 똑같지 않을 것이고 이것은 지구 평균 기온을 지역별・계절별 효과로 바꾸어야 한다는 것을 의미한다. 이러한 효과는 매우 광범위하게 차이가 난다. 예컨대 북위는 적도 부근보다 훨씬 큰 온난화에 직면할 것으로 예상된다.

세계를 지역에 따라 나눈다 할지라도 기후변화의 진정한 효과를 반영하지 못한다. 지역 평균은 맑고 흐림, 덥고 추움, 습함과 건조함 등과 같은 계절별 날씨 패턴에 의해 이루어진다. 서남부 미국이나 중국 중심부와 같이 일정

---

19) Nebojsa Nakicenovic and Rob Swart, eds., IPCC Special Report on Emissions Scenarios(2000).

한 지역에서는 기후변화를 단순한 숫자나 기온 변화로 생각하는 것은 오해이다. 그래서는 안 되고 우리는 기온 변화를 지역 날씨 패턴에 있어서 전반적인 붕괴를 단순히 지표화한 것으로 생각해야 한다. 지표상의 조그만 변화가 커다란 지역적 붕괴로 되기도 한다. 예컨대 세계 어느 지역에서의 계절풍 패턴의 붕괴를 농업에 대한 피해를 주는 것, 다른 곳에서는 늘어난 강수량, 생장기간의 변화, 해수면 상승 그리고 다른 지역적 영향을 나타내는 숫자 등과 같이 생각할 수 있다.

이러한 종류의 지역적 영향을 예측하는 것은 매우 어렵고 과학자들은 이러한 예측을 하는 데 있어 아직 자신을 가질 만큼 되지는 않았다.

그럼에도 불구하고 그 중요성 때문에 세계 전역에 일어날 만한 영향을 측정하는 작업이 상당히 진척되고 있다. IPCC Working Group II는 이 작업에 진력했고 그들의 네 번째 평가보고서는 1000페이지에 달하는 조밀한 산문이다.[20] 이 보고서에서 수백 만 명의 사람들에게 물을 공급하는 히말라야 빙하의 소멸과 같은 지역적 영향을 자세히 다루고 있다. 갠지스 강 유역 하나가 500만 인구의 본거지인데 그들은 이 빙하의 소실로 모두 심각한 물 부족에 직면하게 될 것이다. IPCC는 이미 심각한 식량 부족과 물 부족(significant food and water shortages)에 직면하고 있는 아프리카 일부 지역에서의 물 접근성 감소(reduction in water availability)와 짧아진 생장계절(shortened growing season)에 대해 자세하게 다루고 있다. 미국에서는 이미 과도하게

20) IPCC는 3개의 working group들로 나뉘어져 있다. (i) 과학(science) (ii) 영향(impacts) (iii) 이주(migration). IPCC가 보고서를 낼 때는 워킹 그룹들이 그들 각 분야의 주제를 표지로 한 책을 만든다. IPCC는 지금까지 네 번째 보고서를 출간해 왔다. 워킹 그룹 II의 넷째 보고서는 '영향'이라는 표지로 IPCC의 네 번째 보고서이다.

배정된 수자원(water resources that are already over-allocated)이 추가적 압박에 직면했고 농업 패턴은 변화하여야 할 것이고 해수면 상승은 해안지역 사회들을 위협할 것이다. 남부유럽은 심각한 가뭄에 직면할 것이고 그 결과 낮은 농업생산량과 화재 위험 증가를 가져올 것이다. 방글라데시는 상당한 국토를 잃어 바다가 되고 그 결과 그 지역에 난민위기(refugee crisis)를 가져올 것이다.

상세한 것을 놓칠 위험이 있다 : 가장 유용한 것은 중심적인 것을 반영하는 숙제와 같은 일련의 사실들(a set of take-home facts)이다. 비록 불확실성, 탄소 배출 감축이 없으면 향후 닥칠 것에 대한 예상이라 할지라도 우리는 다음 세 가지 문제를 강조한다.

첫째는 지구 전체의 안녕에 전체적인 손실(an overall loss in global welfare)이 있을 것이라는 것이다. 그 손실은 기온의 상승과 함께 증가할 것이고 가장 완화된 수준이라 할지라도 탄소 배출을 줄이기 위한 비용을 넘어설 것이다. 문제의 복잡성 때문에 기후변화에 대한 완전한 비용-편익분석은 이제까지 많은 부분에서 한계를 가져 왔다 ; 할 수 있었던 최선의 분석들은 기후변화의 시장 효과에 대한 예측(estimate market impacts of climate change)과 탄소저감 비용에 대한 최선의 추측을 만드는 것이었다. 그들은 탄소저감에 드는 비용이 얼마나 될 것인지를 알 수 없었고 시장효과만을 추측함으로써 이주와 국가안보와 같은 가장 중요한 여러 가지 영향들을 빠뜨리고 있다. 그럼에도 불구하고 아주 적절한 수준의 지구의 탄소저감은 비용-편익 테스트를 아마도 통과할 것이다. 이것은 중요하다. 왜냐하면 탄소저감은 지구 전체 안녕의 증가로 이어져야 한다는 것을 의미하기 때문이다 ; 비록 탄소저감비용이 그들의 이익을 초과하기 때문에 상황이 나쁜 나라나 지역이

몇 군데 있을지라도 지구 전체로서는 이것이 문제가 되지 않고 필요하다면 이들 나라들이 보상을 받을 수도 있다.

이 저감비용의 대부분이 지금 발생하고 이익은 미래에 실현된다고 할지라도 이것은 진실이다 ; 탄소저감은 현재의 가치 차원에서 비용-편익분석을 거친다.

필요한 저감 정도와 저감 속도에 대해서는 매우 의견이 일치하지 않고 있다. 그 문제는 엄청나게 복잡해서 모델 제작자에게 지역 기후 조건, 국지적 지역의 생명체에 대한 영향, 가능한 적응성, 저탄소 배출에 대한 기술적 진전 등과 같은 변수들을 측정하도록 요구하고 있다. 이러한 모든 것들이 불확실한 미래에 관한 조건들을 예측하는 지구전체의 평형모델(global general equilibrium model)에서는 모두 종합되어야 한다. 이러한 복잡성이 있을지라도 모델 제작자들은 다양한 접근법들을 시도해 왔다. 적응에 드는 비용과 기술적 진전과 같은 주요 모델 만들기 작업에서의 가정들은 변화한다 ; 경제를 대변하기 위해 여러 가지 기능적 형식들이 사용되었다 ; 그리고 얼마나 많은 지역들이 사용되는가, 불확정성을 어떻게 모델화하는가, 기후변화로부터의 피해를 어떻게 측정하는가(그리고 어떤 형태의 피해들을 모델화할 것인지조차도) 등과 같은 표본의 기본구조들은 일관되지 않다. 그러므로 어떤 모델을 다른 것과 비교하고 그 이유가 일치하지 않는 것을 이해하는 것은 쉽지 않다.[21)]

---

21) 모델의 교차적 비교를 시도하는 연구가 많은 바, U. S. Climate Change Science Program, Synthesis and Assessment Product 2.la ; Scenarios of Greenhouse Gas Emission and Atmospheric Concentration (July 2007) ; Energy Modeling Forum, The Cost of the kyoto Protocol ; A Multi - Model Evaluation, *The Energy Journal*, Special

현재의 지식 정보 하에서 우리는 여기서 필요 감축 정도에 대한 어떤 입장도 취할 수 없다. 현재까지의 모든 연구에서는 적어도 적절한 배출 감축이 비용 대비 이익이 되고 많은 연구에서 조속하고 강력한 배출 감축이 요구된다고 지적하고 있다. 더구나 현재까지의 모든 연구들, 불과 몇 년밖에 안 된 연구들조차 지금은 낡은 것이다 ; 배출이 예상했던 것보다 늘어나고 빠른 속도로 늘고 있고 기후영향이 주요 예상치보다 더 심각하게 나타나고 있다. 불행하게도, 우리는 신속하고 강한 배출 감축을 필요로 하고 있다.

둘째, 가난한 나라들은 부자 나라들보다 훨씬 피해가 클 수 있다. 우리가 이미 언급한 바와 같이 하나의 이유는 불운(bad luck)이다 : 배출 영향이 최악으로 나타나는 지역은 가난한 지역이고 가난한 나라들은 세계의 더운 지역에 위치하고 있고 이러한 지역의 기후변화의 영향은 아주 나쁘게 될 것이다. 게다가 가난한 나라들은 부자 나라들보다 농업에 더 의존하는 경향이 있고 그 결과 어느 주어진 변화의 수준에도 더 취약하다는 것을 의미한다.

마지막으로 가난한 나라들은 단지 자원 부족(lack of resources) 때문에 부자 나라들만큼 쉽게 적응하지 못한다. 특히 아프리카는 가장 취약한 것으로 나타나고, 아프리카 외의 작은 섬들이나 (방글라데시와 같은) 지대가 낮은 지역들도 역시 심각한 위험에 직면해 있다.[22] 남아시아와 남동아시아(특히 인도)도 역시 위험에 처해 있다. OECD 유럽 국가는 비록 아프리카와 아시아에 있는 국가들보다는 적응력이 뛰어나지만 심각한 문제들에 직면하

Issue 1(1999) 등이다.

22) Climate Change : Small Issland Developing States, UNFCCC(2005) ; Working Group II: Impacts, Adaptation and Vulnerability, IPCC Fourth Assessment Report, *Climate Change 2007*(2007).

게 될 것이다.

컬럼비아대학의 국제지구과학정보 네트워크센터(Center for International Earth Science Information Network, CIESIN)는 국가별 기후변화 영향 그래프를 만들었다.[23] 이 센터는 환경 스트레스에 대해 선행하는 취약성 지표에 기초하여 국가별 기후변화에 대한 취약성(vulnerabilities to climate change by country)을 측정하였다. 이 센터의 측정법에는 기후민감성과 적응성을 둘 다 포함하였다. 측정 결과 지표에서 세계에서 가장 덜 취약한 나라들은 스칸디나비아 국가들, 스위스, 오스트리아, 프랑스, 벨기에, 이탈리아, 일본, 캐나다 그리고 미국이었다. 중국은 중간에서 오른쪽에 있고, 평균 정도의 취약성을 보여 주고 있다. 15개의 가장 취약한 국가 중 14개 국가가 아프리카에 있고 방글라데시가 유일한 아프리카 외 국가였다. 최저의 3개 비아프리카 국가들은 대부분 중남미 국가들이다.[24] 책의 저자들은 이러한 데이터들을 지역적 효과를 주는 기후 모델과 결합시킨다. 이 모델은 저자들에게 국가별 취약성에 대해 측정할 수 있도록 한다. 정확한 영향은 미래 시나리오들에 달려 있다(예컨대 미래의 배출이 얼마나 되고, 배출에 대해 기후가 얼마나 민감한 가, 세계 전체의 다양한 경제가 얼마나 빨리 성장할 것인가 등). 그들은 여러 가지 가능성을 보여 주는 지도를 제작하였다.

---

23) G. Yohe, E. Malone, A. Brenkert, M. Schlesinger, H. Meij, X. Xing, and D. Lee, *A Synthetic Assessment of the Global Distribution of Vulnerability to Climate Change from the IPCC Perspective that Reflects Exposure and Adaptive Capacity* (CIESIN, [Center for International Earth Science Information Network], Columbia University 2006), available at http://ciesin.columbia.edu/data/climate/.

24) G. Yohe, et al., supra n.27.

우리들은 여기서 그들의 지도 중 2개를 재현한다. 먼저 그림 1.2는 IPCC 시나리오(그들이 A2라고 부르는 시나리오) 하에서 2100년의 취약성의 추정치이고 기후가 탄소에 아주 민감한 지역이 어디인지를 나타내 주고 있다. 보다시피 많은 국가들이 어느 정도 취약성을 가지고 있다 - 그러나 가장 나쁜 문제들은 아프리카에 있고, 그 다음으로 중앙아시아와 동아시아, 중미와 남아메리카 남부 그리고 중동부와 동유럽의 일부분이다.

두 번째 지도인 그림 1.3은 같은 시나리오이나 높은 기후민감성이 나타나 있다. 보다시피 취약성은 아주 심하다.

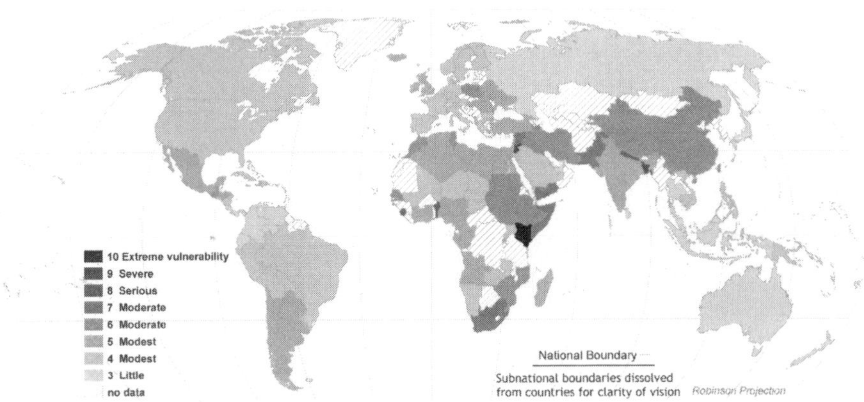

그림 1.2 기후 변화에 대한 취약성의 세계적 분포

Global Distribution of Vulnerability to Climate Change. Combined National Indices of Exposure and Sensitivity. Scenario A2 in year 2100 with climate sensitivity equal to 1.5℃ annual mean temperature with aggregate impacts calibration. p. 24

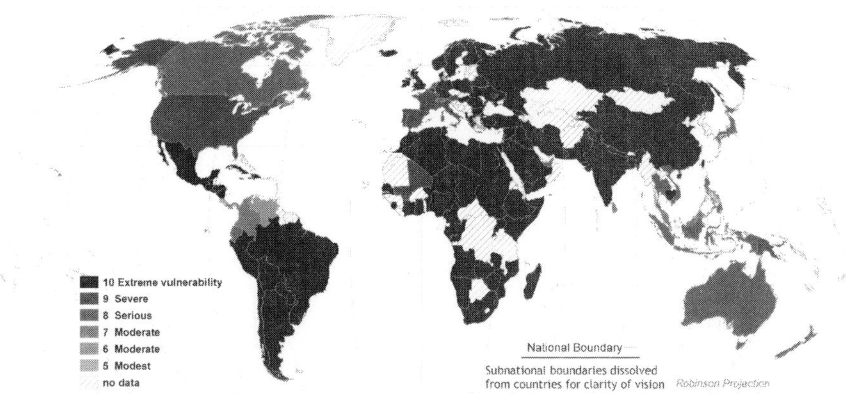

그림 1.3 기후 변화에 대한 취약성의 세계적 분포

Global Distribution of Vulnerability to Climate Change. Combined National Indices of Exposure and Sensitivity. Scenario A2 in year 2100 with climate sensitivity equal to 5.5℃ annual mean temperature with aggregate impacts calibration and enhanced adaptive capacity

표 1.2. 2.5℃ 온난화에 따른 GDP 피해(퍼센트)

Damages of a 2.5℃ Warming as a Percetage of GDP

India	4.93
Africa	3.91
OECD Europe	2.83
High - income OPEC	1.95
Eastern Europe	0.71
Japan	0.50
United States	0.45
China	0.22
Russia	- 0.65

미국을 포함한 아주 소수의 국가들만이 적당히 영향을 받고 실제로 아프리카와 아시아의 모든 나라들은 심각한 취약성을 보여 주고 있다. 이 두 지도

를 해석하는 방법 중 하나는 그것들이 기대(어떠한 나라들이 가장 피해를 입을 것인가)와 위험(기후민감성에 따라 어떻게 피해가 변화하는가)을 모두 나타낸다는 것이다. 어떤 나라들은 다른 나라들이 좀 더 다양한 영향이 있는데 반해 기후민감성에 관계없이 피해를 심하게 입을 가능성이 있다.

아주 소수의 분석가들만이 과감히 세계 여러 지역에서 기후변화로 인한 GDP 변화를 추정할 수 있다고 보고 있다. 그 실험은 너무 불확실하다. 우리가 지적했듯이, 예컨대 IPCC는 단지 특정한 피해에 대해 분석한 자료들을 보고하고 있다. 한 영향력 있는 책에서[25] William Nordhaus와 Joseph Boyer는 추정표를 만들었는데 그것은 우리에게 여기서 있는 그대로이며 상당히 정보에 기초한 생각을 하게 한다. 그 숫자들은 표 1.2에 나타나 있다.

그 숫자들은 컬럼비아대 연구와는 다소 다른 추정을 반영하고 있다. 예를 들면, 컬럼비아대 연구는 중국을 기후취약성의 중간그룹에 두지만, 여기서 Nordhaus와 Boyer는 덜 취약하다고 주장한다. 그러나 인도와 아프리카는 비슷하다.

영향에 대한 사실에 관한 우리의 세 번째이자 마지막 숙제는 기후변화의 예견된 영향보다 훨씬 큰 불확실성이 있다는 것이다. 이것은 이전의 토론에서 확인되었지만, 독자적 중요성을 가지고 있다.

우리가 기후변화의 영향에 대한 중요한 추정을 좀 더 낮은 가격의 에너지를 얻기 위한 비용으로 받아들인다 할지라도, 예를 들면 우리는 매우 나쁜 결말의 가능성에 대한 보험으로서 탄소 배출을 줄이는 것을 여전히 원하고 있다. 가능성 있는 기후변화 영향에 대한 불확실성은 왜곡되고 있다 : 가장

25) William D. Nordhaus and Joseph Boyer, Warming the World(2000).

좋은 시나리오(기후는 이산화탄소에 비교적 민감하지 않고 변화는 느리게 일어나고 적응에는 예상보다 적은 비용이 든다)는 적은 비용만 드는 것을 의미하지만 나쁜 시나리오들은 아주 나쁘다. 지금보다 기온이 6도 높았던 마지막 시기는 인류가 존재하기 훨씬 전인 5,500만 년 전 무렵이었다. 6도가 어느 정도인지를 이해하기 위해서는 북아메리카와 유럽의 상당 부분이 빙하로 뒤덮여 있던 마지막 대빙하기의 지구 표면 평균 기온이 지금보다 6도 낮았다는 사실을 알면 된다 - 기온의 6도 차이는 매우 다른 세계를 만들 수 있다.[26)]

이것은 불행하게도 예상보다 나쁜 결과가 올 경우에는 결과는 아주 최악이고 모든 나라들이 고통을 겪게 된다는 것을 의미한다. 그것은 기후변화로부터 심각한 고통을 겪지 않을 거라고 예상하는 나라들일지라도 가능한 리스크를 계산해야 하고 이러한 나라들도 파국의 경우에 대비하여 보험으로서 기후협약에 가입해야 한다는 것이다.

또한 불확실성은 피해의 지역적 분포를 알 수 없게 한다. 상기 자료들은 나라나 지역에 따른 예상된 피해를 보여 주지만 지구상의 국가들이나 지역들은 위험에 대해 다른 태도를 취할 것이다. 따라서 그들은 전체적인 결말을 다르게 예측할 것이다. 만약 가난한 나라들이 부유한 국가들보다 위험에 대해 덜 용인한다면, 불확실성은 위에 예시된 격차를 더 벌릴 가능성이 있다.

---

26) Mark Lynas, *Six Degrees : Our Future on a Hotter Planet* (2008).

감축으로부터의 이득 Benefits from Abatement

일반적으로, 기후변화에 의해 최대 피해를 입게 될 가능성이 있는 나라들은 감축으로 인해 가장 많은 이득을 얻을 가능성이 있다. 기후변화가 가난한 사람들에게 가장 많은 피해를 줄 것으로 예상되기 때문에 기후변화 감소도 가난한 사람들을 돕게 된다. 기후변화로부터 오는 피해의 대부분이 장래에 일어날 것이기 때문에 배출 감축은 미래의 가난한 사람들을 돕는 것으로 이해되어야 한다.

탄소 배출을 줄이는 것은 현세대의 가난한 사람들을 돕는 방법이 아니다. 사실은 그 반대이다 : 탄소 배출을 줄이는 데 쓰이는 자원의 한도에서는 이러한 자원들은 현세대의 가난한 사람들을 돕기 위해 이용되는 것이 아니다.

대체로 배출 감축이 미래의 가난한 사람들을 돕는 것으로 예상된다고 할지라도 실제로 분석은 그것보다 더욱 복잡하다. 기후변화로 인한 피해가 매우 심각하다는 시나리오에 있어서도 미국을 포함한 선진국들은 감축으로부터 가장 많은 이득을 얻을 것이다. 그 이유는 만약 기후변화로부터의 피해가 아주 심각하다면 부유한 나라들은 가난한 나라들에게 예상되는 영향과 동질의 영향에 지면할 것이다. 감축은 더 가난한 나라들을 돕는 대신에 피해를 줄이는 것을 가능하게 한다. 설명을 위해 다음 표 1.3을 보자. 이 표는 기후변화가 이산화탄소 축적(5.5℃의 민감도)에 매우 민감하다는 가정 하에 이전에 사용된 것과 같은 시나리오(A2) 하에서 2100년에 기후변화로부터의 피해에 대한 취약성을 보여 주고 있다.

그런데 그 연구의 연구자들은 550ppm 축적으로 제한하는 것으로 인한 효과를 고려하고 있다. 그 결과는 표 1.4에서 보여 주고 있다. 도움을 받는 국가들은 옅은 음영으로 색깔이 변한 국가들이다. 이 시나리오에서 볼 수 있듯이 이득을 얻는 국가들은 대부분 부유한 국가들이다. 예컨대 아프리카 국가의 대부분은 여전히 매우 피해가 많다. 이러한 효과를 이해하는 방법은 수직으로 된 튜브 속에 볼들을 일렬로 채우고 볼 밑에 물을 어느 정도 채운 볼 세트를 상상해 보는 것이다. 만약 우리가 볼들을 튜브의 밑으로 조금만 밀면 맨 밑에 있는 볼들은 우선적으로 물로 떨어질 것이고 우리가 그것들을 떠오르도록 놔두면 물 위로 떠오를 것이다. 그러나 우리가 물 위로 떠오른 맨 위의 볼들을 세게 아래로 눌렀다가 약간 놓으면 잠시 후 올라오게 된다. 약간의 도움은 밑바닥에 있거나 그 근처에 있는 볼들에게는 충분하지가 않은 것이다. 이것과 유사하게, 만약 기후변화의 영향이 심각할 경우 치유를 위한 활동은 심각하게 피해를 입는 국가들보다는 덜 피해를 받는 국가들이 이득을 얻게 될 것이다. 이러한 결과들은 기후변화가 심각한 피해를 주지

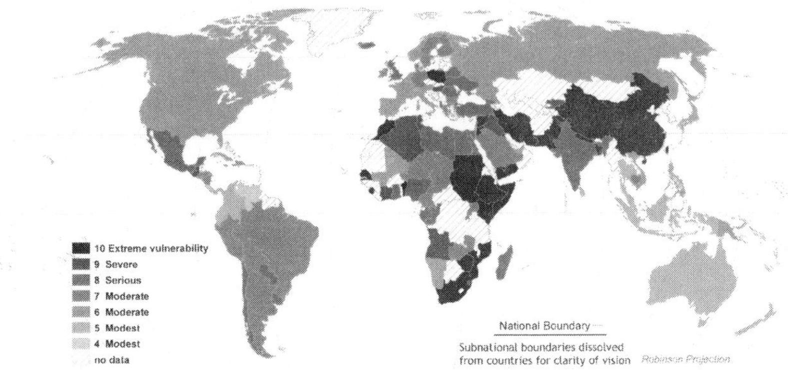

그림 1.4 기후변화에 대한 취약성의 세계적 분포
Global Distribution of Vulnerability to Climate Change. Combined National Indices of Exposure and Sensitivity. Scenario A2 – 550 in year 2100 with climate sensitivity equal to 1.5℃ annual mean temperature with aggregate impacts calibration

않는 경우에는 주장의 설득력을 잃는다.

또한 우리는 기후변화로 인해 피해를 받을 수 있는 가난한 나라들은 기후변화 감소에 의해 반드시 가장 많이 도움을 받는 것은 아니라는 점을 강조하고자 한다. 탄소 감축에 들여야 할 자원들이 다른 방법으로 이용될 경우에 가난한 나라들은 더 잘살 수 있다.

말라리아의 예를 들어보자.[27] 기온의 상승은 더운 기후에서만 발생하는 말라리아의 발생을 증가시킬 가능성이 있다. 만약 탄소 배출이 감소하지 않을 경우 말라리아의 분포 범위는 2050년까지 중국의 대부분은 물론 남동부 미국까지도 확대될 것으로 예상되고 있다.[28] 그러나 말라리아는 가난한 사람들의 병(a disease of the poor)이다. 세계보건기구에 의하면, 연 평균소득이 3,000달러 이상인 사람들은 말라리아로 죽지 않는다. 기후변화의 효과를 예측하기 위해 사용된 IPCC의 시나리오에서는, 세계 모든 지역의 소득이 증가되고 있다. IPCC의 한 표준 시나리오에 따르면 2085년까지 세계 모든 지역의 개인당 연 소득이 3,000달러 초반을 충분히 넘을 것으로 보고 있다. 따라서 이 시나리오 하에서는 2085년 이전에 말라리아로 인한 사망(질병으로 인한 다른 피해는 아닐지라도)은 없어질 것이다. 만약 자원이 기후변화를 줄이는 데로 전환된다면 소득은 그에 따라 낮아질 것이고 모든 지역이 3000달러 초반을 넘어서는 시기가 미루어질 것이다.

---

27) Ferenc Toth, State of the Art and Future Challenges for Integrated Environmental Assessment 4 *Integrated Assessment* 250(2003).

28) 말라리아의 분포를 나타내는 관련 지도는 Impacts of Climate Change : Disease Spread, Scientific American : available at http;//www.sciam.com/page. cfm?section= climate-map를 보라.

여기에는 기온 변화를 줄임으로써 말라리아를 줄이는 것과 소득을 증가시킴으로써 말라리아로 인한 사망을 줄이는 것과의 선택(trade-off)이 따르게 된다. 이러한 추론과 세계 경제에 대한 컴퓨터 모델에 기초하여 두 연구자는 배출을 상대적으로 조금 줄여도 말라리아 사망이 최소화할 수 있다고 예측한다.[29] 사실 교토의정서는 말라리아사망 증가의 원인이 될 수 있다 - 만약 교토의정서가 경제 발전을 느리게 하고 그럼으로써 기후변화에 아무런 효과도 없는 반면 사람들로 하여금 3,000달러 수준에 다다르지 못하게 한다면, 만약 기후변화로 인한 말라리아 분포에 대한 예측만을 주목한다면 그는 문제에 대한 그림을 아주 잘못 그리는 것이다. 말라리아는 이러한 모델보다 더욱 복합적일 수 있다. 과학자들은 배출 감축을 위한 자원의 사용이 말라리아 발생을 증가시키거나 감소시킬지 여부를 확실하게 알 수 없다. 그러나 기본적 문제는 남는다 : 자원이 제한되어 있는 한 우리는 복잡한 교환에 직면하게 된다.

국제적 합의의 필요성 International Agreement Necessary

기후변화 감소를 달성하기 위해서는 개발도상국들을 포함한 주요 배출국 모두가 배출 감축을 해야만 할 것이다. 우리가 제3장에서 논의했듯이 FCC(Framework Convention on Climate Change)는 “공동적이나 차별화된 책

---

29) Richard S. J. Tol and Hadi Dowlatabadi, Vector-borne Diseases, Development and Climate Change : Disease Spread, Scientific American ; Available at http://www.sciam.com/page.cfm?section=climate-map

임"을 제시하였다.[30] 그러나 교토의정서는 개발도상국들을 제외하였다.[31] 이것은 실수였다. 우리는 아래에서 개발도상국들을 우대해야 하는 이유에 대해 연구할 것이다. 그러나 모든 국가들이 배출을 감축해야 한다는 것은 확실하다.

우리는 이러한 것을 간단한 어림계산에 의해 알 수 있다. 현재 이산화탄소 축적량은 약 380ppm이고 매년 대략 2ppm씩 증가하고 있다. 만약 이 비율이 계속된다면 이산화탄소 축적량은 금세기 중반까지 약 460ppm에 이르게 될 것이다. 그러나 세계경제는 금세기 중반까지는 지금보다 약 세 배로 커질 것으로 예상되고 있다. 만약 경제가 세 배로 커지면 축적을 안정화시키는 게 아니고 2050년까지 460ppm 축적으로 유지하기 위해서만 배출을 GDP 단위 당 세 배를 낮추어야 한다. 농업과 토지사용이 배출의 약 34%를 차지하고 이 배출 중 특히 농업으로부터의 배출을 줄이는 것이 아주 어렵다. 그러나 만약 배출 감축이 농업과 토지사용으로부터가 아닌 에너지부분으로부터 나온다면 우리가 배출 없이 현재의 세 배인 GDP로 세계를 유지하기 위해서는 충분한 에너지를 생산해야 한다. 토지 이용으로 인한 배출을 줄일 수 있거나 (에너지부문과는 다르게) 농업과 토지 이용으로 인한 배출이 GDP와 함께 늘어나지 않는다 할지라도 이러한 목표를 달성하기 위해서는 에너지 부문으로부터의 배출을 0에 가깝게 할 필요가 있다. 탄소 축적의 안정화는 매우

---

30) Article 3, Section 1 : Principles, UNFCC, Full Text of the Convention, available at http://unfcc.int/essential_background/convention/background/items/1355.php.

31) Essential Background ; Actors in the Negotiation Process, Article 3, Section 1 ; Article 4, Sections 1-3 and 9, UNFCC, Full Text of the Conventions, available at http://unfcc.int/essential_background/feeling_the_heat/items/2915.php.

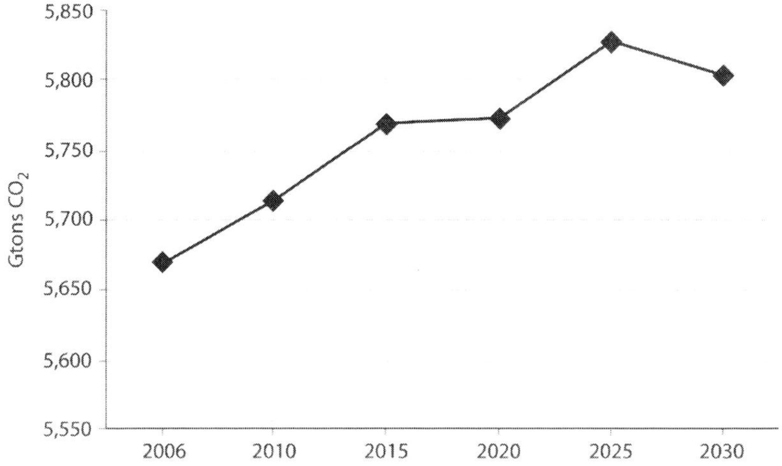

그림 1.5 2030년까지의 미국의 배출에 대한 IEA 전망
IEA Projections for U.S. Emissions to 2030

어려운데, 에너지부문으로부터의 배출이 0이거나 0에 가까워야 하고 산림황폐화를 완전히 중단시켜야 한다.[32)]

선진국들은 이러한 목표들을 자기들만으로 달성할 수는 없다. 중국은 현재 세계 최다배출국이다. 2위인 미국에 이어 인도네시아, 브라질, 인도가 그 다음이다. 이러한 국가들에 의한 현재 수준에서 대폭 감축 없이는 상당한 안정화 목표를 달성하기가 어렵다.

더구나 이후 수십 년 간의 배출증가예상치의 대부분은 개발도상국들로부터 발생한다. 표 1.5와 표 1.6은 2006년부터 2030년까지 미국의 (에너지로

32) Stern, supra n.20, at 520. Stern provides more detailed calculations making this same point : broad participation is necessary to achieve reasonable climate goals를 보라.

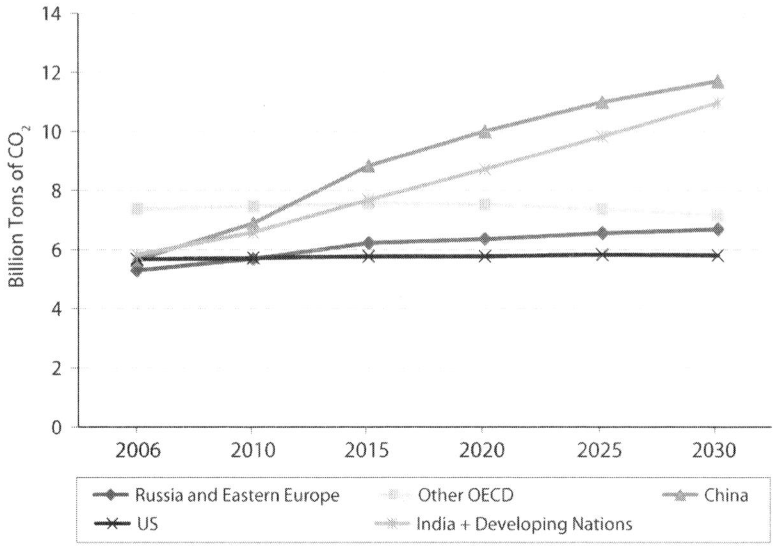

그림 1.6 2030년까지의 IEA의 세계 배출 전망
IEA Global Essissions Projections to 2030

부터의) 배출에 대한 국제에너지청(International Energy Agency)의 추정치이다. 이것은 향후 20년간의 배출치 증가를 보여 주고 있다.[33)]

표 1.6은 미국의 같은 추정치를 보여 주나, 세계 나머지 국가들 즉 6개 추가지역을 포함하고 있다.

여기서 보듯이, 미국의 배출량 증가는 다른 지역의 증가에 의해 압도되고 있다 - 미국의 추정치는 평탄하게 보인다. 더욱이 미국과 다른 OECD 국가들이 배출량을 현저히 줄인다 할지라도, 세계 다른 국가들의 배출량 증가는 이러한 감축을 압도한다.

---

33) CAIT를 보라, supra n.4.

2006년 중국, 러시아, 인도, 기타 비 OECD 국가들의 배출량 증가는 OECD 국가의 전체 배출량보다 많다는 것을 보여 주고 있다 : OECD 국가들이 2030년에 배출이 0이라 하더라도 만약 다른 국가들이 그들의 BAU 수준을 계속 배출한다면 지금보다 2030년에는 배출이 더 높게 될 것이다.

또한 이러한 추정치는 토지 이용 변화를 포함하지 않는 것을 주목하라 - 이 추정치들은 에너지사용(energy use)으로부터의 배출량에 대한 IEA의 추정치이다. 토지 이용변화를 포함하면 표는 더 많이 비스듬해질 것이다. 왜냐하면 토지사용변화로부터의 거의 모든 배출은 OECD국가 외에서 발생하기 때문이다.

이것이 진실이 아니라 할지라도 - 개발도상국의 배출이 안정화 목표와 일치하는 수준에 있고 바르게 증가하지 않는다고 말할지라도 - 기후협약에 개발도상국을 포함시키는 것이 중요하다. 그 이유는 단지 몇몇 나라들에 의한 에너지 사용의 감축은 다른 나라들의 에너지 가격을 낮추기만 할 것이고 그들 나라로 하여금 에너지 소비를 더욱 늘리게 할 것이기 때문이다. 예를 들어 석유수출국들이 세계 석유가격에 개의치 않고 (최소한 무리하지 않게) 되도록 빨리 석유를 생산한다고 가정해 보자. 이것은 대략 석유 생산과 지난 수년간의 석유가격에 대한 경험과 부합한다 - 가격이 많이 변동되었음에도 생산은 별로 증가하지 않았다.

이러한 환경에서는 한 국가에 의한 감축은 다른 나라들에 대한 소비증가에 의해 상쇄되고 만다.[34] 사실 미국에 의한 수요 감축을 위한 돈이 드는

34) Hans-Werner Sinn, Public Policies against Global Warming : A Supply Side Approach, 15 *International Tax and Public Finance* 4(2008).

노력은 다른 나라들이 구입해야 하는 에너지 가격의 하락을 통하여 그들 나라에게로 이동하는 것으로 작용할 뿐이다.

석유 수출국가들이 줄어든 수요에 대하여 어떻게 반응하는가에 대한 확실한 가정에 의하면 그 효과는 미미할 것이다. 그러나 논점은 남는다 : 화석연료 사용을 감축하는 유일한 방법은 주요소비국들 모두가 감축에 합의하는 것이다.

정확히 말하면, 이러한 문제가 있음에도 불구하고 많은 사람들이 보전을 위해 논쟁하고 있다. 그들은 이 문제에 대한 리더십을 보여 주는 것만이 선진국들이 개발도상국들을 설득하여 대화에 나오도록 해야 한다고 주장한다.[35] 이것은 사실이다. 그러나 이러한 행동의 목표는 결국은 몇몇 국가들의 화석연료 수요가 아닌 화석연료에 대한 지구전체의 공급을 감축하는 것이라는 사실을 유념해야 한다.

결국 우리는 미국과 다른 부유한 국가들이 다른 나라들의 탄소 배출을 저감시키기 위해 얼마나 돈을 지불할 것인가에 대해 논의할 것이다.

이 문제에 대한 답변에 관계없이 우리는 부자 나라들만의 감축문제에 집중해서는 안 된다. 부유한 나라들이 배출 감축 비용의 대부분을 지불해야 한다고 할지라도 세계 전체 국가들의 배출을 결정하는 것은 배출 감축 비용이 가장 적게 드는 기회를 찾는 것에 기초해야 한다. 그 이유는 간단하다 :

---

35) Timothy Juliani, Senior Fellow at the Pew Center on Global Climate Change, Climate Change : Renewing U.S. Leadership in Challenging Times, Camden Conference (2009) ; Joyeeta Gupta and Michael Grubb, *Climate Change and European Leadership ; A Sustainable Role for Europe?*(2000) ; President Barak Obama's speech to Governors Global Climate Summit promising global leadership on climate change(November 18, 2008).

탄소 배출 감축과 기후변화의 피해방지에는 비용이 많이 들기 때문이다. 이 비용을 최소화하기 위해서는 그것이 어디 있든지 관계없이 가장 저렴한 비용 감축 기회들을 찾아내는 것이 중요하다.[36] 다른 국가들에게는 감축을 면제하고 한 국가 또는 한 집단의 국가들에 대해 추가적 감축을 요구하는 것은 전체를 희생하고 그 비용을 과도하게 증가시킬 위험이 있다.

경제학자들은 일부 국가들에 대해서 기후변화를 추구하는 비용을 계산하였다. 예컨대 한 연구에서는 다양한 순열을 통해서 국가간 거래의 유무에 의한 교토체제의 목표를 충족하는 데 드는 비용을 계산하였다(예를 들면 무거래, 부속서 I 국가들만의 거래, 모든 국가들간의 거래 등).[37] 더 많은 국가들이 거래제도에 포함됨에 따라 "모든 나라들이 거래하는" 경우(trading across all countries case)가 "거래가 없는" 경우(no-trading case)보다 93%가 하락하면서 그 비용은 급격히 줄어든다. 탄소 배출을 감축하기 위해 세계의 재조정 규모를 고려할 필요가 있을 때 이러한 비용 절감 효과는 실제로 크다. 다른 연구들에서도 이와 유사한 결과가 나타났다.[38]

---

36) See IPCC WG III report, supra n.12, at chapter 6 ; Charles S. Person, *Economics and the Global Environment*, chapter 14(2000) ; Peter Bohm, Cost - effectiveness and Facilitating Participation of Developing Countries in International Emissions Trading, Stockholm University(September 2001).

37) Zhong Xiang Zhang, Meeting the Kyoto Targets : The Importance of Developing Country Participation, 26 *Journal of Policy Modeling* 3(2004).

38) A. Markandya and K. Halsnaes, *Developing Countries and Climate Change, The Economics of Climate Change*(A. Owen and N. Hanley, eds., 2004). 이 연구는 이러한 질문을 모두 다루는 16개의 다른 모델에서 나온 결과를 관찰하고 있다. 지역을 초월한 무역이 허용될 때 교토체제의 요구조건을 충족하기 위한 비용은 톤당 일본의 약 200달러, EU 평균 305달러에 이른다. 무역이 개발도상국 간에만 허용될 경우 톤당 평균 771불로 떨어진다. 만약 무역이 세계적으로 허용되면 톤당 평균 36달러로 떨어

정의에 대한 중요한 질문의 하나는 배출 감축을 위해 어떻게 돈을 지불할 것인가가 될 것이다 - 우리는 이 책의 나머지 부분에서 이에 대해 상세히 다룰 것이다 - 그러나 단순한 수학적 문제로서 세계는 모든 국가들에 의한 배출 감축 없이는 450~500ppm과 같은 합리적 수준의 안정화를 달성할 수 없을 것이다. 개발도상국들이 아주 단기간 내에 배출을 증가시킬 여지는 있으나, 가까운 시일 내에 모든 국가들이 배출을 감축해야 한다.

배출과 배출자들 Emissions and Emitters

우리는 과거에 누가 배출을 하였는가를 뒤돌아보지 말아야 한다. 몇몇 정의론에서는 이것을 문제 삼고 있다. 부유한 국가들이 온실가스 배출의 최대 근원이라는 것이 전형적 관점이다. IPCC에 따르면 "선진국들이 과거와 현재가 온실가스 배출의 모든 근원"이라는 것이다.[39]

진다. Brandt Stevens and Adam Rose(2002) have similar findings. Brandt Stevens and Adam Rose, A Dynamic Analysis of the Marketable Permits Approach to Global Warming Policy : A Comparison of Spatial and Temporal Flexibility, 44 *Journal of Environmental Economics and Management* 45(2002).

39) See IPCC WG III Report, supra n.12, at 33, 106.

표 1.3. 2000년의 온실 가스 배출

Green house Gas Emission in 2000

Co_2, CH_4, N_2O, PFC's, HFC's, SF_6, and Land Use Change

Rank	*Country*	*$MtCo_2$*	*% of Total*	*Tons Per Person*	*Rank*	*$ Per Person*
1	United States of American	6,443	15.5	22.8	13	36,451
2	China	4,771	11.5	3.8	120	5,490
3	Indonesia	3,066	7.4	14.9	24	3,282
4	Brazil	2,314	5.6	13.3	33	7,406
5	Russian Federation	1,960	4.7	13.4	32	9,021
6	India	1,553	3.7	1.5	168	2,851
7	Japan	1,317	3.2	10.4	51	27,114
8	Germany	1,006	2.4	12.2	37	25,945
9	Malaysia	852	2.0	36.6	5	9,374
10	Canada	766	1.8	24.9	12	29,136

그러나 자료들이 더 복합적인 이야기를 해 주고 있다. 그리고 대부분은 아니지만 많은 자료들에서 선진국과 개발도상국을 모두 포함하는 넓은 범위에 걸친 국가들에 대한 배출량 측정에 의하면 과거의 대부분 배출에 대해 모두가 책임을 공유하고 있음을 알 수 있다. 더구나 거의 모든 측정에서 배출 증가의 대부분이 개발도상국에서 발생하고 있음을 알 수 있다.[40]

우리는 주요 6개 온실가스를 포함하여 매년 배출량에 대한 광범위

40) See CAIT, supra n.4. 그들은 UNFCC, the International Energy Agency와 World Bank에 의해 의무적으로 요구되는 탄소목록을 포함한 다양한 배출원들로부터의 자료들을 종합하고 있다.

한 측정과 토지 이용 변화와 임업으로부터의 배출을 다루고자 한다. 이렇게 배출량을 측정한 최근의 자료는 2000년부터인데, 이산화탄소 증가량 메가톤(MtCo₂)에 의해 측정량을 표시한다. 표 1.3은 2000년의 탑 10 리스트이다.

세계은행은 개인당 소득이 11,500달러를 넘는 국가들을 고소득국가로 정의하고 있다.[41] 이 기준 하에서는 부유한 10개 국가들(미국, 일본, 독일, 캐나다)[42]이 현재 배출량의 약 23%에 대해 책임이 있고 나머지 국가들이 35%에 대해 책임이 있다. 우리가 국가수를 늘려 잡아도 분석은 변하지 않는다 : 개인당 GDP에 의해 상위 40등 이내의 국가들이 넓은 측정법에 의한 온실가스 배출은 약 34%이다.

---

41) World Bank Country Classification, available at http://web.worldbank.org/WBSITE/EXTERNAL/DATASTATISTICS/0,contentMDK:20420458-menuPK:64133156-pagePK:64133150-piPK:64133175-theSitePK:239419,00.html(accessed November 24, 2008). As of November 24, 2008, the World Bank classified all countries with per capita income of $11,456 or more as high income.

42) 러시아는 UNFCCC하에서 부속서1국가이나 EU 25개국 평균 개인소득 24,000달러 이상과 미국의 개인소득 36,000달러 이상과 비교하면 개인소득 약 9,000달러인 상대적으로 가난한 나라이다. 우리는 세계은행이 고소득 기준에 미달하는 개인소득이므로 러시아를 부유한 국가에 포함시키지 않는다.

표 1.4. 토지 이용을 제외한 세계 이산화탄소 배출량 분포

Share of Global Carbon Dioxide Emissions(not including land use), 2005

Co_2, CH_4, N_2O, PFC's, HFC's, SF_6, without Land Use Change

Rank	*Country*	*$MtCo_2$*	*% of Total*	*Tons Co_2 Per Person*	*Rank*
1	China	7,219	19.1	5.5	71
2	United States of American	6,964	18.4	28.5	7
3	Russian Federation	1,960	5.2	14	18
4	India	1,853	4.9	1.7	119
5	Japan	1,343	3.6	10.5	37
6	Brazil	1,014	2.7	5.4	73
7	Germany	977	2.6	11.9	25
8	Canada	732	1.9	22.6	8
9	United Kingdom	640	1.7	10.6	36
10	Mexico	630	1.7	6.1	64

더욱이 이러한 자료들이 아주 최근 것이라 하더라도 중국과 다른 급성장 국가들(fast-growing developing nations)의 배출량의 급격한 변화를 반영하지는 않는다.

2005년 현재 69억 톤인 미국과 비교해 볼 때 중국은 72억 톤으로서 (토지 이용변화를 포함한) 이산화탄소 또는 등가물(carbon dioxide or equivalents) 최대배출국이다. 러시아의 배출은 비교적 2000년과 2005년 사이에 변동이 없었으나, 인도는 19억 톤으로 증가하여 러시아와 함께 견줄 정도의 세계3위 배출국이다.

배출에 대한 논의의 대부분이 에너지 사용으로 인한 이산화탄소 배출에 집중되어 있다. 이러한 방법에 의하면, 최다 배출국 리스트는 변한다. 표 1.4가 토지 사용이 포함된 2015년 리스트이다. 토지 이용 변동을 제외하는 기준으로

좁히면 다수의 부유한 국가들이나 브라질, 인도네시아, 말레이시아와 같이 상대적으로 가난한 나라들이 리스트 상 톱 배출국들로부터 빠진다.

표 1.5. 누적배출량 : 에너지와 토지 이용변화로부터의 이산화탄소

Cumulative Emissions: CO_2 from Energy and Land Use Change, 1950–2000

Co_2, CH_4, N_2O, PFC's, HFC's, SF_6, without Land Use Change

Rank	*Country*	*$MtCo_2$*	*% of World Total*	*Tons Co_2 Per Person*	*Rank*
1	United States of American	184,827	16.9	623.3	11
2	China	108,117	9.9	82.9	111
3	Russian Federation	90,068	8.3	629.2	10
4	Indonesia	79,996	7.3	362.7	35
5	Brazil	68,029	6.2	364.1	34
6	Germany	46,382	4.3	562.4	13
7	Japan	41,603	3.8	325.6	41
8	United Kingdom	29,164	2.7	484.2	18
9	Canada	22,642	2.1	700.7	7
10	Malaysia	22,228	2.0	866.5	4

그러나 이러한 제한된 측정 방법(narrow measures)을 사용할 정당성을 찾기가 어렵다 : 이산화탄소나 그 등가물 톤의 배출은 그 원인에 관계없이 기후에 똑같은 영향을 미친다.

위에 제시된 숫자들은 흐름(flows)을 나타낸다 : 제시된 나라들이 연간 얼마나 많은 배출을 하는가. 기후변화는 배출의 축적에 의해 발생한다 : 즉 대기 중의 총 이산화탄소와 그 밖의 온실가스의 축적. 대기 중에서 온실가스의 대부분은 아주 오랫동안 존속하기 때문에 온실가스의 축적을 줄이기 위해서는 시간을 뛰어 넘어 배출량을 살펴봐야 한다.[43] 토지 이용 변화를 포함하는 넓은 배출 측정법(broad measures of emissions)은 2000년에 다시 한 번 사용되었다. 그리고 그 측정법은 1950년에만 소급하고 이산화탄소 외의 온실가스들을 포함하지 않는다. 표 1.5는 그러한 자료들을 보여 주고 있다.

이 리스트에서 미국, 독일, 일본, 영국 그리고 캐나다 등 부유한 국가들 그룹은 축적량의 약 29%에 달한다.[44] 이 리스트에서 가난한 나라들의 축적량이 33%에 달한다. 배출 축적량의 흐름은 기본적으로 결과는 같다 : 부유한 나라와 가난한 나라 모두 주요 배출 기여자들이다.

표 1.6. 누적배출량

Cumulative Emissions of CO_2 (including land use change) Per Capita, 1950-2000

Rank	*Country*	*Per Capita Emissions(stock)*
1	Belize	
	Guyana	3,390
2	Luxembourg	2,146
3	Malaysia	1,310
4	Papua New Guinea	900
5	Panama	759
6	Canada	709
7	Czech Republic	708
8	Estonia	665
9	The United States	664
10	Russia	636
11		634
…		
20	UK	497
33	EU - 25	385
111	China	85
165	India	16

43) 이 자료는 이 기간 동안 대기 중에서 가스의 소실에 따른 조정을 하지 않은 배출량의 총계를 나타내고 있다. 만약 자료가 소실에 의한 조정을 했다면 초기의 배출량은 더 낮게 잡아야 한다. 소실을 조정하여 어떤 내용이 변동된다 할지라도 기본적 결론은 달라지지 않는다.

우리가 만약 토지 이용변화를 제외하여 좁게 보면, 흐름에서와 같이 부유한 국가들은 가장 큰 배출원인 것 같이 보인다.

관련 배출의 대안적 측정법은 다양하다. 가장 일반적인 두 가지 추가적 측정법은 개인 당 배출(emissions per capita)과 배출 강도(emissions intensity, 예를 들면 해당 국가가 1달러짜리 물품을 생산하기 위해 필요한 배출량)에 의한 것이다. 표 1.6.은 배출축적에 기여한 개인 소득에 의한 상위 10개국을 열거한 것이다.[45)]

부유한 나라들이 배출의 대부분에 대해 책임이 있다는 전형적 관점에서는 흔히 개인 소득별 지수를 사용한다. 그러나 그 자료는 많은 집단의 나라들을 집계한 것이다. 예를 들면 2000년에는 소득 상위 20개국은 세계 인구의 약 1/8(세계 총인구 63억 중 8억 명)을 차지했으나, (토지 이용 변화를 포함한 모든 가스의) 총 배출량의 약 40%를 배출하였다.

표 1.7. 2000년 온실가스의 경제 강도

Greenhouse Gas Intensity of Economy, 2000(CO_2, CH_4, N_2O, PFCs, HFCs, HF_6, land use change)

Rank	*Country*	*tCO_2 - e/Million $*	*Index*
1	Zambia	31,292	100
	Belize	16,524	52.6
2	Liberia	14,932	47.5

44) 우리가 만약 배출 축적량이 아닌 부(wealth)에 의해 집계를 한다 하더라도 결과는 다시 달라지지 않는다. 상위 40개 부유한 국가들이 총 누적 배출량의 40%를 차지하고 있다.

45) 표 1.6.은 대기 중에서의 이산화탄소 소실량을 조정하지 않고 1950년부터 2000년까지의 누적 배출량만 나타내고 있다. 우리가 소실량을 조정할 경우 미국이 11위로 이동하고 자메이카가 10위로 이동하는 것을 제외하고는 표가 변하지 않는다.

3	Congo, Dem, Republic	13,560	43.1
4	Guyana	13,390	42.5
5	Papua New Guinea	12,491	39.7
6	Sierra Leone	8,998	28.5
7	Myanmar	8,764	27.7
8	Central African Republic	7,487	23.6
9	Mongolia	7,420	23.4
10			
11	Australia	1,018	2.8
…	China	972	2.7
98	South Korea	693	1.8
100	United States	662	1.7
123	EU 25	455	1
126			
158			

만약 우리가 1850년으로 소급하여 집계하고 화석연료 연소 때 나오는 이산화탄소만 관찰한다면, 이와 같은 국가들은 이산화탄소 총 축적량의 58%에 대해서 책임이 있다.

개인의 실제 소득이 아닌 (1인당 GDP에 의해 분류된) 하위 몇 십억 명은 에너지 사용으로 인한 이산화탄소 배출량이 2%에도 못 미친다. 이러한 차이는 화석연료로 인한 배출만이 아니고 누적 집계했기 때문이다 : 개인당 배출이 매우 높은 가난한 나라들은 다수의 가난한 국가 그룹에 들어가고 그래서 그들의 높은 배출량은 배출량이 적은 가난한 나라들과 섞여 평균을 내게 된다.[46)]

---

46) IPCC WGIII를 보라. supra n.12, Figure 3a는 집계가 어떻게 사용되는지에 대한 예이다. 이 그림은 미국, 캐나다, 일본, 호주, 뉴질랜드 그리고 멀리 떨어진 2위 그룹인 여러 EU국가들이 차지한 개인당 배출량을 나타내고 있다. 선진국들은 IPCC 자료와 같이 개인당 배출국 순위를 차지하고 있다. WRI CAIT 자료는 IPCC 자료에 접근하나 유사한 지역들을 집계하면 순위가 정확하게 일치하지는 않는다. 예를 들면 IPCC

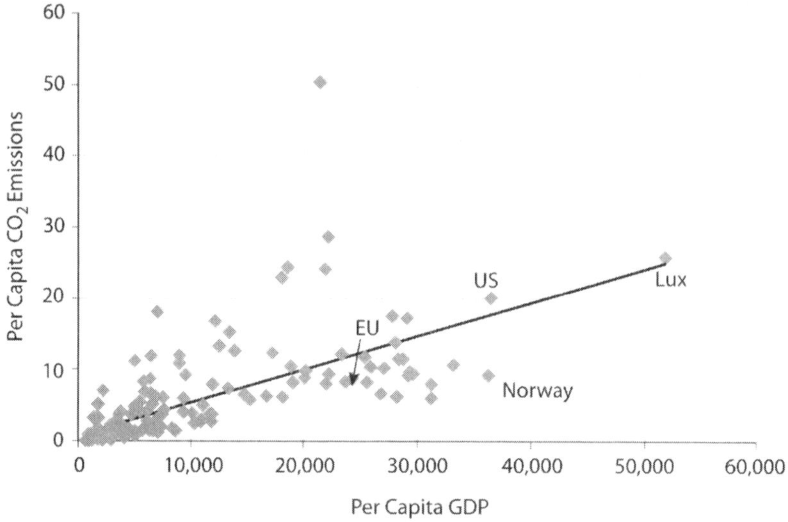

그림 1.7. 수입기능으로서의 이산화탄소의 개인당 배출량
Per Capita Emissions of CO_2 as a Function of Income

배출량을 측정하는 마지막 방법은 강도(intensity)에 의한 것이다. 표 1.7.은 전력패리티보험(power parity adjustments)을 매수하여 사용하는 방법으로 측정함으로써 탄소와 기타 온실가스 배출량의 상위 10개국을 보여 주고 있다.

이들 국가의 대다수는 아프리카에 있고 다른 배출량 측정과는 차이가 있다. 우리는 다른 주요 배출국들도 포함시킨다.

우리는 마지막 그래프(그림 1.7)도 만들었는데, 그것은 1인당 GDP와 같

자료가 2004년에 미국과 캐나다가 25% 이상 책임이 있다고 하는데 반하여, WRI 자료는 2,000년까지 누적 배출량의 19.23%를 북아메리카가 차지하는 것으로 보고 있다.

이 개인당 배출량을 계산한 것이다. 1인당 GDP는 x축에 나타내고 에너지로부터 개인당 년 배출량은 y축에 표시한다. 선은 최적라인(the line of best fit)을 나타낸다 : 선 위의 국가들은 GDP를 생산하기 위해 라인 아래에 있는 국가들보다 많은 화석연료 에너지(fossil fuel energy)를 사용하고 있다는 것을 나타내고 있다. 이것은 배출량(또는 에너지사용량)과 소득과의 관계를 명확히 나타내고 있다. 부유한 국가들이 가난한 국가들보다 더 많이 배출한다. 최적라인으로부터 떨어져 있는 몇 나라도 있다 : 카타르가 중간 소득 수준의 국가이나 상대적으로 배출량이 높은 데 반해 노르웨이는 높은 소득 국가임에도 상대적으로 배출량이 낮다. EU가 최적선에서 약간 밑에 있는 데 반해 미국은 최적라인 바로 위에 있다.

결론 Conclusion

우리는 제한된 논문에서 많은 양의 자료들을 살펴보았고 우리의 주요 결론을 요약하는 것이 바람직하다.

기후변화로 인한 피해는 사하라사막 이남의 아프리카, 인도, 동남아시아와 작은 섬들과 같은 가난한 지역에서 훨씬 더 심각할 것으로 예상되고 있다. 그에 상응하여 안정화로 인한 이득은 (전체는 아니지만) 적어도 대부분의 시나리오에서는 이러한 가난한 나라들에게 도움이 된다. 피해와 이득 모두 대부분 미래에 발생한다. 그 결과 배출 감축으로부터 가장 큰 이득을 얻는 사람은 현재 가난한 사람들(present poor people)이 아니고 미래의 가난한 사람들(future poor people)이다.

부유한 나라들은 개인당 배출량(per capita emissions)은 많다 ; 그들은 또한 현재 배출 축적(current stock of emissions)에 대해서도 훨씬 많이 기여를 해 왔고, 매년 변동(annual flow)에도 훨씬 많이 기여하고 있다. 최적의 측정법에 의하면 후진국들도 이미 변동에 대해 거의 같이 기여하고 있으나 비록 그들이 변동과 기존축적 모두에 개인당 축적량은 적었을지라도 기존 축적에 대해서는 훨씬 적게 기여해 온 것은 아니다. 더욱이 배출증가율(growth rates in emissions)은 후진국이 선진국보다 훨씬 높다. 중국은 이산화탄소 변동에 의하면 현재 세계 제일의 배출국이다. 증가 패턴이 계속될 경우 대기 중 탄소축적량에 대한 최대 배출국으로서 미국을 추월할 것이다.

배출 감축에는 비용이 많이 든다. 현재 수준의 기술을 사용하는 저비용감축방법도 많이 있으나, 교통수단과 전력부분의 배출을 제로(0)화하는 것과 같은 장기목표를 달성하기 위해서는 대규모의 기술발전이 있어야 한다.

피해의 범위와 감축 비용이 정해져 있는 상태에서 그러한 감축으로 인한 모두의 이득이 비용보다 훨씬 크기 때문에 배출 감축을 획기적으로 줄여야 할 충분한 이유가 있다. 정확히 말하면, 감축의 정확한 성격 – 그 중대성과 시기 – 에 대해서는 논란이 있다(우리는 그 논란의 근거를 연구할 것이다). 그럼에도 불구하고 합의의 여지는 있다.

그런데 왜 적절한 합의가 아직 이루어지지 않는 것일까? 이에 대한 답변의 대부분은 미국과 중국을 포함한 특정국가의 간파된 비용과 이득 때문이다. 답변의 다른 부분은 정의에 관한 경쟁적 요구와 관련이 있다. 이러한 문제들을 살피기 전에 배출 감축을 위해서 어떠한 방법이 검토되어야 했는가 그리고 지금까지 어떤 결과가 발생했는가를 아는 것이 유용하다.

제2장

정책수단
Policy Instruments

여러 가지 정책수단이 온실가스 배출을 줄이기 위해 필요하다. 배출세(emissions taxes), 거래 가능한 배출허가권(tradable emissions permits, cap and trade), 배출 감축을 위한 보조금(subsidies for emissions reductions), 명령·강제규제(command and control regulations), 라벨링 및 정보 제공(labelling and information requirements), 연구 및 저탄소기술발전을 위한 보조금 등이 그것이다. 그리고 국가들은 기후변화의 악영향을 줄이는 수단에 투자함으로써 기후변화에 적응할 것이다. 적응 방법(adaptation measures)은 바닷물의 수위상승으로 인한 홍수를 제한하는 방조제건설(building seawall), 위험지역으로부터의 이주, 극단적 기후조건에서 살아남을 수 있는 새로운 식물다양성(new plant varieties)의 개발, 물 보존(water conservation), 기후온난화에 따라 확산하는 질병에 대한 대응 개선, 날씨 예보 기술의 개선과 유사한 방법들이다. 여러 가지 이주 정책과 적응 방업의 결합이 있는 것과 같이 cap-and-trade systems이나 현재의 논쟁을 압도하는 세금과 함께 분석자들이 있다.1)

---

1) Lawrence H. Goulder and Ian H. Parry, Instrument Choice in Environmental Policy,

배출정책의 선택(choice of emission policies)에 대한 대부분의 연구는 상대적 효율성 - 어떠한 정책들이 가능한 최저 비용(the lowest possible cost)으로 감축을 달성할 수 있을 것인가 - 에 초점을 맞추고 있다. 기후변화에 의해 제기된 문제의 규모로 인해 비록 효율성 개선이 낮다고 하더라도 비용이 절감된다. 조세제도 또는 배출권거래제(cap-and-trade) 제도와 같은 시장기반적 메커니즘(market-based mechanism)은 다른 메커니즘들보다 훨씬 낮은 비용으로 배출 감축을 기약할 수 있다. 그러나 거기에는 논쟁으로 가는 다수의 근본적인 윤리적 쟁점들(underlying ethical issues)도 자리하고 있다.

특별히 배출권거래제도는 조세제도보다 특히 국제적 환경에서 차별적인 분배효과가 있다.[2)] 그 이유는 배출권거래제도는 조세제도가 가지지 않은 허가권의 할당(allocation of permits)을 통하여 바람직한 분배효과를 달성할 수 있는 유연성을 갖고 있기 때문이다.[3)] 만약 배출권거래제도와 조세가 유사한 환경효과를 달성하나 배출권거래제도가 더 나은 분배효과를 갖는다면 조세제도에 비해 배출권거래제가 설득력이 있다.

---

2 *Review of Environmental Economics and Policy* 152(2008) ; Working Group III : Mitigation of Climate Change, IPCC Fourth Assessment Report, chapter 13, *Climate Change 2007*(2007) ; *Handbook of Environmental Economics*, chapter 10(2003) ; Nicolas Stern, *The Economics of Climate Change: The Stern Review*, Parts 4, 5(2007).

2) Jonathan Wiener, Global Environmental Regulation : Instrument Choice in Legal Context, 108 *Yale Law Journal* 677(1999) ; Jonathan Wiener and Richard B. Stewart, *Reconstructing Climate Policy : Beyond Kyoto*(2003). Wiener와 Stewart는 허가권이 우리들로 하여금 중국의 채무를 갚도록 하지만 조세제도는 그렇지 않다고 주장하고 있다.

3) 이런 유연성이 배출권거래제도와 함께 합의점에 도달하는 것을 용이하게 하는 관련 논쟁이 있다. 왜냐하면 그 유연성이 거부하는 나라들을 매수하는 데 용이하기 때문이다. 우리는 여기서 그런 논쟁을 다루지는 않는다.

다른 가능성은 조세는 사람들로 하여금 오염시키기 위해 돈을 지불하도록 하므로(allow people to pay to pollute) 반윤리적이다. 그것은 중세교회의 면죄부 판매(sale of indulgences by the Medieval Church)와 같다. 사람들, 특히 부유한 사람들은 돈의 지불을 선택함으로써 나머지 세계에게 피해의 원인을 돌릴 수 있게 해서는 안 된다. 종종 이런 논쟁은 환경적 확실성의 관점에서 이루어진다. 배출권거래제도가 강한 총배출권한도(a hard cap on total emissions)를 규정하고 조세제도는 그렇지 않다. 사람들이 배출권거래도 내에서 언제나 허가권을 매수할 수 있는 반면, 오염시키기 위해 돈을 지불한다(pay to pollute)는 의미에서는 이것은 오염총량(total amount of pollution)을 증가시키지는 않는다 ; 아무리 많은 사람들이 돈을 지불하려고 해도 그들은 총한도(overall cap)가 허용하는 것 이상으로 오염시킬 수가 없다. 배출권거래제도는 환경적 확실성(environmental certainty)을 규정하고 그것이 사람들로 하여금 타인에게 오염피해의 원인을 돌리기 위해 돈을 지불하는 것을 허용하지 않기 때문에, 논쟁이 되지만 배출권거래가 조세제도에 대해 우위에 있다.

이 장에서 우리의 목표는 기후정책의 선택에 관한 이와 같은 윤리적 논쟁(ethical arguments)에 대해 살펴보는 것이다. 우리는 윤리적 논쟁이 윤리적 논쟁이 장점이 없는지에 대해서도 논의할 것이다 : 배출권거래제도는 조세제도보다는 분배 면에서는 더 유연하지 않고 환경적 확실성을 규정함에 있어서 낫지 않다. 우리는 기후변화와 오염규제수단의 경제학에 관한 입문서로 시작할 것이고 그리고 윤리적 쟁점을 연구할 것이다. 우리는 최선의 배출 감축(optical emissions reductions)에 관한 간단한 논의로 마감할 것이다.

기후변화의 경제학적 기초
The Basic Economics of Climate Change

공유지의 비극으로서의 기후변화
Climate Change as a Tragedy of the Commons

기후변화는 아마도 공유지의 비극으로 알려진 광범위한 문제 중 가장 중요한 문제이다 : 사람들이 제한된 자원에 접근이 자유로울 때 그것을 지나치게 쓰는 경향이 있다.[4] 그 이유는 그러한 사용은 그 자원을 고갈시킴으로써 다른 사람들에게 비용을 강요하는 바, 그 비용은 이용이 자유롭기 때문에 그들이 비용으로 고려하지 않는 비용이다. 더 나쁜 것은 다른 사람들은 그들이 사용하지 않는다면 그 자원을 사용할 것이고 다른 사람들이 사용하기 전에 그들이 그 자원을 먼저 사용할 수 있는 경쟁에 있어 인센티브가 있다. 개방된 어장(open-access fisheries), 공유 방목지(common grazing land) 및 무료 도로 사용(free road use)은 그러한 문제에 관한 전형적 사례이다. 이러한 개별적 사례에서 한 사람의 이용은 자원을 없앰으로써 다른 사람들에게 비용을 부담시킨다. 만약 이용이 자유롭다면 - 이용자들은 다른 사람들에게 부과된 이러한 비용을 부담하여서는 안 된다 - 그들은 자원을 남용하는 경향이 있다.

기후과학자들은 대기가 도로나 어장과 유사한 제한된 자원임을 우리에게 말해 왔다 - 대기는 한정된 양의 이산화탄소만을 흡수할 뿐이다. 그러므로

---

4) Charles Kolstad and Michael Toman, The Economics of Climate Policy, Garret Hardin, The Tragedy of Commons, 13 Science 3859(December 1968) ; J. B. Ruhn, et al., The Tragedy of Ecosystem Services, 58 Bioscience 969(2008).

사람들이 보온, 냉방, 운송, 금속, 종이, 시멘트, 화학물질, 고기 등의 이용과 같이 탄소를 배출하는 활동에 관계될 때마다 그들은 자원을 고갈시키나 다른 사람들에게 주는 피해에 대한 대가를 지불하지 않는다. 그 결과는 과도한 사용이다. 경제적 용어로 말하면 탄소 배출은 외부 효과(externality)이다 - 타인에 대한 배출의 효과는 가격에 포함되지 않는다. 사람들이 지불하는 가격은 - 0 - 으로 실제 비용(true cost)을 밑돌고 그래서 사람들은 너무 많이 사용하는 것이다.

이 문제에 대해서는 두 개의 개방된 방법이 있다. 첫째, 환경문제에 대한 전통적인 접근법은 오염자들에게 단순히 오염을 덜 하도록 명령하는 것인바, 명령・강제 규제(command and control regulation)로 알려진 접근법이다. 이 방법은 어떤 활동의 총량을 제한함에 의하여 또는 특별한 기술의 이용을 지정함에 의하여 행해진다. 기후 맥락에서, 예를 들면, 자동함선은 어떤 평균 연비를 가져야 한다고 지정함으로써, 바이오연료들은 가솔린과 혼합되어야 한다고 강제하여, 건물들은 최소량의 단열재를 사용하도록 하여, 전기를 신재생연료로 생산되도록 강제함으로서 우리는 탄소 배출을 줄일 수 있을 것이다. 배출을 줄이기 위해 사용되는 많은 기술이 있고 정부는 이러한 기술들을 혼합해서 결정할 수 있었다.

둘째 방법은 개인과 시장으로 하여금 배출을 줄이기 위한 기술의 조합(the mix of technologies) 중 선택에 의하는 것이다. 배출권거래제도들은 전통적 방법의 예이다. 배출권거래제도에서는 정부는 배출에 관한 총 한도(an overall limit on emissions)를 설정하고 사람들로 하여금 그 한도를 충족하는 방법을 선택하도록 한다. 특히 정부는 허용된 오염총량(the total amount of pollution that will be tolerated)을 의미하는 오염허가권(pollution permits)을 발행하고 사람들로 하여금 그 허가권을 사고 팔 수 있게 한다. 허가권의 시장가격 이하의 비용으로(at a cost less than the market price of the permits) 배출을 줄일 수 있는 사람은 그렇게 할 것이다. 예를 들면, 허가권이 이산화탄소 톤당 50달러에 거래되는 것을 가정해 보라. 만약 당신이 현재 이산화탄소를 배출하고 있다면, 당신은 허가권을 매수해야 한다. 만약 당신이 톤 당 50달러 이하로 배출을 줄일 수 있다면, 허가권을 매수하는 대신 배출을 줄이면 된다. 허가권의 시장가격에서 줄여질 수 없는 배출만이 남게 될 것이다. 누구나 허가권의 통상가격(common price of permits)에 직면하게 되기 때문에 사람들은 허가권 가격보다 적은 비용이 드는 허가 가격보다 비용이 적게 드는 배출 감축기회(emissions reduction opportunities that cost less than the permit price)를 찾아내 이용할 것이다. 개인들과 시장은 감축기술과 수단을 선택한다. 정부가 해야 할 일의 전부는 총량(overall amount)을 정하는 것이다. 오염감축을 위한 기술을 선택하는 개인들과 시장에 의한 정보이용으로 이러한 제도는 배출 감축 비용을 대폭 줄일 수 있다.

이러한 방법은 아산화탄소 배출규제에 있어서 청정대기법(Clean Air Act)에 의해 사용된 것으로 가장 잘 알려져 있다. 그리고 연구에 의하면 이 방법이 실질적으로 배출을 줄이는 것을 알 수 있다.[5] 이러한 이유로 배출권 거래제도와 같은 시장기반적 메커니즘들은 통상적으로 명령・강제제도들보

---

5) 대안적 규제제도 하에서는 비용이 얼마인지에 대한 반대의 사실적 가정에 의존하기 때문에 정확한 비용절감액을 계산하기가 어렵다. 논의를 위해서는 Curtis Calson, Dallas Burtraw, Maureen Cropper and Karen Palmer, Sulfur Dioxide Control by Electric Utilities : What Are the Gains from Trade? 108 Journal of Political Economy 1292(2000)를 보라.

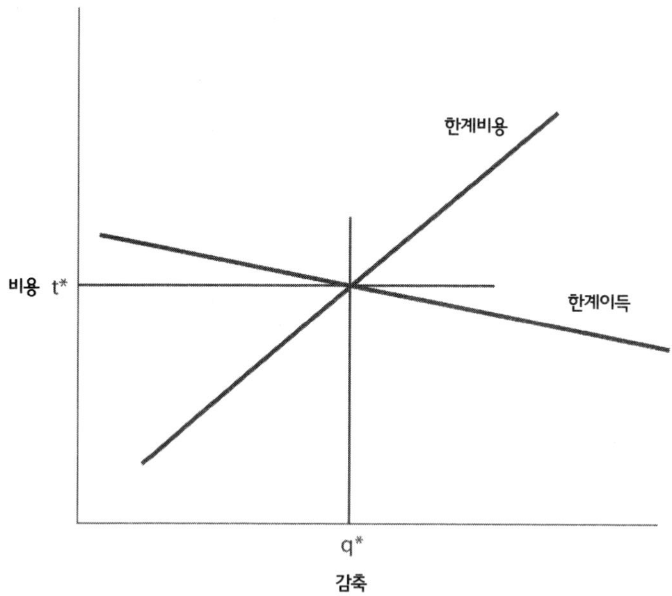

그림 2.1 감축의 한계비용과 한계이득
Marginal Cost and Benefit of Abatement

다 더 전망이 좋다. 이것은 특히 기후 맥락에서 사실이다. 배출원은 널리 퍼져있고 배출 감축 기술의 다양성 때문에 정부가 바른 감축원과 기술을 정확히 선택할 기회는 낮다. 기후관점에서 시장기반적 메커니즘에 의하는 것은 특히 중요할 수 있다.

우리는 수요공급표를 사용하여 배출권거래제도의 효과를 설명할 수 있다. 수요공급도표의 x축은 물품의 양을 나타낸다. 여기서 물품(the good)은 감축량(abatement), 배출 감축이다. 따라서 x축 상에서 오른쪽으로 이동하면 감축이 더 줄어든다. y축은 감축에 드는 달러를 나타낸다.

우리는 한계이득(marginal benefits)과 이산화탄소 배출을 탄소 감축 비용

(예를 들면, 1개 이상의 단위에 의한 이득 증가분과 배출 감축 비용)을 나타내는 곡선을 그려야 할 필요가 있다. 한계이득곡선(marginal benefits curve)은 아래로 굽어진다. 그 이유는 이전의 많은 배출 감축 이득은 배출이 줄어듦에 따라 내려가기 때문이다 : 아주 높은 숫자 이하로 탄소축적 총량을 유지하는 것은 중요하나, 낮은 숫자로부터 아주 높은 숫자로 축적량을 줄이는 것은 아마도 그렇게 중요하지만은 않다.

하나 이상의 단위에 의한 배출 감축의 이득은, 한계이득곡선으로 표시되는 바, 탄소축적이 내려감에 따라 이것도 내려간다.

탄소 감축에 의한 한계이득의 계산은 매우 어렵다. 배출효과에 대해서는 불확실성이 크다. 게다가 그 효과에 대해서 최선의 고려를 한다 하더라도, 우리는 여러 가지 종류의 피해를 어떻게 비교할 것인가와 같이, 계산은 다수의 윤리적 문제를 포함하고 있다. 다른 기간에 발생하는 피해를 어떻게 산정할 것인가와 같은 것은 이 장의 후반에서 논의한다. 우리는 여기서 그러한 계산이 될 수 있는 것으로 가정한다.

유사하게도, 감축하는 데 드는 한계비용은 위를 향하여 경사지고, 소량을 감축하는 것이 다량을 감축하는 것보다 단위당 비용이 덜 든다는 사실을 반영한다. 그림 2.1이 이러한 결과를 보여 준다.

정부는 배출 감축 비용과 한계이득이 같은 지점에서 배출 최고한도를 정하려고 할 것이다. 만약 최고한도를 한계비용이 이득보다 낮은 그런 곳에서 정한다면 다른 단위에 의해 배출을 줄이는 것이 이득보다 비용이 덜 들고 그래서 우리는 더 한도를 높게 해야 한다. 만약 한계비용이 한계이득보다 높다면 제한을 느슨하게 함으로서 오염감소로부터 얻는 이득을 잃기보다는 더 많은 돈을 저축해야 한다.

그래프에서 정부는 배출 최고한도를 q^*에서 정하고자 할 것이다.

만약 허가권의 거래가 이루어진다면 t^*와 일치되는 가격에서 거래가 이루어질 것이다. 그 이유를 알기 위해 t^*(q^*에서 감축되는 한계비용)가 50달러인 것으로 가정해 보자. 만약 배출허가권이 60달러와 같은 높은 가격에서 거래된다면, 사람들은 그 허가권을 매수하기보다는 배출을 감축하려고 할 것이다. 만약 허가권이 50달러 미만에서 거래된다면 사람들은 배출을 감축하기보다는 허가권을 매수할 것이다(매수해서 배출을 할 것이다).

최종적으로, 만약 정부가 허가권을 거져 주지 않고 경매에 부친다면 경매가 q^*와 t^*의 꼭짓점을 갖는 직사각형과 같은 양의 돈으로 끌어 올릴 것이다. t*에서 허가권의 시장거래가 이루어지는 것과 똑같이 최초의 경매에서 t^*에서 허가권들이 팔릴 것이다. 정부가 q^*를 발행하기 때문에 올라간 총 수량은 q^* t^*를 생산할 것이다. 예를 들면, 거래가격이 이산화탄소 톤당 50달러이고 우리가 허가권을 60억 톤을 발행한다면, 경매에서 300만 달러의 수입을 올릴 것이다.

조세는 배출권거래제도에 대한 대안이다. 허가권을 발행하는 대신 정부는 t^*(우리 사례에서 50달러)와 같은 모든 탄소 배출에 대하여 세금을 부과했다. 이 가격 이하에서 배출 감축을 할 수 있는 사람은 배출 감축을 할 수 있고 그 가격에서 배출을 줄일 수 없는 사람은 세금을 지불해야 한다. 배출된 총량은 t^*가 한계이득곡선과 교차하는 곳이 될 것이고 그것은 q^*이다. 그것은 배출총량은 t*에서 정해진 세금이하이고 q^*인 배출권거래제도와 같게 될 것이다. 이 두 가지 사례에서 개인들과 시장은 배출 감축기술과 수단들이다. 더구나 조세제도는 t^* q^*와 같은 수입을 올리는데, 허가권을 헐값으로 팔기보다 경매에 의한다면 배출권거래제도에 의해 증가된 양과 같다.[6] 기본적인 형태에 있어 두 가지는 같다.

보조금은 배출을 줄이기 위한 인센티브를 창출하는 데 있어서 세 번째 선택지로서 이미 광범위하게 사용되는 것이다. 예컨대, 풍력에너지에 대한 세액공제(tax credit)와 같이 청정에너지에 대한 다수의 보조금을 제공하고 있다.[7] 이론상 보조금은 세금제도와 허가제도의 특징과 같은 인센티브를 창출할 수 있다. 조세제도에서는 오염자들은 배출을 줄임으로써 세금을 줄여 ; 배출권거래제도 하에서는 배출허가권을 덜 매수함으로써 ; 보조금제도 하에서는 보조금을 받음으로써 ; 돈을 절약할 수 있다. 예를 들면 세금이 톤당 50달러이라면 오염자들은 50달 미만에서는 세금을 무시할 수 있는 정도까지 배출을 무시할 것이다 ; 그들은 나머지에 대해서는 세금을 내야만 한다. 만약 보조금이 톤당 50달러이라면 오염자들은 배출을 줄일 것이고 톤당 50달러 미만에 배출을 줄일 수 있을 경우에만 보조금을 받을 것이다. 만약 배출을 줄이기 위해서 톤당 60달러가 든다면 그들은 50달러의 보조금을 지급받기 위해 배출을 줄이지 않을 것이다.

그러나 보조금은 세금과 허가제도가 갖는 모든 이득을 제공하지는 않는

6) Gilbert Metcalf, A Proposal for a U. S. Carbon Tax Swap: An Equitable Tax Reform to Address Global Climate Change, Discussion Paper 2007 - 12, Hamilton Project, Brookings Institution(November 2007). 미국에 관한 지극히 개략적 예측은 탄소 1톤당 15달러의 세금은 연간 약 1,000억 달러를 증가시킬 것이다. 이 숫자에 대한 감각을 갖기 위해서는 2006년 연간 연방정부 총세수가 약 2조 4,000억 원이므로 탄소세가 연방세수의 약 4%가 된다는 사실이다. 2006년 법인세 수입이 약 3,500억 달러이고 그것은 탄소세가 법인세액의 1/4을 넘는다. 탄소세수입은 증여세 수입을 쉽게 뛰어넘는다.

7) Gilbert Metcalf, Federal Tax Policy Toward Energy, 21 *Tax Policy and the Economy* 145(2007)을 보라.

다. 이해를 위해서 신재생에너지에 대한 보조금에 대해 살펴보자. 그러한 보조금이 신재생에너지를 화석에너지와 비교할 때 덜 비싸게 만든다 할지라도 화석에너지의 가격을 올리지는 않는다. 그래서 사람들은 화석에너지로부터 신재생에너지로 바꾸기는 하나 조세나 허가제도와는 달리 전체 에너지 사용을 줄이는 인센티브가 되지는 않을 것이다.

더욱이 보조금은 조세와 허가제도와 달리 행정적인 어려움이 있다. 보조금을 산정하기 위해 정부는 보조금이 없을 때 배출해 온 배출량을 확정할 수 있어야 한다. 그래서 보조금은 앞으로 배출되어야 할 배출량(the amount that would have been emitted)과 실제로 배출된 배출량(the amount that is actually emitted)과의 차이를 기반으로 해서 이루어진다. 이 차이를 간단하게 계산할 방법이 없다 - 우리가 실제 보조금 제도를 가지고 있고 어떤 오염자가 배출을 감축하면 우리는 이제 보조금제도 없이 오염자들이 어떻게 할 것인지 알 수가 없다. 기후변화 관점에서는 사람들은 이것을 부가적 문제로 본다 - 정부는 보조금제도에 따른 배출 감축이 어찌 했든지 생길 수 있었던 감축에 부가적인 것이지 여부를 알 수 없다. 조세제도와 배출권거래제도는 이론적 기반으로부터의 배출 감축이 아닌 실제 배출에 기초했기 때문에 이러한 문제점이 없다.

교토의정서의 일부로서 실행되는 보조금제도는 부가적 문제를 설명한다. 교토의정서는 선진국들에게 배출한도를 부과하나, 가난한 나라들에게 부과하는 비용에 대한 문제 때문에 인도와 중국과 같은 후진국에 대해서는 한도를 부과하지 않는다. 대신에 이러한 나라들이 감축을 달성하게 하기 위해 교토의정서는 청정개발체제(Clean Development Mechanism) 또는 CDM으로 알려진 보조금제도를 사용한다. CDM 하에서, 선진국의 오염자들은 그들이 감축할 수 있었던 배출량 이하로 감축하는 후진국에서의 프로젝트에 의한 배출 감축공제(emissions reductions credits for projects in the developing world)를 주장할 수 있다. 이것은 이미 현장에서 실행되고 있는 하나의 거대한 시장기반적 대기오염제도(the single largest market - based atmospheric pollution regime)이다.[8] 그러나 CDM은 부가성 때문에 많은 문제점을 가져 왔다.

예를 들면, HCFC-22로 알려진 흔히 사용하는 냉각제생산의 부산물인 HFC-23을 발생시키는데 그것은 (이산화탄소의 11,700배 지구온난화 가능성물질로서) 매우 강력한 온실가스이다. 이렇게 매우 강한 지구온난화물질 때문에 HFC - 23을 포집해 없애는 CDM보조금제도는 생산된 HCFC - 22가격을 훨씬 넘는다. 그러므로 단지 냉각제를 만드는 공장을 세워서 HFC - 23을 없애면 CDM공제를 받을 인센티브가 생긴다. 이해의 편의상, 극단적인 예를 들면 무익한 HCFC - 22를 생산하는 공장을 세우는데 100이라는 비용이 든다고 가정하자. 그 공장은 HCFC - 22생산의 부산물로서 강력한 지구온난화물질인 HFC - 23을 생산한다. HFC - 23은 그렇게 강력하기 때문에 CDM 공제를 받으려는 오직 문닫을 공장을 세울 인센티브가 생겨서, 회사는 건축업자에게 문닫을 공장을 건축하기 위해 100 이상의 비용을 지급한다. 사실상, 이러한 공장들을 세웠다가 폐쇄하는 것은 CDM 공제를 발생시키는

8) 논의를 위해서는 Michael Wara, Weasuing the Clean Development Mechanism's Performance and Potential, 55 *UCLA Law Review* 1759(2008) ; UNFCC, Clean Development Mechanism In Brief(2008) ; Nancy Kete, Designing the Clean Development Mechanism to Meet the Needs of a Broad Range of Interests, World Resources Institute(2000)을 보라.

방법에 불과하다. 우리가 보조금 없이 어떤 공장이 세워질 수 있는지 알 수 없기 때문에 우리는 주어진 HFC - 23을 없애는 것이 실제로 탄소 배출을 감축할 것인지 여부 또는 보조금을 잡기 위한 게임에 불과한지 여부를 알 수 없다. CDM은 나쁜 기후정책을 만들어내는 배분적 방법이다.

더 많은 복합적 환경에서는 조세제도, 허가제도 그리고 그 혼합제도는 각각 다르게 작동한다. 다양한 현실적 환경 하에서의 방법적 선택에 대해서는 많은 문헌이 있다. 그 논의의 대부분은 기교적인 경제학이고 우리가 여기서 주목하는 윤리적 문제가 아니다. 그러나 정책선택에는 두 개의 윤리적 주장이 있다 : 배출권거래제도는 더 나은 분배적 효과가 가능하고 보다 나은 환경적 효과가 있다는 것이다.

분배적 차이 Distributional Differences

일부 학자들은 배출권거래제도가 조세보다 더 융통성 있는 제도라고 주장하며, 우리로 하여금 분배적 효과를 잘 재단하게 한다고 한다. 그 이유는 정부가 최초의 허가권(initial permits)을 어떻게 할당할지를 선택할 수 있기 때문이라고 한다. 예를 들면 만약 정부가 가난한 사람들을 도우려면 그들에게 허가권을 주고 가난한 사람들은 그것을 오염자들에게 팔 수 있다. 최초의 허가권 할당은 허가권을 최종적으로 소유할 사람에게 효과를 미치지 않고 허가권이 시장에서 거래될 때 허가권의 가격을 최고로 매긴 사람은 가난한 사람들의 무관심한 소유를 끝내게 될 것이다. 이것은 최초의 할당은 프로그램의 효율성에 영향을 미치지 않는다. 왜냐하면 오염자들은 누가 최초에 그것을 가지고 있든지 간에 허가권의 시장거래가격보다 적은 가격에서 배출을 감축할 인센티브에 직면할 것이기 때문이다. 그러므로 배출권거래제도에서 허가권의 최초 할당은 효율성을 잃지 않고(재분배 가격은 별론하고) 자원분배를 증대시키기 위한 유일한 기회를 제공한다. (보통 한계세율을 최고로 증가시킴으로써, 말하자면 좀 더 재분배하는 것은 높은 세율로 세를 내는 사람은 일하고 덜 저축하기 때문에 비효율적이다.) 우리는 이것을 이후 장에서 사후(ex post) 효율성으로 나타낸다. 이러한 효과는 국제적 관점에서 더 강력하다. 만약 우리가 허가권을 가난한 나라들에게 할당하면 부유한 나라들의 오염자들은 그 제도의 효율성유지를 위해 그것을 가난한 나라들로부터 사들여야 할 것이다. 스턴리뷰(Stern Review)는 이러한 논리를 반영하며, 배출권거래제도들의 가장 큰 장점은 그것들이 효율성(efficiency)과 형평성(equity)을 각각 분리하여 생각하게 할 수 있는 것이라고 결론짓고 있다.[9]

재분배 가능성은 매우 크다. 현재 미국은 연간 약 70억 메가톤의 이산화탄소를 배출한다. 배출권의 약 60%를 차지하는 배출권거래제도 하에서 허가권이 톤당 50달러에 거래된다면 미국에게 충분한 배출허가권의 총액은 연간 2000억 달러 이상이 될 것이다. 이것의 대부분이 외국에서 매수되어야 한다면 미국은 사실 그 돈의 대부분을 외국에게 지불하게 될 것이다. 만약 허가권이 더 비싸거나 더 많은 배출이 있다면 순배출(net outflow)은 쉽게 높아질 것이다. 이러한 숫자의 크기를 가늠하기 위해서는 현재 미국의 외국 원조의 대략적 추산액은 연간 약 200억 달러이다.[10]

---

9) Nicolas Stern, The Economics of Climate Change, 98 *American Economic Review Papers and Proceedings* 536(2008). 다른 사람들도 비슷한 주장을 한다. 예컨대 Ross Garnaut, *The Garnaut Climate Change Review* 197(2008)을 보라.

10) FY 2008 International Affairs Congressional Budget Justification, U.S. 2008 Budget,

어떤 단일국가 내에서 허가권은 조세제도보다 더 유연하다는 주장은 맞지 않다. 만약 허가권이 팔리는 가격에서 조세가 부과되고 허가권이 경매에 부쳐지면, 그 둘이 동일하다. 오염자들은 정부에 같은 액수를 지불할 것이고, 정부는 두 가지 중 어느 제도 하에서든지 같은 방법으로 돈을 사용한다. 허가권의 전부나 일부를 무료로 나누어 주면 우리는 대가 없이 공제를 받게 되는 개인 또는 기업들에게 같은 면제나 공제를 함으로써 조세제도를 조절할 수 있다. 예를 들면 우리가 배출허가권을 개인당 소득을 기초로 하여 준다면, 우리는 개별 소득에 기초해서 모든 조세수입을 돌려줌으로써 같은 효과를 거둘 수 있다. 어떠한 허가권 할당방식도 조세수입의 할당제도와 조화될 수 있다. 또한 효율성 효과는 동일할 것이다 : 조세수입이 어떻게 쓰이는 것과 관계없이 오염자들은 세금보다 적은 비용으로 그렇게 할 수 있으면 배출을 줄이려는 유혹에 직면하게 된다 ; 허가권도 마찬가지이다, 허가권이 최초에 어떻게 할당되든지 간에 오염자들은 배출권의 거래가격보다 적은 액수에서 그렇게 할 수 있다면 배출을 감축시킬 유혹을 갖게 된다.

국제적 맥락에서, 이 문제는 더욱 민감하다. 통상적으로 각국은 자국 내에서 이루어지는 행위에 대해 세금을 부과하고 (외국 원조와 같은 비교적 적은 이전을 제외하고는) 조세수입을 유지한다. 탄소 배출을 많이 하는 국가들은 조세효과로 고통을 겪을 것이다 - 그들은 배출 감축을 위한 비용이 발생하는 것을 끝내고자 할 것이다 - 그리고 조세수입을 유지하고자 할 것이다. 다수 국가간 적용되는 어떤 허가권제도 하에서는 허가제도를 확립한 조약의 일부로서 허가권은 각국에 할당되어야 한다.11) 개별 국가는 허가제도

available at http://www.state.gov./f/releases/iab/c21508.htm

를 어떻게 운영할 것인가를 결정할 것이다. 선호된 기업들과 같이 그들이 원하는 누구에게게 허가권을 줄 것인가 라든가 또는 허가권을 국내나 국제적으로 경매에 부칠 것인가 또는 어느 정도 혼합형을 할 것인지를 결정해야 한다(돈을 정부가 정하는 어떠한 목적이든 사용할 것인지도 결정할 것이다.). 허가권의 할당은 분배효과(distributive effect)를 해결할 것이다. 허가권은 여러 가지 방식으로 배당될 수 있기 때문에 광범위하고 다양한 분배 목표를 달성할 수 있다. 예를 들면, 탄소세 제도 하에서는 조세 수입의 흐름에 따라 할당될 수 있다. 이것은 현재의 배출량에 비례하여 허가권을 할당하는 것을 뜻한다. 허가권이 개인당 소득을 기반으로 하여 할당될 수 있는 바, 이 문제는 제6장에서 논의한다. 허가권은 생각할 수 있는 어떠한 기준에 의해서든 할당될 수 있다.

어느 한 국가의 견지에서, 우리는 정부가 바람직한 분배 효과를 달성하기 위해 애당초 허가권 대신에 조세수입을 단순히 배분할 수 있다는 사실을 주목했다. 이것은 국제적 맥락에서도 역시 진실이나, 이제 이것은 많은 액수의 현금이 가난한 국가들로 이전함 – 조세 수입(tax receipts) – 을 의미한다. 이것은, 주장되었지만 믿기 어렵다. 우리가 단지 기후협약체제로 들어가고 있다는 이유로 외국 원조 예산을 10배로 늘리려야 한다는 것에 찬성할 수 없다. 우리가 이러한 방식으로 조세 수입을 배분하지 않는다 할지라도 주장되었듯이 우리는 같은 효과를 위해 허가권을 할당해도 된다.

차이는 순전히 하나의 방식의 문제일 뿐이다 – 조세수입을 나누는 국가

11) 국가들 내의 기관들에게 허가권이 할당되는 것이 가능은 하나, 그 국가들 자체가 이러한 조약에 동의할 것으로 보이지는 않는다.

들을 보는 것은 드문 일이 아니나, 허가권 제도가 새롭기 때문에 다양한 최초의 할당이 이상하게 보이지 않는다.[12] 각 국가가 그들 자신의 조세수입을 유지하는 것이 자연스럽고 허가권이 개인 소득을 기반으로 해서(각 개인이 공기에 대해 동등한 권리(equal right to the atmosphere)를 가진다는 이론에 기해서) 또는 가난한 삶을 돕는 방식으로 할당되어야 한다는 것이 많은 사람들에게 자연스럽게 보인다. 이러한 방식 하에서 조세제도보다 허가권 할당이 더 유연성이 있다는 주장이 있다. 현금보다 허가권의 이전방식을 택하면 우리는 더 많이 이전해 주려고 할 것이다.

우리가 이러한 논쟁을 완전히 종결지울 수 없는 반면 그것을 받아들이기 어렵게 보인다. 어떤 경우에는 규제적인 정책 형성이 그것이 분배 효과를 가장할 것 같다. 그러나 기후맥락에서의 이전 규모(scale of transfers)는 그 효과를 숨기는 것이 거의 불가능하다는 것이다. 유연성의 주장은 바로 이것인데, 부유한 국가들이 현금을 가난한 나라들에게 직접 주기보다는 단지 현금으로 구매하여 되돌려 주기 위하여 허가권을 가난한 나라들에게 주려고 하기 쉽다는 것이다. 우리가 1년에 현재의 외국 원조를 훨씬 초과하는 금액인 수천만 달러에 대해 얘기하고 있을 때 사람들이 바보짓을 하리라고 생각하지 않는다. 그들은 이 돈을 기후조약의 일부로서 가난한 나라들에게 주기를 원하거나 그렇지 않거나 하는 것이다. 이 문제를 허가권 할당의 방식에 의하는 것은 부유한 나라들로 하여금 그들의 가난한 나라들에 대한 이전을

---

12) 같은 분석은 허가권을 무상으로 부여하는 것과 비교해서 경매에 부치는 것에 대해서도 적용된다. 일정한 배출량에 대해 조세부과를 면제함으로서 경매와 허가권의 무상할당(free allocation of permits)의 결합을 본 따서 조세제도가 설계될 수 있을 때 허가체제는 이 점에 있어서 더 유연성이 없다.

대폭 증가시키는 데 찬성하도록 바보짓을 하지는 않을 것이다.

더구나 가난한 나라들에 대한 금전의 이전은 그 돈이 어떻게 쓰일 것인가에 대한 중대성 때문에 복잡하다. 외국 원조와 국제기구에 의한 승인은 현실적인 제약이 있다. 만약 부자 나라들이 허가권을 통해 가난한 나라들에게 다액의 원조를 한다면 부자 나라들이 유사한 제약을 하기를 원할 것으로 보인다. 그러나 허가제도로 하여금 외국 원조가 지향하는 바와 같은 방법을 지향하게 하는 것은 매우 특수한 쓰임새와 감시 요건 때문에 쉽지 않을 것이다. 그 대신 허가제도는 세계 여러 나라 정부들이 그들이 적당하다고 생각할 때 허가제도를 이용하는 정부들에게 주어져야 할 것이다. 이리하여 가난한 나라들에게 더욱 이전하게 되는 허가권은, 부유한 국가들이 동시에 금전의 사용에 대해 가지는 통제를 줄이는 동안 큰 배수로 이전을 증가시키는 데 동의하여야 하도록 할 것이다.

오염시킬 권리의 매수 Purchasing the Right to Pollute

오염규제수단의 선택(choice of pollution control instruments)에 관한 두 번째 윤리적 주장은 조세가 사람들로 하여금 오염시키기 위해 돈을 지불하기(to pay to pollute) 때문에 비윤리적(unethical)이라는 것이다. 조세제도들은 영화를 보러 가거나 소다수를 사는 것과 같이 누구든 대가만 지불하면 오염은 괜찮다는 메시지를 보낸다. 그러나 많은 사람들은 탄소 배출은 지구에 피해를 입히는 것이므로 단순히 그에 대해 돈을 지불한다고 되는 것은 아니라고 반박한다. 만약 당신이 기차의 금연 칸에 있다면 당신이 벌금을 낼 능력이 있다는 이유로 시거에 불을 붙여서는 안 된다. 앞서 언급한 바와 같이 혹자는 탄소세(carbon taxes)를 중세교회의 면죄부에 비유했다. 아마도 탄소상쇄권(carbon offsets)[13]의 구매 맥락과 밀접하게 관련되어 만들어진 최선의 반박 버전은 Cheat Neutral(www.cheatneutral.com에서 찾아 볼 수 있음)로 알려진 놀림조의 웹 사이트이다. 만약 당신이 배우자를 속이려면, 웹 사이트에서 가짜 상쇄권을 살 수 있는 바, 그것은 속이지 않기 위해서 다른 부부에게 돈을 지불하려고 지갑 열기를 약속하는 것이다. 상쇄권의 매수로써 속이는 총량은 일정하게 유지된다 : 사실 추가적 상쇄권의 매수로 당신의 부도덕한 행위(extracurricular activities)에도 불구하고 당신은 총사취량(total cheating)조차도 줄일 수 있다.

어떤 관련된 주장에서는 조세제도가 사람들로 하여금 조세를 지불함으로써 자기가 원하는 만큼의 오염을 허용하기 때문에 조세제도는 요구되는 환경적 확실성(necessary environmental certainty)을 담보하지 못한다고 한다 - 조세제도는 위험스러울 정도로 높은 탄소축적의 위험을 무릅쓴다. 오직 고정된 배출상한(fixed cap on emissions)만이 우리가 안전한 수준에서의 탄소축적의 유지를 확실히 한다. 두 개의 잘 알려진 기후분석에서 지적했듯이 "적절한 강제력과 연계된 배출권거래제도는 일정한 시점까지 환경목표가 실제로 달성되도록 보장한다. 점점 증가하는 피해와 특별한 배출목표를 달성하기 위한 절박한 필요의 가능성을 생각하면 그와 같은 확실성은 크나큰 장점이다."[14] 그렇지 않으면 다른 하나의 분석에서 지적했듯이 "허가권거래

---

13) 탄소공제는 통상적 활동으로부터의 배출을 상쇄하기 위하여 배출을 감축하도록 만들어진 자발적 지불이다. 예컨대 어떤 개인이 목적지로 비행하기 위해서는 비행으로부터 배출되는 양과 같은 양의 배출을 다른 장소에서의 감축을 보장하는 공제권을 구매할 수 있다.

제도(또는 최소한 배출권거래제도, 거래 가능한 허가권제도)의 가장 큰 장점 중 하나는 그것의 환경적 확실성이다. 모든 다른 환경정책수단과 비교해 보면 그것들이 - 완벽한 모니터링과 완전한 강제력(집행력)이 있다고 가정하면 - 총배출 수준에 관한 완전한 확실성을 가져다준다.[15)]

환경적 확실성 주장은 많은 문제점이 있다. 준수를 확실하게 할 강한 집행력을 가진 수단을 갖춘 강력한 지구의 배출상한선이 있고 그래서 탄소축적이 우리가 선택한 양 정도로 제한될 것으로 생각한다고 가정해 보자. 이것은 배출을 확실히 발생시키나 환경적 확실성을 가져다주지는 못할 것이다. 그 이유는 우리가 주어진 어느 정도의 탄소축적이 어떠한 환경적 결과를 가져다 줄 것인지를 정확하게 알 수 없기 때문이다. 제1장에서 우리가 지적했듯이, 예를 들면 IPCC는 2℃와 4.5℃ 사이의 기후변화 민감성(climate sensitivity, 두 배의 이산화탄소 축적에 대해 지구 평균 기온이 상승하는 균형점)을 상정하는데, 그것은 심각한 교란에 대해 적절하고 용이하게 관리 가능한 피해를 내포하기에 충분한 범위이다. 그것은 우리가 이산화탄소 축적이 기껏해야 의심스러운 것이라고 확신할지라도 우리는 환경적 결과에 대하여 아무런 예측을 할 수 없을 것이다.

더구나 이산화탄소 축적이 완만하게 변화하면 환경에 대해 우리가 예상하는 변화를 실제로 가져다주지 않는다. 국제환경청(International Energy

---

14) William Chameides and Michel Oppenheimer, Carbon Trading over Taxes, 315 *Science* 1670(March 23, 2007).

15) Nick Johnstone, Efficient and Effective Use of Tradeable Permits in Combination with other Policy Instrument, in Green House Gas Emissions Trading and Project - based Mechanism, Proceedings of the OECD Global Forum on Sustainable Development : Emissions Trading GATEP Country Forum (2003).

Agency)은 엄격한 배출상한선을 다소간 유연성을 허용하는 정책과 비교하였다.[16) 특히 2050년까지 배출을 반으로 줄이는 엄격한 상한선을, 같은 목표를 가지나 허가권가격의 상한과 하한을 두어, 말하자면, 어느 정도 이상 거래되는 허가권을 거래하면 오염자들이 그 가격에 추가적 허가권을 구매할 수 있게 함으로써 상한제도를 조세로 효과적으로 전환시키는 상한선제도와 비교하였다. 유연성 있는 정책은 432ppm과 506ppm 사이로 넓은 범위를 상정하는 반면, 엄격한 상한제도는 탄소축적을 462ppm으로 고정시킨다. 이 두 가지 경우의 환경적 성과는 본질적으로 동일하다 : 중간의 기온 상승은 상한제도는 2.49이고 유연성 있는 정책은 2.53이다 ; 아주 나쁜 결과(5℃)를 피할 위험은 엄격한 상한제도는 98.5%이고 유연성 정책은 98.3%이다. 그러나 유연성 정책은 엄격한 상한제도보다 3분의 1 이하의 비용이 든다. 위 기관은 "(462ppm과 같은) 부여된 축적수준을 정확하게 또는 평균적으로 달성하는 것은 환경적 성과에 대해 별로 차이가 나지 않는다. 축적 수준에 있어 가격상한선에 의해 초래되는 불확실성은 전적으로 환경민감성에 대한 불확실성 뒤에 숨어 있다."고 결론지었다.

환경적 확실성에 대한 최선의 논쟁은 소위 변곡점(tipping point), 즉 피해가 급격하게 악화되는 축적 수준(level of concentration)이 있다는 것이다. 다양한 환경적 결과는 직선이 아니어서 탄소 축적이 어느 정도에 이르지 않을 때까지는 우리는 아주 작은 변화만 볼 수 있는 바, 그 지점에서 우리는 극적이고 빠른 변화를 볼 수 있다. 예를 들면 해빙이 녹을 때(sea-ice-melting),

16) Cedric Philibert, Price Caps and Price Floors in Climate Policy : A Quantitative Assessment, Iea Information Paper(OECD/IEA. December 2008).

열을 흡수하여 더워지면서 더욱 진해진 바다 표면을 노출한다. 만약 이러한 효과가 충분히 강하다면 해빙녹음은 주어진 지점을 지나기만 하면 자활적(self- sustaining)이 될 것이다. 수백 년 전으로 돌아가 기후역사(climate history)를 연구하는 과학자들은 변곡점의 존재가능성을 실제로 연구하면서 매우 급격한 변화에 관한 증거를 본다.[17] 변곡점이 있다면 그 이하로 축적을 유지시키는 것이 매우 중요하다.

이 논쟁의 문제점은 (어느 정도의) 축적이 변곡점인지를 우리가 알 수 없다는 것이다. 이것이 의미하는 바는 그 문제를 피하기 위한 방법을 알아서 어떻게 강력한 상한을 정할 수 없다는 것이다. 변곡점에 대한 관심은 아주 나쁜 결과에 대한 보험을 드는 방법으로서 환경적 절박성(environmental stringency)이 전체적으로 높은 수준이라는 데 대한 논쟁이고, 어느 특별한 수준의 축적에 관한 논쟁이 아니다. 윌리엄 피져(William Pizer)는 조세제도와 허가제도 중 선택에 있어 변곡점 효과에 대한 모델을 제시했고 만약 우리가 변곡점 근처에 있다면 위 두 가지 방법의 차이점은 절박한 제도를 급하게 실행해야 할 절박한 필요성이 있다는 것이다. 즉 우리가 변곡점 근처에 있다면 우리가 그렇게 급하게 줄이는 것이 문제가 되듯 우리가 어떻게 배출을 줄이는 것이 그렇게 크게 문제가 되지는 않는다. 더구나 변곡점에 대한 잘못된 생각에 기초해서 정책을 수립함에서 오는 실제적 피해가 있을 수 있다.

환경적 확실성 주장과 관련된 두 번째 문제점은 조세제도와 허가제도가 어떻게 작동하는지에 대한 비현실적인 가정을 한다는 것이다. 그것은 가격

17) William Pizer, Climate Change Catastrophes, Resources for the Future, Discussion Paper 03-31(May 2003).

에 상관없이 계속 고정적인 상한선을 지켜야 하고 만약 배출량이 기대 이상이라고 하더라도 세율의 조정이 없음을 가정하고 있는 것이다. 불변의 상한선에 복종하는 것으로 가정하면 우리는 상한제도가 제공하는 어떠한 이득도 잃게 된다. 예를 들면, 엄격한 상한제도하에서의 가격이 너무 높은 것으로 밝혀지고 따라서 우리가 상한을 완화하면 우리는 최종적 축적량에 대해 더 이상의 확신(certainty over final concentration)을 가질 수 없다. 유사하게도, 우리가 행위에 대한 영향을 고려하여 조정하지 않은 조세제도에 대한 가정을 완화한다면, 조세제도들은 보다 확실한 탄소 축적을 달성할 수 있을 것이다. 그리하여 만약 주어진 조세 수준(given level of tax) 이 예상한 배출 감축을 가져오지 않는다면 우리는 세율을 올릴 수 있다. 현실적으로, 우리가 기후과학과 배출 감축 가격에 대해 더 알게 됨에 따라 상한제도와 조세제도 모두 계속 조정될 것이다(조정되어야 한다).

오염을 허락받기 위해서 탄소세를 지불하는 것은 죄를 사죄하기 위해 면죄부를 사는 것과 다를 바 없다는 주장은 더욱 박약하기도 하다. 어떠한 심각한 정책도 적어도 먼 미래에 이르기까지는 배출을 0으로 줄일 수는 없다. 문제는 어떤 최선의 방법으로 배출을 줄이느냐는 것이다. 만일 어떤 잘 설계된 조세제도가 다른 정책수단들보다 더 싼 비용으로 적절한 수준으로 배출을 줄일 수 있다면, 사람들로 하여금 다른 정책 하에서 행동했던 것보다 세금을 지불하고 더 나쁘게 행동하는 것을 허용하는 것으로 매도하기는 어렵다. 예를 들면 만일 어떠한 조세제도가 어떤 특정수준(specified level)으로 탄소축적을 제한하도록 설계되었다면, 사람들은 탄소를 배출하고 요구되는 목표와 부합하는 축적을 줄일 때 세금을 낼 것이다. 만약 배출권거래제도가 동일한 목표를 달성하도록 설계되었다면, 사람들은 오염시키기 위해서 유사하게 허가권을 매수하기 위해 돈을 지불할 것이고 특정한 수준까지 축적을 줄일 것이다. 우리가 어떤 절대적 금지제도(absolute ban)보다 시장기반적 제도(market-based system)에 대해 합의한 이상 우리는 사람들이 오염시키기 위해 돈을 지불할 수 있다는 것에 대해서도 합의에 이른 것이다.

탄소 배출은 우리 일상생활의 일부(part of everyday life)이기 때문에 논쟁은 실패로 끝난다. 금연정책이나 죄에 대한 교회의 정책과 달리 기후변화 정책의 목표는 단순히 배출을 완전히 중단시키는 것만이 아니다. 어떤 탄소세는 오염자들로 하여금 배출비용을 감내하도록 강제시키고 그것으로 끝난다.

낙관론과 비용 – 편익분석
A Note on Optimality and Cost - Benefit Analysis

이 책 전체를 통해 우리는 어떠한 "낙관적인" 기후협약에 대해 언급할 것이다. 이 말을 사용함에 있어 우리는 어떠한 특별한 협약의무(particular treaty obligations)를 생각하고 있지 않다. 그 대신, 우리는 조약이 배출 감축 비용을 조금이라도 더 줄이는 것은 배출 감축 이득을 조금이라도 줄이는 것과 같은 정도까지는 배출을 줄여야 한다는 것을 주로 의미한다 ; 경제학적 용어에서, 한계비용(marginal costs)은 한계이득(marginal benefits)과 동일하다. 이것이 진실이 아니라면 우리는 배출을 조금 더 줄일 수 있고 비용보다 훨씬 많은 이득을 얻을 수 있거나 배출을 더 적게 줄이고 기후에 대한 추가적 피해비용(더 적은 이득)보다 더 많은 돈을 절약할 수 있다.

우리는 또한 배출 감소의 한계비용과 배출로부터 오는 피해를 결정함에 있어서 세계를 전체적으로 살펴 본다 – 우리는 그것이 어디서 이루어지든

간에 가장 낮은 배출 감축 비용을 찾기를 원하고 기후변화로부터 오는 피해를 전부 고려하기를 원한다. 이것은 매우 중요하다. 왜냐하면 만약 우리가 배출 감축을 위한 저비용 재원을 누락하면 그 비용은 그렇게 하지 않는 경우보다 높아질 것이기 때문이고 우리가 한계비용이 한계이득보다 적은 곳에서는 우리는 배출 감축기회를 잃을 것이기 때문이다.

지적할 한 가지 중요한 점은 피해를 산정함에 있어서 분석자들은 종종 분배적 가중치(distributional weightings)을 추가하고 그 결과 그렇게 하지 않으면 단지 가난하다는 이유만으로 가난한 사람에 대한 피해가 다르게 계산되는 것보다 더 많이 계산된다. 그 이유는 어떤 의미에서 가난한 사람을 돕는 것은 두 배의 이득이 있다 : 그 사람을 돕고 불평등(inequality)을 줄인다. 우리가 낙관적 배출개념(notion of optimal emissions)을 사용할 때 우리는 분배적 문제를 분리해서 고려하기 때문에 이러한 가중치를 포함시키지 않는다.

한계비용과 한계이득을 계산하는 절차가 복잡하며 문제의 규모와 불확실성 때문에 기후변화 맥락에서는 특히 그렇다. 여러 가지 절차의 장점에 대한 치열한 윤리적, 방법론적 논쟁들이 있는 바, 돈과 생명을 교환하거나 돈과 환경을 교환하는 것이 그것이다. 장차 일어날 지도 모르는 일(future contingencies)을 평가하는 것, 생물종의 존재 가치(existence value of species)를 결정하는 것, 위험에 대한 적절한 평가, 이 모두가 어려운 일이다. 우리는 여기서 이러한 문제들을 해결할 수 없다. 그러나 그것이 기후맥락에서 특히 중요하다는 점을 두 번째로 언급한다.

첫 번째 쟁점은 어떤 학자들은 환경적 악화(environmental degradation)을 정확하게 평가할 수 없는데, 특히 최악의 기후변화의 경우와 관련된 분야의 타락이 그렇다고 주장한다. 환경피해는 다른 형태의 피해와 견줄 수 없다고 보고 있다. 만약 그렇다면, 우리는 모든 것들을 거대한 최고의 기계에 연결해서 한 종류의 피해를 다른 것과 비교할 수는 없다.

이와 같은 논쟁을 평가함에 있어서, 우리는 비용-편익 분석이 종종 환경을 저평가한다는 주장과 환경은 단순히 전적으로 평가될 수 없다는 주장(또는 환경이 무한한 가치를 갖는다는 주장)을 구분할 필요가 있다. 환경적 유용물(environmental services) - 종종 환경이 제공하는 보이지 않는 이득 - 에 대한 가치를 부여하는 연구 분야가 있다.[18] 이 연구는 아직 광범위하게 기후변화 비용-편익분석으로 구체화되지는 않고 있다. 그리고 그렇게 될 필요도 없다. 만약 이 연구결과에 의해 환경이 종종 저평가된다는 것이 밝혀지면 비용-편익분석은 더 나은 가치평가방법을 사용하도록 조정될 필요가 있다.

심각한 기후변화의 경우, 현재 우리가 당연한 것으로 받아들이고 경제에서 조그만 부분을 차지하는 환경적 유용물들이 점점 없어지고 매우 가치 있게 될 것이다. 농업은 현재 미국경제에서 작은 비율을 차지하고 있고 소수의 사람들이 농장에서 일하고 있다. 그러나 만약 기후변화가 심각하다면 인구를 먹여 살리는 일이 훨씬 더 어려워질 것이고, 농업적 감손의 한계비용(marginal cost of agricultural degradation)은 상승할 것이다. 이러한 경우의 환경에 대한 적절한 평가는 기후변화의 비용 - 편익분석으로부터의 결론을 크게 변화시킬 것이다. 우리가 낙관적 기후조약 개념을 사용할 때 우리는 환경에 대한 충실한 가치평가를 포함시킨다.

아직도 많은 사람들이 환경피해가 특별한 도덕적 지위를 갖는다고 주장

18) Geoffrey Heal and Bengt Kristom, National Income and the Environment, in 3 *Handbook of Environmental Economics*, chapter 22(Karl - Goran Maler and Jeffrey Vincent, eds., 2005)를 보라.

한다. 만약 인도에서 날씨가 매우 더워진다면 상당한 곤궁이 초래될 것이고 구걸하는 것이 기온이 오르기 전에 그랬던 것보다 더 나을 것인가? 복지주의자들은 문자해독율과 같은 상품의 궁핍은 현금으로 상쇄될 수 없다고 생각한다. 의무론적 이론가들(deontological theorists)은 모든 인간의 물품은 쉽게 상호 교환될 수 있다는 주장에 대해 더욱더 회의적인 경향이 있다. 예를 들면 다양한 권리들에 대한 주장에서는 전형적으로 권리를 다른 것과 비교할 수 없는 것으로 본다 ; 그러한 이론 하에서는 권리를 강제로 취하고서 돈으로 보상하는 것은 윤리적이지 않다. 환경적 맥락에서 이러한 주장들은 때때로 중세시대의 면죄부판매와 같은 보상에 관한 나쁜 경험에 근거를 두고 있다.[19] 많은 사람들이 환경에 대해 갖는 특별한 고려 때문에 환경피해는 특히 이러한 종류의 주장들에게 빠지기 쉽다.

기후변화 맥락에서 이러한 주장들이 어떻게 해서 만들어지는지는 명확하지 않다. 어느 시점에서 국가들은 배출을 얼마나 줄여야 할지를 결정해야 할 것이다. 만약 비교불가주장(incommensurability claim)을 환경에 대한 피해가 무한한 가치가 있는 것으로 이해한다면 오직 한 가지 행동방침은 즉시 모든 온실가스 배출을 중단하는 것이 될 것이다. 말할 필요도 없이 이러한 관점에 대해서는 전적으로 동의할 수 없다. 그러나 이것을 요약하면 배출을 얼마만큼 그리고 얼마나 빨리 줄이느냐 하는 결정은 환경피해에 대한 내재적인 평가와 관련된다.

논쟁은 환경이 전적으로 평가될 수 없다는 주장이라기보다는 정당한 평

---

19) 유사한 논쟁은 탄소상쇄권(carbon offsets)에도 적용된다. http://www.cheatneutral.com/를 보라.

가에 관한 것이다. 재화가 어떤 의미에서는 비교할 수 없을 지라도 – 그 재화들을 일렬로 세울 한 가지 또는 편리한 미터법이 없다 할지라도 – 바로 이러한 재화들 간에 교환은 이루어져야 한다는 것은 사실이다.

기후맥락에서 비용-편익분석이 사용되어야 하는 두 번째 이유는 피해의 대부분이 되돌릴 수 없다는 것이다. 멸종된 종들이나 서식처는 결코 대체될 수 없다. 되돌릴 수 없는 피해를 고려하지 않는 비용-편익분석은 부정확한 처방을 내놓을 것이다. 그러나 이 문제는 처음 제기되었을 때 보다 더 민감하다. 불가역성의 고려(consideration of irreversibility)는 그러한 영구적 피해를 방지하기 위한 기후행동(climate action)에 대한 가속 또는 강화로 이끌지 못할 것이다. 그 이유는 양쪽 다 회복할 수 없는 피해가 있기 때문이다. 어떤 나라가 경제성장비용 때문에 배출비용을 줄이기로 선택한다면 상당한 사람들이 그렇게 하지 않았다면 가지 않을 도정에서 죽거나 고통을 받을 것이다. 이러한 피해들은 멸종된 종들이나 서식처들이 회복될 수 없는 것과 똑같이 회복될 수 없다. 불가역성의 고려를 어떤 방식으로 재단할지는 정말 불분명하나, 그것과 관계없이 우리가 바람직한 양으로 배출량을 줄이기를 원한다고 말할 때에는 충분한 불가역성의 고려를 포함한 가능한 최선의 수단들을 사용해서 이것은 계산되어야 한다.

●●●

가장 최선의 정책은 투명성(transparency)과 같은 그러한 행정적 고려를 감안해서 가장 적은 비용으로 배출을 줄이는 것이다. 심각한 고려 하에서는 어떤 정책적 선택도 다른 정책들에 비해서 주목할 만한 윤리적 장점(ethical advantages)을 갖지 못한다.

제3장

실체가 아닌 상징들
Symbols, Not Substance

기후변화는 전 세계적으로 어마어마한 관심을 불러일으켰고 입법, 규제, 외교적 협상, 국제회의들 및 모임의 형태로 많은 활동을 발생시켰다. 그러나 현재까지 이러한 활동이 실체적 결과는 거의 가져오지 못했다. 모든 입법과 행해진 다른 형태의 정부의 행위는 대부분 상징적(symbolic)인 것들이었다. 미국에서 현재까지 취해진 정부의 조치들은 특히 그러했다. 주나 지방의 대부분이 그렇다. 더욱 심각한 조치들, 특히 EU의 배출권거래제도는 알려진 것보다 훨씬 덜 결과를 내지 못해 왔고 기후문제에 대처함에 있어서 그 자체로서 전적으로 부적당하다. 실체가 아닌 상징이 유행이었다.

그리고 이것은 오직 선진국에서만의 일이다. 개발도상국 세계에서는 가난한 나라들은 온실가스 배출이 삭감되어야 한다는 주장은 반대에 직면했다. 이러한 나라들은 비록 상징적으로도 온실가스 감축을 거의 하지 않았고 정말로 지난 20년 이상 지구의 배출 증가는 개발도상국들 세계의 경제 때문에 발생하였다. 급속도로 발전하는 나라들은 배출 제한이 갑자기 경제성장을 저해할 경우 일어날 정치적 불안을 두려워한다. 이러한 나라들의 몇몇 국가들, 중국, 인도, 브라질과 같은 나라들은 자기들 국민들 다수를 위한 서구의 생활기준과 그 규모나 중요성에도 불구하고 그것에 대해 오랫동안 거부해

온 지구에 대한 영향 같은 것을 상상할 수 있다 – 그리고 지금은 서구 국가들이 그들에게 너무 빠르게 성장한다고 지적하고 있다. 다른 많은 개발도상국들은 매우 가난하고 자기 국민들에게 더 오를 에너지 가격의 영향을 두려워하고 있다.

최근 몇 달 동안 중국은 몇몇 해설자를 설득해 왔고 세계를 향하여 온실가스 배출을 낮출 것으로 보이고 그린 테크놀로지에 투자함으로써 이득을 얻으려고 계획하고 있다. 그러나 현재까지 중국의 언급은 말에 불과했고 중국정부는 온실가스를 줄이는 데 진지하게 착수했다는 것을 아직 보여 주지 못하고 있다.

정치인들은 그들이 믿는 행동에 대한 단기의 요구에 부응하기 위해 상징에 의존하고 정치적으로 책임이 있게 되는 장기비용(long-term costs)을 발생시킬 것이다. 현재까지의 그들의 행위는 그들은 대중들이 의미 있는 기후한계의 경제적 비용을 이해하지 못한다고 믿고 있고 기후변화에 대응하기 위한 정부조치의 결과로서 경제가 나빠질 경우 대중들이 그들을 단죄할 것이라고 믿고 있다. 선진국과 후진국의 의견 차이는 이 문제를 악화시킨다. 개발도상국 사람들은 기후변화 감축 책임은 선진국에 있다고 믿도록 부추겨지고 있고 선진국들은 그 회복 비용을 지불해야 한다고 생각한다. 그리하여 후진국들은 기후변화에 대적하는 것은 비용이 들지 않는다고 생각한다. – 즉 개발도상국 사람들은 그 비용이 선진국들에 의해서 지불될 것이므로 비용이 들지 않는다고 생각하는 것이다. 이러한 시각은 단순히 현실적인 것이 아니고, 따라서 우리는 다음 장에서 논의할 것이다.

상징적 행위가 언제나 쓸모없는 것은 아니다. 하나의 상징적 행위가 다른 행위를 유도하고 점점 사람들은 비슷한 목표를 가진 행동을 하고 그런 생각은 실제 가능한 정부의 행동을 만드는 문제에 관심을 가지는 사람들이 늘어난다. 개발업자들에게 지붕에 정원을 만들게 하는 상징적으로 효력이 있으나 환경적으로는 시원찮은 지역법에 대한 지원은 기후변화에 관한 말을 퍼지게 도와주고 세계의 사람들을 설득시켜 많은 사람들이 심각한 배출제한을 가능하게 하는 이 문제에 관심을 가지게 한다. 문제는 사람들이 때로는 상징적 행위 자체로 충분하다고 믿고 그것 때문에 사람들이 기후변화를 둘러싼 쟁점들이 해결되었다는 자기만족감을 갖도록 유혹한다는 것이었다. 그렇지 않으면 상징적 행위는 대중들이 기후변화에 적절하게 대응하기 위해 발생한 비용을 용인하지 않는다고 생각할 때 정치가들이 오직 할 수 있는 최선책이 될 것이다. 현재까지의 결과는 고무적이지 않다.

기후과학이 상당한 기간 동안 발전해 왔음에도, 기후변화에 대한 국제적 행동은 불과 몇 십 년 전에 시작되었을 뿐이다. 1980년대 후반에 몇 가지 기초적인 행위들이 있은 후 미국을 포함한 180개국 이상의 국가들이 1992년 리우데자네이루에서 열린 기후변화협약에 서명했다. 거기 기술된 목적은 "기후체계에 위험한 인간의 간섭을 방지하기 위한 수준에서의 대기 중 온실가스의 안정화"였다. 이 목표는 생태계가 기후변화에 자연스럽게 적응하도록 하고 식량 생산이 위협받지 않도록 보장하고 경제발전이 적정한 정도로 진행되도록 하기에 충분한 시간적 구조(time frame)에 의해 달성되어야 한다.

이 목표를 달성하기 위해서 협약은 정의에 관한 몇 가지 다른 원칙을 구체화하고 있다. 공동책임이지만 차별적 책임의 원칙 하에서 선진국들은 그들의 대단한 부 때문에 배출 감축(또는 가능한 모든 감축)에 대하여 더 많은 몫의 책임을 져야 한다. 기후협약은 또한 "온실가스의 과거 및 현재의 세계적 배출의 가장 큰 몫은 선진국들에 의한 것이라는 점을 지적하면서 과거회귀적 언급(backward-looking language)을 포함하고 있다. …개발도상국들의 1인당 배출량은 아직 상대적으로 낮고 개발도상국들에 의한 배출량은 그들 국가의 사회적 발전수요를 충족하기 위해서 계속 늘어날 것이다."

이러한 목표들에도 불구하고 기후협약은 거의 전적으로 상징적이다. 그것은 배출량에 대한 어떤 제한도 포함하고 있지 않다. 그 대신에 그것은 지구기후에 대한 위험한 간섭을 막기 위한 배출의 안정화를 위해 위에서 언급한바 호소와 같은 오직 갈망하는 언사만을 포함하고 있다. 선진국들은 2000년까지 1990년 수준으로 배출량을 줄이도록 노력한다는 데 합의했으나, 이러한 합의는 법적으로 구속력 있는 의무로 되지는 않았다. 개발도상국들은 아무런 시작도 하지 않았다. 갈망은 아무런 효과가 없어 보였다. 1992년 이래 배출량은 전 세계적으로 30% 이상 증가하였다. 부속서 I국가들(선진국들) 그룹은 이 기간 동안 배출량을 줄이기는커녕 6%까지 증가시켰다.

그러는 동안 비부속서 I 국가들(개도국들)은 75%나 배출량이 급증하였다.

그러나 기후협약이 중요하지 않다고 말하는 것은 잘못이다. 이것은 대단한 성과이다. 아마도 협약의 가장 중요한 요소는 선진국들에게 매년 배출량 명세서를 제출하도록 요구하는 것이다. 이러한 명세서는 우리가 기후변화의 원인을 아는 데 도움을 주어 왔고 미래의 감축 의무의 근거를 만들 수 있게 한다. 더구나, 기본협약에서 발전된 절차들은 결과적으로 교토의정서를 이끌어 냈고 현재 이루어지고 있는 협상의 기초가 되고 있다.

교토의정서 The Kyoto Protocol

교토의정서는 1997년 기본협약 당사국들에 의해 채택되었고 2005년에 발효되었다. 의정서는 부속서 I 목록의 선진국들에 대해 구속적 온실가스 배출량의 제한을 부과하였다. 부속서I의 40개국은 1990년 기준 5% 이내로 배출량을 감축하도록 요구되었다. 그러나 국가마다 제한이 달랐다. 미국은 만약 그 조약을 비준했다면 배출량의 7%를 감축하여야 했다. EU는 8% 이내로 배출량을 감축할 의무가 지워졌다 ; 의정서 개별조항 하에서 EU정부들은 이러한 감축 의무량을 EU 회원국들에게 다른 배출량 지분을 할당할 수 있도록 허용되었다. 러시아와 뉴질랜드는 그들의 1990년 수준 - 즉 배출을 0%까지 줄이는 것 - 을 유지할 수 있었다. 호주는 배출량 증가를 8% 이상으로 증가시키지 않도록 요구되었다. 당사국들은 국가에 따라 2008년과 2012년 사이에 언제든지 그들의 제한을 달성하도록 요구되었다. 또한 의정서는 국제적 배출권거래제[1]를 출범시켰다.

교토의정서는 개발도상국들에게는 온실가스 배출량의 감축을 부과하지 않았다. 이 조약체제 하에서 개발도상국들의 역할은 청정개발체제(Clean Development Mechanism, CDM)의 수혜자였다. 이 체제하에서 부속서 I 국가들은 온실가스를 감축하는 개발도상국들에서의 자금지원(funding projects)을 통하여 온실가스할당량을 증가시킬 수 있었다.

제2장에서 언급했던 바와 같이 CDM은 몇 가지 심각한 비판을 가져왔다.

---

1) 의정서에 대한 설명은 Cass R. Sunstein, Of Montreal and Kyoto : A Tale of T재 Protocols, 31 *Harvard Environmental Law Review* 1(2007)을 따른다.

에너지 효율이 높은 발전소(예컨대)가 선진국들로부터 재정적 지원 없이 건설된 지 여부를 알기가 어렵기 때문에 CDM은 실제로 선진국들에게 제한으로부터 비교적 비용이 적게 드는 도피처를 제공하게 함으로써 온실가스를 증가시킬 수 있다.

오늘날, 세계 거의 대부분의 국가들은 교토의정서에 속해 있다 ; 미국은 이 조약의 비준을 거부한 대표적 국가로 부각되었다. 다른 저항국인 호주는 2007년에 이 조약을 비준하였다. 이런 이유로 미국은 무척 비난을 받았다. 많은 사람들은 교토의정서 하에서는 국가들은 지구의 안녕을 위해 그들의 이익을 희생하기로 동의했고 미국의 비타협은 기껏해야 국가적 이기심의 표현이라고 생각한다. 진실은 더욱 복잡하다. 사실, 교토의정서는 어느 국가에게도 어떠한 심각한 희생을 요구하지 않는다 - 미국의 경우를 제외하고 - 그리고 그럴지라도 당사국들은 그들에게 제한적으로 부과된 의무를 실천하느라 어려움을 겪어 왔다.

앞서 살펴봤듯이 교토의정서는 세계 많은 국가들에 대해 어떤 수량적인 제한을 부과하지 않았다 - 모든 국가들(주로 개발도상국들)은 부속서 I 국가에 포함되지 않았다. 이러한 비의무국들에는 세계 제1의 온실가스 배출국인 중국도 포함되어 있고 남한과 같은 다른 심각한 온실가스 배출국도 있다. 부속서 I 국가일지라도 제한이 보이는 것보다 적다. 러시아는 1990년 수준(0% 감축)을 유지하기로 동의했다. 그러나 러시아경제는 1990년대에 너무 많이 뒷걸음쳐서 이러한 제한은 근본적으로 무의미해졌다. 독일은 구동독의 흡수로 인한 경제적 불황을 겪었고 영국의 온실가스 배출은 에너지 분야에서 석탄으로부터 천연가스로 옮겨감에 따라 독자적으로 감소하였다.[2)] EU 국가들은 EU의 8% 목표를 달성하기 위해 그들 국가 사이에 책임을 할당했기 때문에 다른 국가들은 독일과 영국에서의 예상치 않은 이득으로부터 오는 느슨함을 즐겼다.

대조적으로, 미국은 교토의정서를 만약 비준했다면 아주 본질적인 비용 - 전 세계 의무의 50 내지 80%를 사이 - 을 경험했을 것이다.[3)]

미국에서의 부정적 영향은 이 사실과 함께 깊이 이해되어야 한다. 1997년에는 상원은 만장일치로 미국 경제를 망치거나 개도국과 공유하지 않는 온실가스 배출 제한에 반대하는 결의안을 발표했다.[4)] 상원은 개도국을 포함시키지 않은 기후변화 합의는 환경적으로 무효화되었다(environmentally flawed)라고 특별하고 (정확하게) 불만을 표했다. 미국이 1998년에 의정서에 서명은 했지만, 클린턴 행정부는 인준을 위해 상원에 조약을 제출하지 않았다. 만장일치와 양쪽으로 갈린 반대에도 불구하고, 그러한 움직임은 결실이 없게 되었다. 2001년 교토의정서에 대해 더욱 분명하게 반대를 표시한 부시 행정부는 그 당시 미국의 입장을 현상 유지할 것을 단지 확인하였다.

우리는 다른 부속서 I 국가들은 교토의정서 하에서 미국에게 부과되는 것과 같은 괴로운 의무를 지지 않는다는 것을 알 수 있었다. 그럼에도 불구하고, 그들 국가의 제한된 의무에 대한 이행은 고르지 않았다. 먼저 EU 국가들에 대해 살펴보자.[5)] 25개국 중에서 오직 반 정도만 따르고 있다(표 3.1).[6)]

---

2) Miranda A. Schreurs and Yves Tiberghien, Multi - Level Reinforcement : Explaining European Union Leadership in Climate Change Mitigation, 7 *Global Environmental Policy* 19(2007).

3) William D. Nordhaus and Joseph Boyer, *Warning the World: Economic Models of Global Warming*, chapter 8(2000).

4) Senate Resolution 98, http//thomas.loc.gov/cgi - bin/query/D?c105:3/temp/ - c105Fhqpms.

5) 숫자는 최근의 것이지만 우리는 여기서 supra n.1의 Sunstein의 분석을 따르기로 한다.

다른 국가들은 잘 지키고 있지만 전체 실적은 그다지 바람직하지 못하다. 사실 단지 기후정책을 세웠던 독일과 영국을 제외하면 EU의 배출은 실제로 1990년부터 2004년까지 1인당 소득 기준으로 보면 증가하였다. 2007년 두 학자의 논문에서 볼 수 있듯이, 설령 좀 있다하더라도 거의 모든 나라들이 현재까지 효과적인 기후정책들을 채택하지 않고 있다고 결론지었다.[7] 이러한 결론은 표 3.2의 자료에서 볼 수 있는 바와 같이 나머지 부속서 I 국가들의 자료에 의해 보강되었는바, 이행에 대한 최선의 예측은 현명한 기후정책의 채택이 아니고 (비자발적) 경제붕괴이다.[8]

발리 로드맵 The Bali Road Map

2007년 세계 각국은 추가적 합의를 발전시키기 위해 발리에 모였다. 여러 행위자들의 입장과 의견차이는 교토에서와 아주 유사했다.

---

6) 1990~2006년 매년 유럽연합 온실가스 명세표 2.1과 2008년 명세보고, EEA, http://www.eea.europa.eu/publications/technical_report_2008_6.

7) Kathryn Harrison and Lisa McIntosh Sundstrom, The Comparative Politics of Climate Change, 7 *Global Environmental Policy* 4, 13(2007).

8) UNFCC, National greenhouse gas inventory data for the period 1990–2005, at 9(October 24, 2007)을 보라.

표 3.1 유럽연합 국가들의 준수실적
Compliance Recordes of EU Countries

Rank	*Target*	*1990 - 2006*	*Compliant?*
EU15	- 13.0%	15.2%	No
Austria	- 7.5%	- 6.0%	No
Belgium	- 21.0%	1.7%	No
Denmark	0.0%	13.1%	No
Finland	0.0%	- 4.0%	Yes
France	- 21.0%	- 18.5%	No
Germany	25.0%	24.4%	Yes
Greece	13.0%	25.5%	No
Ireland	- 6.5%	9.9%	No
Italy	- 28.0%	1.2%	No
Luxembourg	- 6.0%	- 2.6%	No
Netherlands	27.0%	38.3%	No
Portugal	15.0%	49.5%	No
Spain	4.0%	- 8.9%	Yes
Sweden	- 12.5%	- 16.0%	Yes
UK			
Other EU			
Belgaria	- 8.0%	- 46.2%	Yes
Cyprus		66.0%	
Czech Republic	- 8.0%	45.0%	No
Estonia	- 8.0%	- 55.7%	Yes
Hungary	- 6.0%	- 31.9%	Yes
Latvia	- 8.0%	- 55.1%	Yes
Lithuania	- 8.0%	- 53.0%	Yes
Malta		45.0%	
Poland	- 6.0%	- 28.9%	Yes
Romania	- 8.0%	- 43.7%	Yes
Slovakia	- 8.0%	- 32.1%	No
Slovenia	- 8.0%	1.2%	

표 3.2 2006년 기준 교토의정서 동의 여부: 기타 부속서 I 국가들
Kyoto Protocol Compliance as of 2006: Other Annex I Countries

Country	*Target*	*1990~2005*	*Compliant?*
Turkey	N/A	74.4%	N/A
Belarus	- 8%	- 40.6%	Yes
Liechtenstein	- 8%	17.4%	No
Monaco	- 8%	- 3.1%	No
Switzerland	- 8%	1.7%	No
United States	- 7%	16.3%	N/A - refuses to ratify
Canada	- 6%	25.3%	No
Japan	- 6%	6.9%	No
Croatia	- 5%	- 5.4%	Yes
New Zealand	0	24.7%	No
Russian Federation	0	- 28.7%	Yes
Ukraine	0	- 54.7%	Yes
Norway	1%	8.8%	No
Australia	8%	25.6%	No
Iceland	10%	10.5%	Almost

아마도 아주 중요한 것은 개도국들, 무엇보다도 중국과 인도가 배출 감축을 위한 어떠한 시작도 거부했다. 미국은 개도국의 참여와 엄격한 시작에 반대하며 광범위하게 유사한 자세를 취했다. 유럽 국가들은 대조적으로 미국과는 달리 엄격한 목표를 추구했다.

발리행동계획(Bali Action Plan)이나 "로드 맵"에서 나타난 것은 충돌하는 힘 사이에서 불안정한 타협을 반영하였고 실질보다 상징적 승리를 명백하게 대변하고 있다. 서문에서는 대폭적인 전 지구적 감축이 협약의 궁극적 목표를 달성하기 위해 요구된다는 점을 확인하고 있다. 그러나 그러한 감축은 어디에서도 강제되지 않았다. 무엇이 결정되었는가 하는 관점에서 보면 개도국과 선진국 간에는 명확한 차이가 있다. 선진국들은 "각국의 사정을 감안한 양적인 배출 제한과 감축 목표를 포함한 측정 가능한, 보고 가능한, 확인할 수 있는 국가별 적절한 감축의무의 중요성"에 대해 동의한다. 대조적으로 개도국들은 "측정 가능하고 보고할 수 있고 확인할 수 있는 방법 하에서 기술, 재정, 수용력에 의해 지원되고 가능하게 된 지속가능한 발전의 맥락에서 … 국가별 적절한 감축방법의 중요성"에 대해 동의한다.

우리의 목적을 위해 세 가지 점이 강조되어야 한다. 첫째, 어떠한 국가도 어느 것에 대해 동의하지 않았다. 선진국과 개도국 모두 어떤 단계의 중요성에 대해서만 동의하고 있다. 둘째, 선진국들은 사정의 차이를 명확하게 고려한 방법으로 국가별 적절한 의무 또는 행동의 중요성에 대해 동의하고 있다. 셋째, 개도국들은 의무(commitments)가 아닌 행동(actions)의 중요성에 대해 동의하고 있고 이것조차도 부유한 국가들에 원조에 의해 지원, 가능하게 되어야 한다고 한다. 이러한 사정 하에서는 발리행동계획이 실질보다는 상징적이라고 줄여서 말하는 것이 적절하다. 이것은 정말로 상징적이고 어떤 의미에서는 배출 규제에 대한 국제적 행동을 추구하는 공무원이나 국가들에게는 당혹스러운 것이다. 이러한 불행한 사태의 원인은 자명하다 : 국가들은 그들이 감지하듯 단기적인 국가 이익에 맞추어 행동하고 있기 때문이다.

유럽연합 The European Union

유럽연합은 기후변화 문제에 있어 매우 많은 관심을 보여 주었다. 그리고 그 중 많은 국가들은 관심과 행동에 있어서 미국과 대조를 이루어 왔다. 그리고 실제로 EU는 배출권거래제(Emissions Trading System)라는 야심찬 프로그램을 만들었고 그 제도는 EU의 온실가스의 약 40%를 차지하고 있다. 원래 교토의정서의 요구를 충족하기 위해 유럽 국가들을 돕기 위해 만들어진 배출권거래제는 정해진 배출허용량을 각국의 국가별 할당계획을 통해 산업계에 할당하게 하는 배출권거래제이다.[9] 할당량은 매년 배출된 이산화탄소 매 톤당 부여된다.[10] 할당량은 거래기간(trading periods)으로 알려진 다년기간으로 정해진다 :

첫 번째 거래기간은 2005년부터 2007년까지이고, 두 번째는 2012년까지 계속된다.[11] 현재 포함된 산업은 에너지, 광물(유리, 세라믹, 시멘트), 금속과 철강 그리고 제지와 펄프이다.[12]

배출권거래제도(ETS)는 현재까지 비교적 성공적이다 : 2005년과 2006년 사이 EU의 총 역내 생산량의 증가가 3%였는 데 반하여 새로운 공장설비의 유입에 맞추어 증명된 배출량증가는 0.3%에 불과했다. 2006년 공장설립의 99%도 역시 규제를 따랐다.[13] 다른 0.68%의 배출량 증가는 2007년에 공표되었다.[14] 배출허용량거래는 2007년에 총 241억 유로에 달했고 전 세계 탄

---

9) The European Union Emissions Trading Scheme Insights and Opportunities, pp. 2, 7, Pew Center on Global Climate Change, available at http://www.pewclimate.org/docUploads/EU ETS%20White%20Paper.pdf.

10) *Ibid.*

11) Questions and Answers on Emissions Trading and National Allocation Plans(2005), available at http://europa.eu/rapid/pressReleaseAction.do?preference=MEMO/05/84&FORMAT=html&aged=1&LANGUAGE=en&guiLanguage=en.

12) A. Danny Ellerman and Barbara K. Buchner, The European Union Emissions Trading Scheme: Origins, Allocation, and Early Results, 1 *Review of Environmental Economics and Policy* 66, 72 n. 9(2007).

13) Emission Trading : Strong Compliance in 2006, Emissions Decoupled from Economic Growth(2007), available at http://europa.eu/rapid/pressReleaseAction.do?preference=MEMO/05/84&FORMAT=html&aged=1&LANGUAGE=EN&guiLanguage=en.

소시장의 80%였다.[15] 학자들은 배출권거래제도가 연간 50 내지 100메가톤의 이산화탄소의 감축을 가져왔는데 이는 2.5 내지 5% 감축과 같은 것이다.[16]

그럼에도 불구하고, 그 프로그램은 여러 가지 점에서 부족했다. 첫 번째 거래기간 중 대부분의 국가들은 심각하게 배출허용량을 과다배당 받았다 – 2005년 배출량 자료는 4%의 잉여배당량을 보여 주고 있다 – 2007년에 배출허용량 가격은 거의 0에 가까울 정도로 떨어졌다.[17] 2008년 두 번째 거래기간의 재할당은 전체시장의 공급부족을 가져오면서 가격상승으로 이어졌다.[18] 더구나, 연구자들이 허용량의 경매가 강력하게 금지되어야 한다고 제안했음에도 불구하고 대부분의 허용배출량은 첫 번째와 두 번째 기간에 무상으로 분배되었다.[19]

유럽공동체평의회가 세 번째 거래기간에 대해 만든 제안서는 프로그램의 전체 범위를 확대하는 것뿐만 아니라 이 문제에 대처하려고 하고 있다 ; 그

---

14) Emissions Trading : 2007 Verified Emissions from EU ETS Businesses(2008), available at http:// europa.eu/rapid/pressReleaseAction.do?reference=IP/08/787& format=HTML &aged=0&language=EN&guiLanguage=en.

15) The European Carbon Market in Action : Lessons from the First Trading Period 12(2008), available at http://www.caissedesdepots.fr/IMG/pdf_08-03-25_interim_ report_en.pdf

16) *Ibid.* at 17.

17) *Ibid.* at 15.

18) *Ibid.*

19) Proposal for a Directive of the European Parliament and of the Council amending Directive 2003/87/EC so as to improve and extend the greenhouse gas emission allowance trading system of the Community 7(2008), available at http://ec.europa.eu/environment/climate/emission/pdf/com_2008_16_en.pdf.

제안서는 질산, 글리콜로부터의 이산화질소 배출과 마찬가지로 항공, 석유화학과 알루미늄 산업으로부터의 이산화탄소 배출도 배출권거래제에 포함되어야 한다.[20] 2020년 내에 배출량을 20%까지 감축하기 위해서 위원회는 배출허용량이 2010년에 시작되는 연간 1.74%까지 감축되어야 한다고 권고했다.[21] 더구나, 2013년까지 배출허용량의 3분의 2를 경매하는 경매제도를 승인하였다.[22]

국가와 지방의 이니셔티브 State and Local Initiatives

기후변화는 미국에서 수년간 심각한 정치적 이슈였다. 그리고 중앙정부는 천천히 움직인 데 반하여 많은 주와 지방정부들은 적극적이었다.

캘리포니아가 여러 가지 주도권을 가지고 이끌었고 BAU 수준 대비 25%의 배출을 줄이도록 하는 2006년 입법을 이루어냈다. 2003년에는 백 개 시의 시장들이 교토의정서의 원칙으로부터 비롯된 온실가스 한도에 합의했다. 2007년에는 10개의 동북부 주들이 배출권거래제도를 이용하여 발전소들로부터 온실가스 배출을 줄이는 데 합의하였다. 통틀어 대략 30개 주들이 기후변화에 대처하도록 하는 법을 통과시켰다 ; 이러한 법들의 대다수는 기업에게는 에너지효율적인 물품을 생산하고 소비자들에게는 에너지 효율적인 제품(energy-efficient products)을 구매하도록 하기 위해 인센티브를 제

---

20) *Ibid.* at 4.

21) *Ibid.* at 21.

22) *Ibid.* at 8.

공하고 있다.

이러한 법률들과 인센티브는 대다수 미국인들이 기후변화를 염려하고 있다는 것을 보여 주고 정치가들은 이 문제에 대처하는 방법을 강구함으로써 자신들의 인기를 올릴 수 있다고 믿고 있다. 그러나 실제로는 주나 지방정부에서 지금까지 행해진 모든 활동은 모두 저비용이고 전적으로 이 문제를 해결하는 데 부적절하고 정치인들은 일반인들이 기후변화에 대해 관심을 갖고 있다는 것을 믿는다고 가정하는 것은 잘못이다. 캘리포니아 주 입법이 보기보다 덜 심각하다고 한다 할지라도 ; 입법자는 경제적 비용이 높을 경우 그 계획을 축소할 수 있고 아마도 그렇게 할 것이다. 그러나 가장 중요한 점은 지방정부의 주도가 기후문제를 아주 비효율적인 방법으로 대처하는 것이고 아마도 전혀 대처하지 못하는 것이다. 어떤 도시나 주에서 에너지 생산가나 소비자 가격을 올리면 당연히 사람과 기업들이 다른 주로 옮겨가 거기서 오염행위를 계속할 것이다. 그래서 만약 법률이 잔류하는 사람들의 행위에 대해 경계효과(marginal effect)를 상정해 두고 있다면 주경계선(state lines)을 넘어선 인구와 자원의 이동으로 인한 경제적 혼란은 커질 것이다. 기후변화에 대한 최적의 접근은 전국에 걸친, 정밀 전국적이거나 거의 전국적인 통일적 규제시스템을 필요로 한다. 국제협약과 부합하는 방식으로 행해지는 전국적인 입법만이 이 책무를 완수할 수 있다.

입법 Legislation

수많은 기후관련 소송들(climate-related lawsuits)이 미국과 전 세계에서 제기되어 오고 있다. 다른 나라들에서는 기후관련 입법을 요구해 오고 있다.

유일하고 특이하게도 미국의 원고들은 실제로 기후정책을 만들도록 요구하고 있다.

한 일련의 소송에서, 원고들은 환경청으로 하여금 일반오염법의 범위에(under the ambit of general pollution statutes) 온실가스 배출을 넣도록 강요하고 있다. 만약 온실가스 배출이 오염물질이라면 환경청(EPA)은 그것을 발생시키는 기관들을 규제해야 한다. 한 소송은 대법원까지 갔고 대법원은 온실가스들은 오염물질이라고 판시하였다. 부시 행정부 하에서는 대법원 판결을 따르기를 피했고 오바마 행정부에서는 규제명령들을 발하기 시작하였다.

다른 소송들은 에너지생산자들과 많은 양의 온실가스를 배출하는 회사에 대하여 개인, 공익단체(public interest groups) 그리고 도시와 정부에 의해서 제기되는 불법행위 사례들이다. 소장에서는 이러한 회사들은 온실가스를 배출함으로써 피해를 주고 불법행위 원리 하에서는 회사는 그러한 피해에 대하여 배상하여야 한다. 예컨대 키발리나(Kivalina), 알래스카(Alaska)의 도시에서 엑손(Exxon) 등 에너지 생산자들은 이전에 이 도시들의 침식을 막아주던 얼음의 녹음에 대하여 책임을 져야 한다고 주장한다.[23] 현재까지 이러한 소송들은 성공하지는 못하고 있다. 판사들은 기후변화가 지구적 문제인 이상 청구를 평가하거나 구제방법을 제공하는 데 회의적인 시각을 보이고 있다.[24]

---

23) 이것 및 이것과 관련된 소송에 관한 비판적 토론을 위해서는 Eric A. Posner, Climate Change and International Human Rights Litigation : A Critical Appraisal, 155 *University of Pennsylvania Law Review* 1925(2007)을 보라. 좀 더 낙관적인 평가를 위해서는 Jonathan Zasloff, The Judicial Carbon Tax : Reconstructing Public Nuisance and Climate Change, *55 UCLA Law Review* 1827(2008)을 보라.

24) 이 책의 출판에 즈음하여 결정된 중요한 사건에서는 정치문제의 원리는 기후소송들에

이러한 청구의 법적 이점이 무엇이든지간에 이와 같은 소송이 기후변화문제를 풀 수 없다는 것은 명백하고 실제로 이익보다 해를 줄 수 있다. 현행 오염법들은 기후변화를 염두에 두고 만들어진 것이 아니어서 환경청으로 하여금 상당한 규제체계 - 탄소세나 배출권 거래제와 같은 - 를 이행할 권한은 주지 않고 있다. 더욱 나쁜 것은 불법행위체계는 법원에게 결정권(decision-making authority)을 주고 있다. 판사들은 선례를 쌓아감으로써 분산구조 하에서 기후정책을 만들어 가야 하는데 그들은 그렇게 하기에는 전문지식을 가지고 있지 않다 - 그런 이유에서 환경청이 첫 번째로 만들어진 것이다.

결정적 문제점은 현행 불법행위법과 성문법상 권한들이 실제에 있어서 미국의 배출을 제한하는 데 쓰일 수 있다고 하더라도, 다른 나라의 사람들과 회사들의 배출에 대하여는 아무런 효과를 발휘할 수 없다는 점이다. 대부분의 변호사들은 소송을 위한 가장 좋은 사례는 상징적이거나 자기현시적이라는 데 동의할 것이다. 그것은 기후문제를 유용한 방법으로 대중의 관심을 끄는 데 성공하지만 기후변화 문제에 대하여 적절한 응답이 될 수는 없다. 그 소송이 성공한다면, 기껏해야 불필요하지만 비용이 많이 드는 기후 규제체제(an unnecessarily costly system of climate regulation) - 상징적 소송에 매우 높은 비용을 지불하는 - 를 가져올 것이라고 말할 수 있다.

●●●

우리는 여기서 가장 중요한 문제들에 대해 단지 스케치해 왔을 뿐이다 ; 이 책 전부를 이와 같이 일어난 일에 할애하는 것은 쉬운 일이다. 그러나

대해서는 적용되지 않는다고 판시했다. *Connecticut v. American Electric Power Company, Inc.*, 2009WL 2996729(2nd Cir., 2009)를 보라.

상세한 것들은 주요한 논점을 덮으려고 위협한다. 기후변화 문제에 경주된 모든 행동과 에너지에 있어서 현존하는 문제들은 대부분 상징적이지 실질적인 것이 아니다. 미국에서 일부 사람들에게 낙관론을 가져다준 가장 최근의 사건들조차도 불명확한 것으로 묘사될 수 있다. 미국 하원은 Waxman-Markey 법안을 통과시켰는바, 미국 내에서 배출되는 온실가스에 대하여 배출권거래상한제를 창설하였다. 이 법안은 개인과 회사에게 실제로 아주 적은 비용을 부과하고(아마도 연 수백 달러) 있다.[25]

온실가스 배출을 실제로 제한된 양만큼 감축할 것이다(2020년까지 2005년 수준을 밑도는 17%).[26] 이 법안의 가장 중요한 점은 2009년 12월 코펜하겐에서 다음 협상을 위한 주요한 기후협약에 대해 미국이 참여했다는 것을 보여 줬다는 데 있으나, 상원이 그 때까지 이 법안을 통과시킬 것으로 기대되지 않기 때문에 세계는 이 법안을 단지 상징적인 것으로 간주하고 있다.

이 장의 주제는 부유한 나라들은 그들의 배출을 감축하기 위하여 실질적인 비용은 들이지 않으려 했다는 것이다. 교토는 지구적 도덕성의 승리로 나타났고 미국은 기후변화에 대처하는 과정의 가능성을 위태롭게 하는 저항세력으로 보여졌다. 협약상의 의무가 세심하게 분석되고 이행기록이 조사되었을 때 교토와 그 후속 이행양식은 국가들이 인식한 단기적 이기주의(short-term self-interest)로부터 벗어나지 않는다는 것이 밝혀졌다. 국가들은 많은

25) Congressional Budget Office, *The Estimated Costs to Households From the Cap-and-Trade Provisions of H. R. 2454*, Congressional Budget Office(June19, 2009), http:// energycommerce.house.gov/Press_111/20090620/cbowaxmanmarkey.pdf

26) U.S. House of Representatives, Committee on Energy and Commerce, *Committee Releases Updated Summary of American Clean Energy and Security Act*(June 2, 2009).

기여를 열망하고, 적게 하는 데 동의하고 거의 아무것도 완수하지 못했다. 미국에게 많은 비용을 지우려는 노력은 배분적 또는 교정적 정의를 실현하려는 욕구에 의해 동기부여가 되었지만, 교토의 교훈은 이러한 원칙들은 국가의 행위를 얼마나 지도할 수 있는지에 대해 중대한 한계가 있다는 것을 보여 주었다.

제4장

기후변화와 분배 정의 : 기후변화 눈가리개

Climate Change and Distributive Justice : Climate Change Blinders

어떤 나라는 부유하고 다른 나라는 가난하다. 이 장에서의 우리의 질문은 부유한 국가들은 기후변화를 다루는 데 있어서 그들이 책임져야 하기 때문이 아니라, 부자이기 때문에 특별한 의무가 있는지 여부이다. 부유한 국가는 가난한 나라를 돕기 위해, 엄밀히 말하면 스스로의 이해관계에 맞지 않는 기후변화협약에 서명할 윤리적 의무가 있는가? 그들은 불균등한 도움(disproportionate help)을 제공하지 않으면 안 되는가?

많은 사람들은 부유한 국가들은 이러한 의무를 가진다고 주장한다. 예를 들어, 많은 개발도상국들은 선진국이 부자라는 이유로 온실가스를 완화하는 데 들어가는 비용의 대부분을 부담해야 한다고 주장하기도 한다.[1)] 이러한 주장은 종종 선진국이 철저히 준수해야 하는 환경 및 기타 제한 사항으로부터 개발도상국의 변명으로 표현되는 개발할 권리와 같은 국제법 개념에 호소한다.[2)] 이러한 주장은 기후협약에서 구체화되었다. 우리가 이미 보았듯이,

---

1) 브라질과 다른 개도국들이 제기한 다양한 제안을 보라. Daniel Bodansky, International Climate Efforts Beyond 2012 : A Survey of Approaches, *Pew Center on Global Climate Change*(2000)에 종합되어 있다.

기본협약(Framework Convention)은 배출감소는 형평의 원칙(principle of equity)에 기초하고 있으며, 공동이지만 차별화된 책임의 원칙(principle of common but differentiated responsibilities)을 따르도록 요구한다.

기본협약을 토대로 교토의정서는 개발도상국의 제한 없는 배출증가는 인정하면서, 부유한 국가에는 많은 의무를 지운다.[3] 어떤 학자들은 부유한 국가가 저감비용의 대부분 혹은 심지어 '비용 전부'(all of the costs)를 부담해야 한다고 주장해 왔다.[4]

우리는 여기서 이러한 요구가 기후변화의 영향을 줄이는 문제를 위한 재분배에 관한 관심이 적절하지 않게 관련이 있다는 것에 대해 논의할 것이다. 대부분 이러한 쟁점들은 있고 분리되어야 한다. 부유한 국가는 실제로 가난한 국가를 도울 의무가 있지만, 그들은 현금 지원, 개발 원조, 무역 규칙 아니면 기타 다른 방법으로든지 간에 최선의 방법으로 이러한 의무를 이행해야 한다. 이런 일이 일어나지는 않겠지만 우리는 이러한 기후변화 정책들이 가장 좋은 방법으로 가난한 사람들을 돕게 될 것이라는 것은 생각할 수 있다.

심각한 문제는 만약 가능한 싸게 배출을 감축하기 위해서라기보다는 재분배를 위해서 기후정책을 선택한다면, 우리는 배출 감축 비용이 현저히 오

2) 그러한 주장에 대한 비판적 논의를 위해서는 Christopher Stone, Common But Differentiated Responsibilities in international Law, 98 *American Journal of International Law* 276(2004)을 보라.

3) Not all of the Annex I countries are wealthy, although most countries subject to significant restrictions under the Kyoto Protocol are.

4) Peter Singer, *One World : The Ethics of Globalization* 40(2002) ; Steve Vanderheiden, *Atmospheric Justice : A Political Theory of Climate Change* 78(2008)를 보라.

르거나 그것의 효용이 감소하는 위험에 처한다는 것이다. 가능한 최소의 비용으로 배출을 감축하는 것이 우리의 주요 책무이므로 기후변화는 매우 심각하다. 기후변화의 증가로 인한 위험 때문에, 문제는 더 심각해진다 : 만약 배출 감축의 실패가 끔찍한 결과로 이끈다면 분배적 이익(distributive benefits)을 위한 기후변화 목적의 희생은 즉시 나쁜 거래(bad trade-off)가 되고 만다. 대참사의 위험이 커질수록, 가장 효과적인 기후정책을 선택하는 것이 더욱 중요하다. 두 문제를 함께 묶으면, 두 문제의 목적을 모두 해할 위험에 처한다.[5)]

이 문제는 부유한 국가에 감축 비용 부담을 주지만 최적으로 배출을 감축하는 정책에 반하여 언제, 어디서, 어떻게 배출이 감축되는지를 변경하는 방법론에 있어서 매우 민감하다. 교토 의정서는 "언제, 어디서, 어떻게"라는 정책의 전형적인 예이다. 감축은 감축 비용(costs of reductions)을 크게 높이며 부유한 국가에 집중되어 있다. 기후정책과 분배 목적을 결합함으로써 어느 위험도 발생하지 않도록 접근한다. 언제, 어디서, 어떻게 감축되는지에 대해서는 변함없이 부유한 국가에 지불 부담을 주는 대안적 방법이 더 기대된다. 그들은 기후정책을 왜곡하지는 않음에도 불구하고 이러한 접근에는

---

5) 우리의 논쟁은 국내 정책 내에서의 현물 재분배(in-kind redistribution)에 관한 전형적인 논쟁과 유사하다. 예를 들면, 우리는 가난한 사람들에게 식권, 주택 바우처를 주거나 진보적인 조세제도를 가져야만 하는가? 현재의 정책은 광범위한 접근을 하는데 반하여 우리 입장에서 일반적 답변은 현금은 특별한 경우를 제외하고는 선호되어야 한다는 것이다. 예를 들어 현물 형태의 편익은 가장자들로부터 실제로 필요한 사람들을 가려내는 것을 가능하게 하고 온정주의적 근거에서 정당화될 것이다. 근본적으로 같은 논쟁은 재분배는 무엇이든지 간에 순수한 국내적 맥락에서보다 더 복잡하고 어렵다는 것 외에는 국제 기후변화의 맥락에서도 적용된다.

의문의 여지가 없다. 현재의 빈곤을 돕는 원조방식을 설계하기 위해 상당한 노력이 있었다. 비록 이러한 방식이 적은 성공을 거두기는 했지만, 기후협약과 관련된 변경이 현재의 방식을 대체해야 하는 이유는 분명하지 않다.

우리는 여기 두 가지 주장 - 하나는 이론적, 다른 하나는 경험적 - 을 제안한다. 이론적 주장은 기후변화의 분배적 효과에 초점을 맞춰, 분석자들은 적은 비용의 다른 방법으로 다른 곳의 가난한 사람들을 도울 가능성이 있다는 점을 놓친다. 그들은 기후변화의 장막을 치고 일한다 : 그들은 정책 전체 세트를 고려하기보다는 고려중인 기후변화의 특정 정책만을 바라본다.

그들은 전체적인 정책을 통한 재분배를 달성하기보다 개별 정책이 각각의 분배적 목표를 달성하기를 원한다. 그러나 기후변화의 이해를 방해하는 것과 함께 작동함으로써 그들은 비용이 증가하고 기초가 된 정책과 분배적 목표들의 효율성이 감소하는 위험을 무릅쓴다. 부자는 기후변화와 같은 어떤 하나의 정책에 관하여 특별한 의무를 부과받기 위해서 부유하다는 것을 말하는 것만으로 충분하지 않다.

경험적 요구(empirical claims)는 특히 기후정책(climate policy)을 왜곡하는 접근방식을 통하여 기후변화의 효과를 줄이는 것은 재분배를 위한 좋은 방법이 될 수 없다는 것이다. 그것은 목표설정이 잘못되었을 뿐만 아니라 비용이 많이 든다. 많은 접근방식에 있어 특히 '언제, 어디서 그리고 어떻게'라는 방식은 재분배적 부(redistributive wealth)를 위해 비용이 많이 드는 방식이라는 경험적 증거가 강하다. 그럼에도 불구하고 우리는 가난한 사람에게 재분배하는 방법이 기후변화협약을 통한 것일 가능성이 있다는 점에 동의한다 : 이것은 부유한 국가에서 배출량이 쉽게 줄어들거나 자원이 가난한 국가로 옮겨질 수 있는 더 이상의 좋은 방법이 있을 수 없다는 것의 사례가 될 수 있다. 그러나 이것이 사실이라고 하더라도 이러한 부류의 경험적 주장들은 일반적으로 만들어지지 않고 그럴 필요도 없다. 대신 분배논쟁들(distributive arguments)은 어떤 나라는 부유하고 어떤 나라는 가난한 것으로 충분하다고 간단하게 가정해 버린다. 여기서 우리의 목표 중 하나는 재분배를 위한 좋은 수단이 되기 위한 기후변화 감소에 필요한 경험적 사실들의 유형들의 윤곽을 잡는 것이다.

우리는 기본적 논점을 설명하기 위해 한 가지 비유를 통하여 분석을 시작하고 기후변화라는 특정 사항으로 돌아오도록 한다.

소행성 The Asteroid

인도가 소행성의 충돌(impact of an asteroid)로 인한 광범위한 파괴와 같은 새롭고 심각한 위협에 직면했다고 가정해 보자. 또한 그 위협이 한 세기 동안 가시화되지 않는다고 가정해 보자. 마지막으로 그 위협이 비용을 들여 상당히 감소될 수 있다고 가정해 보자.

현재 인도가 그 비용을 감당하려면 황폐화될 수 있음을 가정해 보자 ; 특수한 문제로 자원도 부족하다고 가정해 보자.

그러나 전 세계가 함께 행동한다면 소행성의 방향을 바꾸는 기술을 만들 수 있게 되어 지금부터 한 세기 동안 인도가 소행성과 충돌할 가능성을 낮출 수 있다. 비용은 높으나 위협을 낮추는 이득이 더 많다. 세계가 소행성의 충돌을 지연시킨다면 위협을 제거할 수 있고 발생할 수 있는 피해를 줄일 수 있으나 대부분의 과학자들은 관련된 비용과 이익을 고려하여 소행성의 방향을 바꿀 수 있는 기술 개발에 즉시 착수하는 것이 가장 좋은 접근법이라고 믿고 있다.

소행성 정의 Asteroid Justice

미국과 같은 부유한 국가들은 인도를 소행성으로부터 보호하기 위해 많은 돈을 내야 할까? 매력적인 생각이다. 미국은 부유하고 인도는 가난하다. 그리고 가난한 사람이 도움이 필요할 때는 부유한 사람이 도움을 주어야 한다. 그러나 우리는 처음에는 도움이 자선의 문제(a matter of charity)인지 권리의 일종(a kind of entitlement)인지 궁금할 것이다. 자선의 문제라는 관점에서 도움은 자비로운 것이 될 수 있다. 그러나 미국이 도움을 주기를 거절한다면 그것은 이기적인 것이 될 것이다. 국가도 사람에 못지않게 이기적일 수 있지만 이기심을 비난하는 것도 권리이다.

또 다른 관점에서는 인도의 국민들은 미국에 대하여 정당한 권리를 갖는다. 아마도 어떤 국가의 의무, 또 어떤 국가의 권리는 전체 복지에 대해 물음으로써 정의될 수 있을 것이다. 아마도 국가는 복지를 극대화시키는 도덕적 의무를 질 것이다. 미국이 인도를 돕는다면 복지는 높아지고 커질 것이다. 어쨌든 가난한 사람은 부자인 사람보다 1달러로 더 많은 편익을 얻을 것이다. 그리고 미국보다 인도에 가난한 사람이 더 많다. 한편 국가의 의무는 존 롤스의 '무지의 장막' 개념(John Rawls' idea of a veil of ignorance)에 호소함으로써 정의될 수도 있을 것이다. 이성적인 사람은 국적 등 자신의 환경에 대한 정보가 없는 상태에서 어떠한 정의의 원칙을 선택할 것인가? 아주 그럴듯하게, 사람들은 부자 나라 사람들이 가난한 나라 사람들에게 많이 주는 것을 요구하는 정의의 원칙을 선택할 것이다. 특히 후자가 심각한

위험에 있는 경우 더욱 그러할 것이다.[6)]

우리는 가난한 사람과 가난한 나라는 권리를 주장할 수 있어야 한다고 생각하고, 부유한 사람이나 나라가 도움이 필요한 자에게 자비로워져야 할 만큼 그 권리가 약하다고 생각한다.[7)]

그러나 그러한 결론을 받아들이지 않는 사람도 사람은 자선을 베풀어야 한다는 것에 동의할 것이다. 최소한 미국과 다른 부유한 나라들은 소행성 충돌에 대비해 보호해야 할 필요가 있는 경우, 이기적이어서는 안 되며 인도에 대해 필요한 원조를 제공해야 한다는 것에 동의할 것이다.

소행성 위협의 문제는 기후변화와는 상당한 차이점을 가진다. 기후변화의 악영향(adverse effect)은 한 국가에 국한되지 않는다. 더 유사하게 우리는 모든 국가가 소행성 충돌이 발생할 장소를 예측하는 것이 불가능한 것이라 가정해 보자 ; 과학자들은 각국이 리스크에 직면했다고 생각한다. 그러나 그 리스크는 동일하지 않다. 그 적응능력(its adaptive capacity), 위치(its location), 기술과 다양한 많은 요인들로 인해 미국은 (예를 들어) 인도와 아프리카와 유럽의 국가들보다 심각한 피해에 취약하지 않다고 규정하자. 그럴듯한 가정 하에, 세계는 분명히 소행성을 우회시킬 것이고, 미국은 그 목적을 위해 상당한 자원을 제공할 것이 분명하다. 모든 국가는 일반 기금에 기부를 요하는 국제적 협정을 선호한다고 가정하자. 그러나 미국은 덜 취약하기 때문에 그 기금이 (소행성 충돌에) 더 취약한 아프리카, 유럽과 인도에 유리

6) Martha Nussbaum, *Frontiers of Justice*(2005) ; Vanderheiden, supra. n.4.

7) Nussbaum, supra n.6. 어떤 사람들은 가난한 나라들은 부자 나라들로부터 도움을 받을 권리가 있다고 믿는다. 그러나 설사 그렇다하더라도 우리가 묘사하는 경우에 있어서 도움은 직접적인 재정적 도움보다는 가치가 덜하다 - 우리가 강조하고자 하는 점이다.

한 기금보다 더 적어야 한다고 생각한다. 그렇다면, 자국의 이익 추구의 관점에서, 가장 손실이 큰 국가는 더 낮은 리스크에 직면한 나라들보다 당연히 더 많은 기금을 추구할 것이다. 게다가 가난한 나라들은 자원을 이런 방식으로 소비하는 것이 가난하고 취약한 사람들을 도울 수 있다는 주장과 함께 더 많은 기금을 요구할지도 모른다.

언뜻 보기에는, 미국이 단지 부유하다는 이유로 대규모 기금에 대한 제안을 수용해야 한다는 것은 매우 직관적으로 보일 수도 있다. 재분배는 전반적인 복지를 증진시키고 형평을 촉진한다는 근거에서, 자원이 부자 나라에서 가난한 나라로 재분배될 경우, 그 직관은 합리적인 것처럼 보인다.

난점 Difficulties

그러나 당면한 문제가 있다. 부자 나라에서 가난한 나라로의 재분배가 대체로 바람직하다면, 미국은 자기에게 이득이 없는 협정에 참여하는 방법으로 어떤 특정한 형태의 거래를 해야 한다는 것은 전혀 분명하지 않다. 다른 조건이 동일하다면, 더욱 현명한 재분배의 종류는 현금 이전(cash transfer)일 것이며, 가난한 나라들은 그들이 적절하다고 생각하는 곳에 그 돈을 사용할 수 있다. 아마도 인도는 가능한 미래의 소행성 충돌의 희생자를 막기 위해 쓸 현금을, 현재 극심한 빈곤에 빠진 사람들의 편익을 위해 교육이나 의료에 소비하기를 선호할 것이다. 여기에 첫 번째 어려움이 있다. 재분배가 무엇을 추구한다면, 소행성 충돌의 위협에 대한 돈을 쓰는 거래는 그것을 성취하기 위한 미숙한 방법으로 보인다.

소행성 협약은 가난한 사람들이 그들의 식량이나 의료에 돈을 쓰기를 선호할 때, 그들에게 주택 지원의 보조금과 같이 현물 지원의 보조금과 유사하다.[8] 재분재가 바람직하다면, 거주 지원은 아무것도 지원하지 않는 것보다 낫다. 그러나 최소한 처음엔 가난한 사람들에게 그들이 적절하다고 생각하는 곳에 사용할 수 있는 자금을 지원해 주어야 한다. 왜 부유한 나라가 소행성 충돌의 위험에서 가난한 나라를 기꺼이 보호하고자 하는 반면에 그들에게 그들이 자신의 우선권으로 삼을 수 있는 자원을 기꺼이 주지 않는 것인지는 당혹스러운 부분이다.

두 번째 어려움이 있다. 소행성은 100년 동안 지구에 충돌하지 않을 것을 조건으로 했었다. 현재 세계가 미래 세대의 이익을 위해 현재의 자원을 소비하는 조치를 취할 경우, 미래 세대는 더 부유해질 것이다.[9] 현재 가난한 나라들의 빈민들은 그 나라의 미래의 빈민들보다 더 가난할 것이다. 목표가 빈민들을 도와주는 것이라면, 미국이 현재를 무시하면서 자손을 돕기 위해 상당한 자원을 소비하는 것은 이상한 일이다.[10] 여태까지 미국이 소행성을 우회시키기 위해 정당하지 못하며 손해가 많은 협정에 참가해야 한다고 요구한다는 것은 매우 당혹스럽다. 가난한 나라의 입장에서는 현금을 지원받는 것이 더 많은 이익을 받을 것이고, 현재의 가난한 나라는 미래의 가난한 나라보

---

8) See, e.g., Joseph E. Stiglitz, *Economics of the Public Sector* 55, 92(1986), 경제학자들은 온정주의로서 그리고 현금 이전보다 수혜자들에게 이익이 덜하다는 견지에서 그와 같은 현물지급프로그램을 오랫동안 비난해 왔다.

9) Thomas Schelling, What Makes Greenhouse Sense, *Foreign Affairs*(May/June 2002).

10) 우리는 기술적 변화가 미래에 소행성을 돌려놓는 것이 쉬워지게 한다는 가능성을 제쳐 두고 있다. 가정에 의해 전문가들은 비용-편익분석은 당면한 행위를 정당화한다고 믿는다. 그러나 기술적 발전 때문에 미래 세대는 현재 세대가 할 수 있는 것보다 싼값에 위협을 제거하는 것이 가능할 것이다.

다 더욱 강력한 지원을 요구한다.

분배의 정의의 관점에서 세 번째 문제가 있다. 국가는 사람이 아니다. 그 범위는 매우 부유한 사람부터 매우 가난한 사람들까지 이르는 사람들의 집단(collections of people)이다. 미국과 같은 부유한 국가에서도 빈민이 있고, 인도와 같은 개발도상국에서도 부유한 사람이 있다. 만일 미국이 소행성 충돌의 위협을 막기 위해 많은 비용을 지불하고 있다면, 그 비용은 차례로 부유한 미국인 또는 가난한 미국인에 의해 지불되고 있는지의 여부를 아는 것은 좋은 일이다.

만일 재분배가 우리의 목표라면, 이득을 얻는 국가들이 대부분 부유한 나라들일지 혹은 반대로 대부분 가난한 나라들일지를 알아보는 것이 도움이 될 것이다 - 우리의 예에서는, (소행성이 델리(Delhi)의 부유한 교외를 향하고 있다고 가정할 때) 그 이익을 대부분 부유한 인도인들이 누리게 되는 것인지 아니면 가난한 인도인들이 받게 되는 것인지 여부를 규명하는 것이다.

전 세계적인 위험을 감소시키기 위한 조치로부터의 이익을 누리는 다수의 사람들은 부유한 국가에 사는 국민들이며, 따라서 도움을 받는 계층에 포함되는 다수는 전혀 가난하지 않은 사람들이 다수 포함될 것이 명백하다. 왜냐하면 부유한 나라의 중산층(median member)이 가난한 나라의 중산층보다 더 부유하기 때문이며, 만일 공동으로 노력해야 하는 부분에서 부유한 나라들이 훨씬 많은 공헌을 하도록 한다면, 재분배 효과가 높아진다는 생각은 그럴듯하다. 예컨대, 적정한 비용을 부담하는 미국인들은, 평균적으로 그보다 적은 비용을 부담하는 인도인들보다 더 부유하다. 그러나 미국인들에게 공동의 노력(joint endeavor)에 있어서 더 많은 공헌을 하도록 요구하는 것은 결코 부유한 나라에서 가난한 나라로의 부를 이전하도록 하는 목적을 달성하는 최선의 방법이 될 수 없다.

기후변화 : 누구로부터 누구에게?
Climate Change : From Whom to Whom?

분배 정의에 있어서, 기후변화의 문제는 소행성(충돌) 문제와 매우 유사하다. 기후변화는 물론, 소행성 문제와 달리, 실제로 사람들에 의해 야기된다. 이와 같은 문제들에 대해서는 제5장에서 다룰 것이다. 여기에서는 단순히 부유한 나라들이 오로지 부유하다는 이유만으로 피해 발생의 가능성을 감소시키는 비용을 부담해야 한다는 주장을 다룬다. 이런 주장의 맥락에서 보면, 소행성 문제는 기후변화와 매우 유사하다: 장래에 심각한 피해가 발생할 가능성은 매우 높으며, 이 같은 피해는 서로 다른 사람들에게 서로 다른 영향을 미칠 것이다. 문제는 '분배 정의에 관한 고려(concerns about distributive justice)가 비용을 부담하는 주체를 바꾸도록 해야 하는가'의 여부이다.

사람들이 기후협약이 분배 정의를 실현해야 한다고 이야기 할 때 그 의미가 언제나 명확한 것은 아니다. 때로는 기후협약이 가난한 나라들에게는 부의 재분배에 있어 좋은 방법이 될 수도 있다. 왜냐하면 가난한 나라들은 기후 감축 조치 방안으로부터 많은 이득을 얻을 수 있기 때문이다. 앞서 살펴본 것처럼, 지구온난화는 부유한 나라들보다 가난한 나라들에게 더욱 부정적인 영향을 미칠 것이다. 왜냐하면 더 온난한 지역에 있는 가난한 나라들은 농업과 같은 1차 산업 의존도가 더 높고, 제방 등 다른 대책을 마련하는 것이 더 어렵기 때문이다.

이 같은 점을 설명하는 한 가지 방법은 가난한 나라들은 기후협약으로부터 이익을 얻을 것이며, 그들 입장에서는 기후변화의 (장래의) 개선으로부터 얻는 (할인된) 이익이, 가난한 나라들에게 비례적으로 할당된 감축 비용 (abatement cost)을 초과하기 때문이다. 최선의 기후협약은 모든 국가들의 총이익 및 비용을 기초로 한 것이 될 것이다. 만일 가난한 나라들이 할당된 감축 비용을 지불하고 감축에 따른 이득을 누린다면, 부유한 나라로부터 가난한 나라로의 부의 재분배가 상당한 것이 아니더라고 하더라도 기후협약에 관심을 보일 것이다. 이 같은 관점에서, 기후협약은 – 소행성 충돌을 방지하기 위해 로켓을 만들기 위한 협약과 마찬가지로 – 가난한 나라들에게 이득이 될 것이며 따라서 전 지구적 복지의 목적을 달성하게 될 것이다.

그러나 이러한 이득은 부유한 나라들도 마찬가지로 누릴 것이며 부유국에서 빈곤국으로의 부의 재분배가 필연적으로 요구되지 않는다.

그렇다면, 기후협약이 부유국에서 빈곤국으로의 부의 재분배가 이루어질 수 있도록 해야 한다는 주장은 다른 무언가를 의미해야 한다.

우리는 세 가지 가능성으로 구분한다. 첫째, 협약은 부유국이 더 부유하기 때문에 빈곤국보다는 부유국에 대하여 더욱 엄격한 감축 의무 – 우리는 이것을 "언제, 어디서, 어떻게" 정책이라고 부른다 – 를 규정해야 한다.[11)]

둘째, 협약의 기후목표 – 배출량 감축 및 그에 따른 기후변화의 완화 –

11) 부유한 나라들은 그들이 더 나은 기술에 대한 접근이 가능하고 배출이나 어떤 유사한 문제에 대한 제도상의 수용력이 있으므로 더 많은 감축 기회가 있다는 것이다. 이러한 원인은 부유한 나라는 부유하기 때문에 일어나지만, 여기서 우리는 분배 문제로 인해 부유한 나라를 가지고 있다는 것이 그렇지 않으면 효율적이 될 감축을 초과한다는 것을 의미한다.

는 부유국들보다는 빈곤국들의 관심을 더욱 밀접하게 추적한다 ; 즉 부유국들은 빈곤국들을 돕기 위해 그들이 할 수 있는 배출 감축량 이상을 감축하는 것에 동의할 것이다.

셋째, 협약의 목표 및 의무들은 지구적 견지로부터 (도출하는 것이) 최선이지만, 빈곤국들에 대한 부유국들의 부대 비용(side payments)을 발생시킨다.

언제, 어디서, 어떻게의 정책 When, Where, and How Policies

선진국들이 배출량 감축의 의무를 감수해야 한다는 주장들은 어떤 유형의 배출량 감축을 요구할 것인지를 변화시키는 정책 - 언제, 어디서, 어떻게 감축되어야 하는지 - 을 지지하는 데에 자주 이용된다. 기본협약 및 교토의정서는 이러한 접근법을 취하고 있다. 교토의정서는 중국, 인도, 인도네시아, 브라질, 말레이시아 등 주요 배출국들인 개발도상국들에게는 배출량 감축 의무를 정하고 있지 않다는 것을 알 수 있다.

대신에 선진국들(developed countries)에서는 그들이 부자이기 때문에 감축이 집중되어 있다.[12)]

이러한 접근방법의 가장 큰 문제점은 그 배출 감축의 가격을 매우 상승

---

12) 청정개발체제(Clean Development Mechanism, CDM)는 개발도상국들에게 감축을 확대하기 위한 중요한 시도이고 우리가 아래에서 논의할 교토의정서와 함께 문제를 줄이는 시도이다. 그러나 우리가 제2장에서 논의했듯이 CDM은 보조금으로 구성되어 있기 때문에 심각한 이행문제를 겪고 있다. 본질적으로 교토체제에 대한 것과 같은 비판이 CDM에도 적용된다 : 분배라는 이유로 인하여 조악한 기후정책이 선택되었다.

시키고 그 효율성을 저하시켜 결과적으로 기후변화라는 목표를 손상시킨다는 점에 있다. 이 뿐만 아니라 직접적인 방법에 비해서 가난한 나라를 돕는데 있어서 효과적이지 못할 수 있다는 문제가 있다. 그러한 접근방법을 정당화하기 위해서 옹호론자들은 부유한 나라에 배출 감축을 집중시키는 것이 좋은 기후정책(good climate policy)이라거나 가난한 나라에게 이전하는 다른 체제가 충분히 나쁨으로 나쁜 기후정책(bad climate policy)을 채택하는 것이 분배적 편익을 얻기 위해서 가치가 있다는 것을 보여 주어야 한다.

감축을 부유한 나라에 집중시키는 것이 좋은 기후정책이 아니라는 것은 비교적 명백하다. 제1장에서 보았다시피 탄소 축적량(carbon concentrations)을 450에서 500ppm이라는 합리적인 수준으로 제한하는 것은 선진국의 배출 감축만으로는 불가능하다. 현재 대기 중의 이산화탄소량이 약 380ppm이라고 하였을 때 이것은 매년 대략 2ppm씩 증가할 것이고 세계 경제는 50년 이내에 세 배 정도로 그 규모가 성장할 것이므로 현재보다 각 GDP 단위는 세 배 정도 낮은 정도의 이산화탄소를 배출하여야 500ppm이라는 목표가 달성될 수 있다. 농업과 토지의 사용으로 인한 이산화탄소의 배출량은 전체 배출량의 34%를 차지하고 있다. 농업으로 인한 배출량은 감소할 가능성이 희박하다. 토지 사용으로 인한 배출량이 어느 정도 감소한다 하더라도 에너지 사용을 위해 배출되는 이산화탄소의 양이 0에 가까워야 한다. 결론적으로 이러한 문제 해결을 위해서는 개발도상국의 이산화탄소 배출량이 감소되어야 한다는 것이다. 이들은 이미 이산화탄소 배출량에 있어서 세계 1, 3, 4, 5, 6 등 거대배출국이라는 위치를 차지하고 있다(미국이 2위, 중국이 1위이다).

더욱이 가사 이론상 선진국의 배출량 감축만으로 기후변화 문제가 해결된다고 가정하더라도 그것은 현실적으로는 있을 수 없는 일이다. 선진국만의 배출 감축은 부유한 나라들의 산업을 모두 가난한 나라로 이전시킬 것이고 결국 부유한 나라의 감축 요구는 화석연료의 가격을 떨어뜨려 화석연료의 소비를 크게 늘릴 것이다. 이러한 양쪽의 상쇄효과는 선진국들에서의 배출 감축으로부터의 이득을 크게 줄일 것이다.

마지막으로 저렴한 비용으로 이산화탄소 배출량을 감소시킬 수 있는 많은 기회는 부유한 나라가 아닌 가난한 나라들에 있다. 예를 들어 발전소를 건설한다고 하였을 때 가난한 나라에 효율적인 발전소를 지어 주어서 그들로 하여금 비효율적인 발전소를 건설하지 못하도록 하는 것이 부유한 나라의 비효율적인 발전소를 효율적인 것으로 대체하는 것보다 비용이 적게 든다. 가장 낮은 가격으로 온난화를 방지하는 것이 목표라면 부유한 나라들이 줄이는 것만으로는 될 수 없다.

위와 같은 이유로 가난한 나라들은 그들이 하던 대로 배출을 허용하는 반면 부유한 나라들에게만 배출을 감축하게 한다는 생각은 정당화될 수 없다.

또 다른 관점은 이러한 방법들이 가난한 나라에게로의 자원의 분배를 위해서는 가장 좋은 체제이기 때문에 나쁜 기후정책에 따른 높은 비용을 감수할 가치가 있다고 한다. 그러나 개발도상국을 발전시키는 것이 상당히 용이하지 않다는 점을 감안하여야 한다. 설령 부유한 나라들이 그들의 배출을 줄인다 할지라도 개발도상국의 수혜 효과는 보통 수준에 그칠 것이고 결과적으로 이러한 개발도상국의 가난한 사람들이 얻게 되는 혜택은 미미할 것이다. 따라서 분배 측면에서 개발도상국들은 아무런 조치도 하지 않는 반면, 부자 나라들의 배출량을 2000 정도로 동결시키는 것은 정당화될 수 없다.

확실히 우리가 좀 더 설득력 있게 하려면 혼합된 어떤 방법(a mixed approach)을 상정할 수 있다. 아마도 개발도상국의 배출량을 2010 정도로 동결하는 반면 선진국의 배출량을 2000 정도로 동결하거나 평상시의 감축량(reduction from business-as-usual)을 개인소득에 맞추어 다르게 책정할 수 있을 것이다. 이러한 종류의 방법론들은 가난한 나라들을 도울 수 있을 것이다 - 과거 균일한 탄소세를 부과하는 기후변화협약이나 모든 나라들에 대하여 특정한 일자의 배출량으로 고정시키도록 요구하는 것과 비교해 볼 때 분명하다. 재분배라는 측면에서(as an engine of redistribution) 이와 같은 혼합적 접근법은 기후변화에 전혀 관련이 되지 않는 정책보다는 더 낫다는 것은 경험적 문제이다.

탄소목표 Carbon Targets

모든 나라들 혹은 실제 모든 나라들은 감축이 증가함에 따라 이득을 얻는다. 결과적으로 한계비용은 한계이익을 균등화시키고 최적의 감축 수준(optimal abatement level)은 달성된다. 그러나 혹자는 조약은 최적 수준보다 더 높은 수준의 감축을 요구해야 한다고 주장한다. 그러한 접근은 그렇지 않았을 경우에 나타나는 현상보다 더 높은 수준으로 기후변화를 완화함으로써 가난한 나라들에게 이익을 준다. 만일 가난한 나라들이 이러한 감축 비용을 감수한다면, 배분적인 효과는 없을 것이다. 그러나 비용의 부담이 분산되거나 부유한 국가들이 부담한다면, 자원의 재분배라는 방법을 통해 추가적인 감축이 나타날 것이다.

그러한 조약은 현물에 의한 재분배를 가능하게 한다는 것을 아는 것이 중요하다. 부유한 국가들은 추가 감축 조치의 금전적인 비용을 부담하고, 반면에 가난한 나라들은 개선된 기후라는 이익을 누리게 된다(gain from an improved climate). 이러한 이전은 현금 이전보다는 식량 배급표나 주택 지원과 같은 현물 이전과 유사하다. 전 세계가 최적량을 넘어서 감축시킬 것이기 때문에 추가 감축의 비용은 그 이익을 초과할 것이다.

이러한 접근은 많은 문제점을 가지고 있다. 미래에 가난한 나라에 살고 있는 사람들은 분명히 현재 가난한 나라들에 살고 있는 사람들보다 부자일 것이다.[13] 만약에 부유한 나라들이 미래의 덜 가난한 사람들에게 부를 이전하는 비용을 부담한다면, 그들은 현재의 가난한 사람들에게 보다 적은 비용을 쓰게 될 것이다. 분배 정의라는 관점에서 보면 이러한 결과는 잘못된 것이다.

다시 말하면, 이러한 조약은 가난한 나라들에 대한 현금 지급과 연계되어 있는 최적의 조약(optimal treaty)보다 가난한 나라들에게 더 나쁘다. 위에서 언급하였듯이, 효율적인 정책은 비효율적인 정책 즉, 분배적으로 적정한 목표를 즉각적으로 산출하는 정책보다 재분배를 위해 더 많은 돈을 남긴다. 가난한 나라들은 먼 미래에 온실가스 감축 노력을 통한 더 낮은 가치의 달러를 받는 것보다 현재 말라리아 모기장(malaria net), 의료보호 그리고 교육을 위해서 더 많은 현금을 지출하는 것을 선호한다.

그 조약은 가난한 나라들을 목표로 하지 않을 뿐만 아니라 전통적인 외국 원조도 아닌 방법이다. 대부분의 가난한 나라들에는 많은 부자 계층이 있다. 미래에는 이것이 여전히 문제가 될 것이다. 기후는 모든 사람들에게 영향을 미치기 때문에 기후적 이익(climatic gains)은 가난한 사람뿐만 아니

---

13) Schelling, supra n.9를 보라.

라 부유한 사람에게도 이익을 준다.

최적의 조약은 전 세계를 기준으로 대기의 탄소축적량(atmospheric carbon concentrations)이 최적의 상태가 될 것을 목표로 한다. 감소가 증가함에 따라, 비용과 편익은 증가한다. 어떤 나라들의 이익은 다른 나라들보다 더 빠른 속도로 증가할 것이다. 그 첫 번째 그룹에 속하는 나라들은 더 적극적인 조약을 원할 것이다. 하지만 최적의 조약은 두 그룹을 실망시키면서 둘 사이의 어딘가에서 실패할 것이다. 만일 가난한 나라들이 이 첫 번째 그룹에 속하게 된다면 우리는 최적의 기후협약이 바람직하지 않은 분배효과를 가지게 된다는 사실 때문에 후회하게 될 것이다. 그러나 우리는 그러한 이유 때문에 차선의 기후협약을 선택해서는 안 될 것이다. 이 차선의 기후협약이란 감축의 한계비용이 한계이익을 초과하는 경우를 말한다.

지원금 Side Payments

교토의정서나 다른 분배적인 정책들의 대안은 효율적인 기후협약 - 언제 어디서 그리고 어떻게 감축권(reduction right)을 얻는 것 - 과 부유한 나라들이 가난한 나라들을 돕기 위한 추가적인 지원이다. 얼핏 보아, 이 재분배 정책은 다음의 두 가지 이유에 의해서 더 좋아 보일 것이다. 첫째로, 가설에 의하면 배출 감축은 가능한 한 비용이 많이 들지 않을 것이다. 둘째로 돈은 가난한 나라들에게 직접적으로 현재의 사용을 위해서 제공될 것이며, 그러한 관점에서 그 제안은 미래의 덜 가난한 사람이 아닌 현재의 가난한 사람들을 돕는다고 말할 수 있다. 부유한 나라들에게 엄청난 양의 지급 부담을 지우는 기후변화협약은 대성공으로 여겨질 것이다. 몬트리올 협약은 오존 파괴를 이러한 접근에 의하여 해결하였는데 이것은 발리 로드맵(Bali road map)에서 제안된 것이었다.

지원금(side payment)은 현금 이전이거나 다른 가치 있는 자산의 이전(거래 가능한 배출권과 같은)이며, 이러한 것들은 조약에 의하여 만들어진 배출 제한과 같은 다양한 의무와는 분리되어야 한다.

지원금은 가난한 사람들에게 이익을 주지 않아도 된다. 정말로, 정의의 요구를 충족시켜 주기 위해 부를 재분배 하려는 노력을 하지 않는 최적의 조약은 지원금과 관련이 있다. 이러한 지원금은 부유한 나라에서 가난한 나라로 가는 것이 아니라, 기후협약에 대해서 더 강한 관심이 있는 나라들에서 그 조약에 대해 약한 관심을 갖는 나라로 가게 될 것이다. 최적의 기후협약은 전 세계의 복지를 최상으로 하는 수준으로 배출 제한(emission limits)을 둘 것이며, 그러나 어떤 나라들은 훨씬 더 좋은 지리적 특징 - 이를테면, 해수면 상승으로부터 보호되거나 바람직한 기온보다 춥다거나 하는 것들 - 을 가지기 때문에, 그들은 다른 나라들을 위한 최적의 것보다 좀 약한 배출 제한을 가진 기후협약을 더 선호할 것이다.

조약에서 이러한 나라들의 참여를 확보하기 위해, 다른 나라들은 그들에게 지원금을 내야 한다. 지원을 받지 못하는 대부분의 나라들은 가난한 반면, 혜택을 받는 국가의 일부는 부유하기 때문에, 이러한 지원금은 적어도 부분적으로, 가난한 나라에서 부유한 나라로 가야 한다.

그에 반해서, 장기간에 걸친 기후변화의 영향을 고려하면 분배적 정의를 만들어 주는 지원금은 부유한 나라에서 가난한 나라로 가야 한다. 이런 방식으로, 그들의 참여를 확보하기 위해 다른 방법으로 지원금을 받은 부유한 국가는 그것(지원금을 받는 것)을 포기해야 할 수도 있고 심지어 스스로 가난한 나라에게 지원금을 내야할 수도 있다. 지원금을 받지 않고도 참여할 수 있는 부유한 나라도 가난한 나라에게 지원금을 낼 것이다. 그리고 가난한 나라들은, 다른 방법으로 지원금을 내든 말든 상관없이 단지 가난하다는 이유로 지원금을 받을 것이다.

분배적 정의의 관점에서 최적화된 지원금은 가난한 나라가 최적의 조약에 의해 기후 감축으로 직면하게 될 특정 비용을 상쇄하는 지원금과 같은 것이 되어서는 안 된다는 점은 분명히 해야 한다. 최적의 조약 하에서 매우 무거운 짐을 지고 있는 중간소득 국가(middle-income country)를 고려해라 – 어쩌면 그 국가는 많은 가치를 잃을 수도 있는 많은 수의 더러운 석탄을 때는 화력발전소나 대규모의 석탄 매장량을 가지고 있을 수도 있기 때문이다. 그곳에 있는 사람들은 어쨌든, 매우 가난한 나라에 사는 사람들만큼 가난하지는 않기 때문에, 분배적 정의는 이러한 국가(중간소득 국가)에 지원금을 제공하는 것에 반대하여 충고할지 모른다. 한편, 기후협약으로 인해 혜택을 받는 가난한 나라 – 이를테면, 풍부한 우라늄 매장량을 가지고, 내륙국이라서 해수면 상승(sea level rises)을 걱정할 필요도 없고, 농업에 크게 의존하지도 않는 – 이런 나라는 조약의 혜택을 받음에도 불구하고 이 나라 국민은 여전히 매우 가난하기 때문에 아마도 지원금을 받을 자격이 있을 것이다.

재분배적 지원금(redistributive side payments)을 규정한 최적의 조약은 하나로 된 두 조약이다 – 기후협약과 대외 원조 조약으로 부를 수 있는 조약. 조약의 기후 부분은 약한 기후저감이익(weaker climate abatement interests)을 가지는 국가들의 참여를 확보하기 위한(아마도) 지원금과 함께 최적의 언제, 어디서, 어떻게 정책을 제공한다. 조약의 대외 원조 부분은 부유한 나라가 가난한 나라에 돈을 보내도록 한다(아마도 몇몇 부유한 나라가 그렇지 않으면 그들이 받을 권리가 있는 지원금을 포기하도록 강요하는 과정에서).

우리는 전 지구적 복리(행복, 복지, 안녕)의 관점에서 기후저감이 바람직하다고 믿고, 대외 원조 또한 같다. 그리고 확실히 가난한 나라에 책정한 지원금과 함께 최적의 배출 정책을 가진 기후협약은 가난한 나라를 돕기 위한 차선의 언제, 어디서, 어떻게 정책을 사용한 기후협약보다 더 뛰어나다. 그러나 기후협약과 대외 원조 조약이 결합되어야 하는 이유는 분명하지 않다.

국가들은 다자간 대외 원조 조약(multi-lateral foreign aid treaty)을 협상하고자하는 어떤 경향도 보여 오지 않았다. 그들이 기꺼이 기후협약과 결합시켜야 된다고 믿는 이유는 무엇인가? 가난한 나라를 위한 대외 원조가 참가국들의 참여를 보장하기 위한 것만은 아니다 ; 앞서 봐 왔듯이, 아마 최적의 기후협약은 가난한 나라들에 대한 지원금만을 요구하지 않을 것이다. 부유한 국가인 미국이나 떠오르는 중국 같은 나라에 지원금을 요구할 수도 있다. 그리고 어쩌면 방글라데시 같은 기후변화에 극도로 취약한 가난한 나라에 요구할 수도 있다.

확실히, 기후협약과 대외 원조 조약을 하나의 문서로 합쳐야 되는 윤리적 필요는 없다. 대외 원조를 위한 기후협약의 유일한 관련성은 만약 기후협약이 (그 중 일부라도) 가난한 나라를 더욱 가난하게 하고, 부유한 나라를 더욱 부유하게 만든다면, 그때는 수혜자들이 피해자들을 도와 줄 강화된 의무를 가질 것이라는 것이다. 이 의무는 기후협약 외의 다양한 방법으로 충족할 수 있다. 예를 들어 영향을 받는 국가에 대한 일방적 대외 원조만 증가시켜도 된다.

우리는 기후교섭자들(climate negotiators)이 기후협약이 분배적 정의에 맞아야 된다고 믿게 되면, 두 가지 문제가 나타날 것을 우려한다. 첫째, 국가들은 다자간 대외 원조 조약에서 절대로 동의하지 않았다는 동일한 이유에서 동의하지 않을 것이다 - 누가 원조를 제공하고 누가 원조를 받을 것인지에 대한 너무도 많은 견해 차이가 있다. 이것이 대부분의 대외 원조가 일방적인 이유이다.

국가들이 최적의 때, 장소 그리고 방법에 관한 기후협약의 합의에 실패한다면 이는 대외 원조의 크기와 배분 그리고 누가 그것에 가장 책임이 있는지 합의하는 데 실패하는 것이기 때문에 끔찍할 것이다.

두 번째로, 우리는 국가들이 그들이 해야 하는 만큼의 기후협약에서의 대외 원조를 주지 못할 것이라고 의심한다. 기후과학과 기후경제학(climate science and economics)은 충분히 복잡하고 대부분의 노력은 어느 정도의 의무가 과학적 그리고 경제적 불확실성에 좌우되어야 하는지를 배치하는 데 쏟아질 것이다. 대외 원조의 할당은 기껏해야 재고되는 정도일 것이다.

대외 원조는 아주 어려운 문제인데 전적으로 그것 자체가 기후과학만큼 복잡하다는 데 있다. 국가들은 몇 십 년 동안 대외 원조를 실험했으며 노력을 위해 보여 줄 것도 거의 없다. 대외 원조의 효율성은 여전히 논쟁의 문제이지만, 모든 사람들은 대외 원조 프로그램은 아주 조심스럽게 고안되고 수행될 경우에만 효과가 있을 것이라는 데 동의한다.[14] 아직 기후협약 논의에서, 이러한 이슈들은 아무것도 다루어지지 않았다. 분배에 관한 문제는 대외 원조의 문제로 다루어지지 않았지만 공정성의 문제로는 다루어졌다. 더 가난

---

14) William Easterly, *The White Man's Burden : Why the West's Efforts to Aid the Rest Have Done So Much Ill and So Little Good*(2006).

한 나라들은 가난하기 때문에 배출권을 더 많이 받을 것이고, 가난한 나라는 돈과 현물의 분배에서 거의 이익을 취하지 못한다는 사실은 주목을 받지 못한다.

그 이유를 이해하기는 쉽다. 가난한 나라들은 그러한 배출권의 분배에 대한 접근방식 뒤에 있는 온정주의적 전제에 분개할 것이다. 그들은 거의 확실하게 대외 원조에 있어 일상적으로 쓰이는 조건 - 조사, 감시, 보고 등 - 을 거부할 것이다. 정의는 가난한 나라에 대한 배출권을 분배할 것을 요구한다는 생각에 사로잡힌 부유한 국가들은 아마도 양보해야 할 것이다. 그럼에도 대외 원조의 경험이 증거라면, 가난한 나라에 대한 부의 대규모의 분배는 낭비가 될 수 있다.

왜 분배 정의는 그러한 결과를 요구하는가? 부유한 나라에게 가난한 나라에 대한 원조에 대한 실험을 계속하게 해 보고, 한편 모든 나라에게 가난한 나라에 대한 재분배를 시도하지 않는 '국제 파레토이즘(International Paretianism)'을 만족시키는 기후협약을 협상하도록 해 보자.

만약 이러한 논쟁이 옳다면, 분배적 정의(distributional justice)는 기후협약의 설계에 대해서 할 말이 많지 않다. 협약은 지구에 가장 바람직한 배출량을 명기해야 한다. 그러한 협약은 가난한 나라가 선호하는 것에 미달하는 정도의 배출 감축을 명기하는 것으로 끝날 수 있다. 부유한 나라는 가난한 나라에게 무엇을 빚지고 있는지에 대한 완전히 분리된 질문이 있고, 그 질문에 대한 대답은 원조의 양과 다른 계획을 결정해야 한다. 물론, 부유한 나라에서 가난한 나라로 이전하는 가장 좋은 방법은 부유한 세계가 선호하는 초과분을 감축시키는 것으로 이론상 가능하다. 그러나 우리가 논쟁했듯이 이러한 이론적 가능성은 단지 이론적 가능성일 뿐이다. 오늘날 가난한 나라를 도울 가장 좋은 방법은 수십 년 동안 상당한 효과를 가지지 않는 프로젝트들을 경험할 가능성은 희박하다. 기후변화협약은 다른 목적이 아니라 기후변화에 초점을 맞추어야 한다.

직관 구출? 네 개의 반론
Rescuing Intuitions? Four Counterarguments

재분배적인 기후협약에 관한 우리의 비판에 대한 네 개의 매력적인 반론이 있다. 첫 번째는 대참사의 위협을 의미한다. 두 번째는 현금 이전은 비효율적이거나 부패한 정부에게로 갈 것이고, 반면 기후변화 영향의 효과를 감소시키는 것은 사람들에게 직접적으로 영향을 미친다는 사실이다. 세 번째는 개발도상국들이 배출 감축을 늦추는 것은 여러 가지 이유로 선호된다는 것이다. 네 번째는 기후변화협약을 통한 재분배는 직접적인 재분배와 달리 가능하다는 것이다 : 예를 들면 세계의 관심은 기후협약을 협상하는 동안 가난한 나라에 초점이 맞춰질 수 있다.

대참사 Catastrophe

과학적인 가정 하에서 볼 때, 온실가스 감축은 비극적인 생명의 손실(a catastrophic loss of life)을 막기 위해서 필요하다. 대참사의 위험이 작다고 하더라도 정책 결정을 유도할 것이다.[15] 전적으로 비현실적이지만, 지금처

15) Martin Weizman, On Modeling and Interpreting the Economics of Catastrophic

럼 온도가 상승할 경우 2100년까지 세계 평균온도를 10도 올릴 수 있는 작은 위험을 만들 수 있다고 가정해 보자. 이러한 종류의 변화는 근본적으로 인류의 삶은 바꿀 수 있고 수백만의 죽음의 위험성을 가지고 있다.

이 점은 분배적 정의의 분석에 어떻게 영향을 미치는가?

다른 국가들이 그러한 재앙과 관련된 피해를 제거할 수 있다면, 그들이 대신 현금 지급(cash payment)을 제안하여야 한다는 것을 반대하기는 어려울 것이다. 한 가지 이유는 만일 많은 생명들이 위험에 처해 있고, 만약 그들이 확인 가능한 절차를 통해 구제될 수 있다면, 그러한 절차들을 거치는 것이 그 문제에 대한 가장 효과적인 대응일 수 있고, 현금 이전은 거의 또는 아무 이득이 없을 것으로 보이기 때문이다. 어떤 경우이든 현금은 피해를 제거하는 데 있어 최선의 지불일 것이다. 만약 가난한 나라들의 빈민들이 재앙의 심각한 위험에 직면할 경우, 온실가스 감축(greenhouse gas abatement)은 미래에 그렇지 않으면 죽을 사람들에게 재분배하는 최선의 방법이 될 수 있다.

그러나 그 논쟁은 오직 우리가 효율적인 정책이라고 여겨온 지원금을 제공하는 방법에만 의미가 있다. "언제, 어디서 그리고 어떻게"라는 정책은 재앙의 경우에는 훨씬 더 나빠 보인다. 왜냐하면 그들은 재분배를 위해 기후변화라는 목표를 희생시키기 때문이다. 재앙의 가능성이 중대한 경우, 우리가 마지막으로 해야 하는 것은 배출 감축을 희생하는 것이다. 그렇게 하면 우리가 나빠지는 것을 도우려고 시도하는 그들을 잘 되게 할 것이다. 예를 들어 교토의정서는 모든 나라의 배출 감축에 도움이 되지 않을 수도 있는 모든 자원을 포함하는 협약으로서, 온실가스 감축에 있어 효과적이지 않을

Climate Change, 91 *Review of Economics and Statistics* 1(2009).

것이다. 만약 어떤 가난한 나라가 기후변화로부터 재앙의 위험에 직면한다면, 배출 감축으로부터 면제되는 것은 별로 도움이 되지 않는다 : 기후협약에서 얻는 분배의 이익은 재앙 위험의 형태로 되돌려진다.

재앙에 대한 논쟁은 중요한 고려사항들을 제시한다. 그 결론은 변경될 수 있지만 근본적으로 기본적 분석은 변경되지 않는다. 세 가지 해석이 있다. 첫째, 기후협약을 통해 얻는 복지 이득은 매우 높은 수준의 것이라는 해석이 있다. 만일 그렇다면, 명백히 높은 수준의 감축은 정당화되나 분배적 정의에 대해선 특별한 함의는 없다. 둘째, 대외 원조가 부를 재분배하는 수단으로써 그 감축과 동일하거나 그보다 못하다는 해석이다. 앞서 언급한 바와 같이 이와 같은 경우, 분배적 정의의 관점에서 대외 원조에 기여하는 것보다 그들이 (그들 내부적 관점에서) 과도한 감축량에 동의하는 것이, 부유한 나라들의 목표를 더 충족시킬 것이다. 셋째, 재앙의 가능성이 점점 높아질 경우, 언제, 어디서 그리고 어떻게 배출을 감축시킬지를 왜곡하는 정책들을 피하는 것이 더욱 더 중요해진다.

비효율적이거나 부패한 정부 Ineffective or Corrupt Government

우리는 원칙적으로는 개발원조(development aid)가 가난한 나라들의 빈민들을 돕는 방법으로써 온실가스 감축보다 더 효과적일 수 있다는 것을 강조해 왔다. 그러나 개발원조를 효과적으로 만드는 데 주지의 어려운 점들이 있다. 부유한 나라들이 지원하고자 하는 경우에도 그들이 그렇게 하기엔 어렵다.

온실가스의 배출 감축 또는 배출 감축을 확실히 하기 위해 직접적인 재정 지원의 확보에 대한 합리적인 논쟁은 개발원조라는 다른 형태보다 더 완전하게 가난한 나라 정부를 무시하는 단계이다. 이것은 장점으로 여겨진다. 왜냐하면 가난한 나라들 정부는 크게 비효율적이거나 부패하거나 (또는 둘 다이거나) 부분적으로 그러한 이유에서 통상의 개발원조는 매우 효과적이지 못해 왔기 때문이다.[16] 원칙적으로 배출 감축은 효과적인 현금 지원보다 더 나쁜 것으로 여겨질 수 있다. 그러나 효율적인 지원이 실행되지 않을 경우, 배출 감축은 변명될 수 있는 "차선(second-best)"으로 여겨질 수 있다.

한편 우리가 강조한 바와 같이, 이러한 재분배의 형태는 현 세대의 가난한 사람들(existing poor people)을 주로 돕는 것이 아니며 주로 미래 세대의 가난한 사람들(poor people in future generation)을 돕는다. 그리고 사실상 현재보다는 미래 세대로 자원을 이전하거나, 부패한 정부보다는 직접적으로 사람들에게 자원을 이전해 주면서 발생하는 개발원조에 의한 많은 문제점들을 원조국들(donor states)이 피할 수 있을지는 불분명하다. 오늘날 부패한 정부가 미래에 대비하여 돈을 빌리거나 또는 현재의 세입을 증가시켜 추가적인 수입을 올릴 경우, 이 전략의 효과는 감소할 것이다.

사실, 기부단체들은 부패하고 무능한 정부의 문제를 알고 많은 방법으로 이들을 피해가려고 노력해 왔다. 예를 들어 기부단체들은 농민, 기업, 민간 자선단체, 의료기관 등을 직접적으로 지원한다. 그들은 교육 훈련과 다른 현물 자원(in-kind resources)을 정부의 공무원들에게 제공한다. 그들은 유능하고 정직한 정부 개혁자들을 골라내 그들과 일하려고 한다. 불행하게도 이러한 전략은 잘 먹히지 않았다.[17]

---

16) Easterly, supra n.15를 보라.

따라서 최소한 위와 같은 이러한 다른 접근방법이 실패한 부분에서 온실가스 감축을 통해 재분배가 효과를 거둘 수 있을 것이라는 주장은 낙관주의의 근거가 될 수 있는 온실가스 감축의 독자적인 성격을 규명해 낼 필요가 있다.

또한 동 주장은 다른 재분배 방법과 비교했을 때 온실가스 감축이 가지는 주요한 단점도 고려할 필요가 있다 : 즉 (온실가스 감축이) 특히 필요한 사람들을 대상으로 하고 있지 않거나 또는 수혜국가(recipient state)가 직면하고 있는 특정한 문제에 관한 현지 지식(local knowledge)의 장점을 살리는 것이 아니라는 점이다.

더 중요한 것은, 배출 감축이 부패를 피하는 것이라는 주장은, 배출 감축이 그 자체로 발생하는 것이 아니라, 반드시 정부의 활동을 통해 일어난다는 사실을 간과하고 있다는 점이다. 탄소 배출권거래제에서는, 예컨대, 가난한 나라의 정부는 (국제사회로부터) 배출권을 받아 와서 자국의 관련업계에 되팔아 어마어마한 자금을 모을 수 있을 것이며, 이 돈은 정부가 원하는 대로 사용할 수 있게 될 것이다. 부패한 정부는 이런 자금을 나쁜 목적으로 쓸 것이다. 아마도 정치적 탄압을 위한 자금으로 사용하면서, 탕진하게 될 수도 있고, 혹은 지역 산업으로부터 협약에 따른 국가 탄소 배출 감축 의무를 업계에 강제로 규제하지 않도록 하는 대가로 뇌물을 수수할 가능성도 있다.[18] 훨씬 더 간단한 탄소세 접근법 역시 이 같은 문제들을 피해가지 못한다. 부패한 정부는 유착 기업들에 대해서는 탄소세를 부과하지 않거나, 은밀한 거래를

17) William Nordhaus, *A Question of Balance* 159(2008).

18) William Nordhaus, *A Question of Balance* 159(2008).

통해 탄소세를 상쇄시킬 수도 있을 것이다. 가장 간단한 기후협약의 관리(policing)조차도 심각한 난제를 안고 있으며, 협약에서의 이행의무가 엄격하면 할수록, 관리하는 것이 어려운 경우 그러한 이행 의무를 위반할 유인은 더욱 커질 것이다.

현안에서의 요점은 원칙적으로 온실가스 감축이 가난한 사람들이나 가난한 국가들을 돕기 위한 가장 직접적인 또는 가장 효과적인 방법으로 보이지는 않는다는 것이다. 우리는 더 직접적인 방법이 더 좋지 않은 방법이 될 수 있다는 가능성을 배제할 수는 없다. 왜냐하면, 예를 들어 직접적 도움을 제공하는 것은 실현 가능하지 않기 때문이고, 하지만 이는 덜 조악한 형태의 재분배가 실현 가능하지 않을 때, 왜 조악한 형태의 재분배가 실현 가능한지를 설명하기 위해서는 필요하다.

개발도상국들의 감축유예
Delayed Reductions by Developing Countries

현실적인 관점에서 보면, 효과적인 기후협약은 개발도상국보다 선진국이 먼저 배출량을 감축하도록 의무를 규정할 가능성이 크다.

예를 들어, <부속서 I>에 속한 국가들이 배출량 감축을 즉시 이행하는 것에 동의하는 데 반해 그 외의 국가들은 10년 이내 또는 얼마간 유예기간 이후에 감축하는 것에 동의하는 협약을 보아도 이를 알 수 있다.

이와 같은 접근법은, 분배적 고려(distributive concerns)가 강제된 것이라고 볼 여지가 있다. 왜냐하면, 궁극적으로는 동시에 전 세계적 배출 감축을 보장하는 반면, 개발도상국들에는 결정적 의무를 부과하지는 않고 있기 때문이다.

우리는 분배적 고려가 이와 같은 접근법을 정당화할 수 있을 것 - 이에 대해서는 앞서 언급하였다 - 이라는 데에 동의하지만, 이러한 접근법 근저의 강력한 통찰은 다른 고려들에 의해 영향을 받는 것으로 보인다.

특히 이러한 접근법은 분배적 고려와는 완전히 별개로 정당화 될 수 있을 것이다 : 이는 가장 효율적인 정책 혹은 최적의 정책이 될 수 있을 것이다. 그 이유는 배출량 감축은 강력한 제도를 필요로 하기 때문이다 ; 각국 정부는 배출을 감시하고 영향력이 큰 산업계에 배출 한도를 부과할 수 있어야만 한다. 많은 가난한 나라들은 이러한 능력을 개발하기 위해 이른바 준비기간(start-up period)이 상당히 필요해 질 것이다. 즉 최저감축 비용(lowest cost reductions)은 최초에는 부유한 국가들에서 나타날 가능성이 있고 따라서 배출량 감축은 이 같은 부유한 나라들에서 분배적 효과의 고려와는 관계없이 먼저 시작되어야 한다. 이 문제는 단순히 실현가능성의 문제인 것이다.

그러나 그와 같은 접근법 또한 심각한 오류일 수도 있다. 저비용 감축(low-cost reductions)은 개발도상국들에서도 다수 찾아볼 수 있을 것이다. 게다가 발전소의 형태, 건물건축 방법, 주택의 입지, 교통망 등에 관한 결정은 장기적 영향을 가져온다. 급속도로 발전하는 개발도상국들의 배출량 감축의무 이행을 유예하는 것은, 이들 국가가 잘못된 기반(infrastructure)을 조성하는 결정을 내리도록 해서 장기적인 배출 감축 비용이 증가하게 된다는 것을 의미할 수 있다. 이런 경우에 기후협약에 대한 이와 같은 접근법을 지지하는 분배적 정의에 관한 주장(distributive justice arguments)은 배척되어야 한다.

세계의 관심 The World's Attention

기후변화 감축을 재분배 방법의 하나로 이용하는 마지막 주장은, 명백한 재분배 효과 때문에, 기후변화협약이 다른 방법으로는 불가능한 재분배의 기회라고 하는 것이다.

현재 재분배가 충분하지 않은 정도까지는 기후변화협약은 더 발전할 수 있는 계기가 될 것이다.

비록 우리는 이러한 경험적 추론(empirical speculation)을 추상적인 문제로서 반박할 수는 없으나 그것이 반드시 그래야만 한다는 이유는 없다. 부자와 가난한 자 그리고 선진국과 후진국의 실제적 차이는 상당하다. 예를 들어 다양한 유명 인사들은 채무면제(debt relief)을 주장하며 세계를 돌아다닌다 ; 에이즈 백신과 같은 의료부조에의 접근(access to medical care)은 끊임없는 논쟁거리이다. 부유한 나라들이 더 많이 해야 한다는 것에는 동의하지만, 재분배라는 엄청나게 어려운 주제와 기후변화협약이라는 이미 어려운 주제를 연결시키는 것은 왜 둘 중에 어느 하나도 쉽게 하지 않는 것인지가 분명하지 않다.

우리가 받아들이는 다른 주장은 기후변화협약이 세계를 덜 공평하게 만드는 정도에서는 부유한 나라들이 가난한 국가에게 더 많은 의무를 지고 있다는 것이다. 부유한 나라와 가난한 나라 사이에는 이미 상당한 거리가 있다. 따라서 기후변화협약은 부유한 나라들의 의무를 더욱 증가시킨다. 그렇다고 해서 이러한 의무들을 채우는 데 어떠한 해결책도 제시하지 않는다. 배출을 줄이는 것이 이러한 의무를 충족시키는 가장 좋은 방법이 될 수 있지만 사실 그렇게 되지 않을 가능성이 매우 크다.

재분배 관계를 위한 좀 더 제한된 역할
A More Limited Role for Redistributive Concerns

우리는 재분배에 관하여 더 강경한 의견과 온건한 의견을 구분할 수 있다. 이 장에서 이제까지 우리의 주장은 강경한 주장을 겨냥하였다 : 즉 부유한 나라들로부터 가난한 국가로의 부의 재분배를 위해 기후변화협약은 바람직한 장치라는 주장이다. 극단적으로 볼 때 이러한 주장은 부유한 나라들이 그들을 위해 순비용(net costs)이 발생시키는 기후협약에 동의하여야 한다고 제안한다 - 이것은 국제 파레토이즘(International Paretianism)의 조건을 위반하는 것이다. 그러나 좀 더 제한된 요구도 성립될 수 있다.

예컨대 다음과 같은 중도적인 재분배 조약(modestly redistrictive treaty)을 고려하여 보자. R이라는 부유한 국가는 지구온난화로 80을 잃고 P라는 가난한 나라는 50을 잃는다고 가정하자. 기후협약은 이러한 비용을 0으로 떨어뜨린다. 그러나 100이라는 감축 비용(abatement costs)이 수반된다. 이러한 감축 비용은 어떤 비율로 어느 한쪽 나라나 양쪽 나라에 배분될 수 있다. 예를 들어, 만약에 조약이 배출권거래제를 만들면 배출권은 전부 R국가 또는 전부 P국가에게 혹은 둘 사이에 배분될 수 있다.

분명히 조약은 바람직할 것이다. 지구의 비용(global costs)은 100이고, 지구의 이익(global benefits)은 130이다. 국제 Paretianism은 R국이 80 이상의 부담을 지니지 못하게 한다. 반면 P국가는 50 이상을 부담하지 못하게 한다. 그렇지 않으면 어느 나라도 그들의 협소한 이해관계(in its narrow interest)에서 조약에 가입하지 않을 것이다.

R국가가 P국가보다 엄청나게 더 부자라고 가정해 보자 - 미국이 말라위

보다 엄청나게 부자인 것처럼. 그랬을 때 미국이 80 이상의 부담하지 않도록 요구되어야 하는가? 아마도 P를 돕기 위해서 R에게 100이라는 모든 비용을 부담하도록 해야 하는가? 물론 R은 P를 위해서 더욱 적극적이기조차 하고 비용이 많이 발생하는 조약(even more aggressive and highly costly treaty for P)에 동의하여야 한다. 설령 R에게 100이라는 비용이 발생하고 P에게는 단순히 20이을 부담하게 되는 것임에도?

우리가 이미 제시한 바와 같이, 실현가능성의 문제(a question of feasibility)가 있다 : R이 자신에게 손해가 발생할 계약에 동의하지 않을지 여부이다. 그리고 비록 R국의 시민들이 P국의 가난한 사람들에게 어느 정도 이타주의(altruism)를 느껴 무엇을 해주고 싶게 느낀다 하더라도 적극적인 기후변화협약보다 이러한 사람들을 돕기 위해 더 좋은 방법이 있을 수 있다.

그러나 이제 조금 더 온건한 주장에 대해 살펴보자. 기후변화협약이 국제적 Paretianism을 충족시키는 한 "잉여분(surplus)" – 여기서 30 – 은 전부 가난한 나라들에게 주어져야 한다. R국은 불만을 토로해서는 안 된다 : 그 조약이 그를 이롭게 한다. 그리고 자신의 거대한 협상 능력이나 많은 몫의 잉여분을 이용하는 것은 분배적 정의에 어긋날 것이다.

R국은 기후변화협약으로 80을 잃는다 ; 만일 감축 비용으로 80을 지불하면 조약을 맺는 것과 그렇지 않은 것 사이에 전혀 차이가 없을 것이다. 만약 R이 80을 지불하면, P는 20을 지불한다. 그래서 R은 0을 얻고 P는 30을 얻는다. 반대의 극단적인 경우에는 기후변화로부터 P국은 50을 잃는다 ; 따라서 감축 비용으로 50을 지불하는 경우 조약을 맺는 데 이득이 없어질 것이다. 만약 P가 50을 지불하면 R이 50을 지불하고 R이 30을 얻고 p가 얻는 것이 없게 된다. 또한 각 당사국들은 잉여분을 분배할 수도 있다 : R이 65를 지불

하고 P가 35를 지불한다 ; R이 15를 그리고 P가 15를 얻는 방식으로 말이다. 다른 조합들도 가능할 것이다.

이러한 잉여분은 어떻게 분배되어야 할 것인가. 단순한 형평(simple fairness)의 관점에서는 균등한 분배(an equal division)를 주장할 수 있다. 그러나 분배적 정의의 관점에서는 첫 번째 선택을 더욱 선호할 것이다 : R이 80 그리고 P가 20을 지불하고 따라서 R은 0을 그리고 P는 30을 얻는 것이다.

대안적인 가능성은 윤리적 배려는 잉여분 자체의 분배에 있어서 아무런 역할을 하지 못한다는 것이다. 다만 상대적 협상력만이 그 역할을 할 수 있다.

한 경우는 분배 정의 근거에서 첫 번째 선택을 위해 만들어질 수 있지만, 이것은 많은 조건에 따라 달라질 것이다. 먼저, 많은 사람들은 공정한(균등한) 분배가 훨씬 더 적정할 것이라고 생각할지 모른다. 우리는 이런 관점을 공유하지 않다고 하더라도, 이것이 왜 틀렸는지 보여 주는 것은 쉽지 않다.

둘째로, 우리는 그런 협상의 잘못된 결과를 경계해야 할 필요가 있다. 부유한 국가들은 이미 가난한 나라들에게 대외 원조를 한다. 만일 이 원조의 수준이 공공의 이타심의 한계를 반영한다면, 효과적으로 대외 원조의 수준을 올린 기후협상은 처음의 직접 원조 수준을 줄이도록 이끌기 쉽다. 게다가 가난한 나라들에게 원조를 하는 조약은 그들이 경제성장을 위해 기관을 만들거나 정치적 희생을 하게 하기보다는 그들을 현재의 상태에 머무르게 할 것이다. 우리는 이 점에서 관해서는 제8장에서 다시 살펴볼 것이다.

셋째, P국 정부의 효율성이나 정직성은 관련 고려사항(relevant considerations)이다. 만일 정부가 잉여분의 불균형적인 지분을 함부로 사용하거나 이것을 다수인 가난한 사람들 아닌 부유한 엘리트들에게 배분한다면, 잉여분의 가능한 한 많은 부분을 획득하기 위한 협상력 사용을 R국에게 억제해야 할 아무런 도덕적 의무가 없다.

넷째, 가장 중요한 것으로서, R국이 협력을 위해서 P국에게 초과 지급함으로써 R이 분배적 정의 관점에서 최선을 다할 수 있다는 것은 분명하지 않다. 이 비유를 생각해 보자. 가난한 거리에서 상인이 선글라스를 개당 20달러에 판다. 어떤 부자가 그것을 사기를 원한다. 그러면 그 20달러는 그 매도 상인의 비용에 대한 보상에 불과하다. 분배적 정의는 그 부유한 매수자에게 그 선글라스 비용으로 20달러 이상, 30달러, 300달러, 3,000달러를 지불할 것을 요구하는 것인가? 만일 그 부유한 매수자가 분배적 정의를 향상하는데 신경을 쓴다면, 그 사람은 20달러를 지급하고, 상당한 금액을 정말 가난한 사람들을 돕는 신뢰할 수 있는 자선 단체에 기부하는 것이 우연히 길거리에서 만난 거리 상인에게 초과 지급하는 것보다 낫다. 유사하게, 분배적 정의는 기후 감축 비용의 R국과 P국의 분배분에 대해서 말할 필요가 없다. 이것은 R국은 훨씬 더 가난한 나라들을 도울 독자적 의무를 갖거나 또는 특정한 P를 도와야 한다는 의무는 협상에서 문제가 되어 있는 15 또는 30보다 크거나 작을 수 있다.

결론은 가난한 나라들을 위한 잉여분의 분배는 국제 Paretianism을 충족시키고 그리하여 실현가능성 차원에서 불가능하게 될 수 없는 반면, 이러한 접근은 회의적이라고 이야기할 수 있다. 이것은 왜곡된 인센티브로 이어질 것이며, 이성적이고 효과적인 방법으로 정의를 구현할 수 없다.

분배적 정의와 기후변화 : 평가
Distributive Justice and Climate Change : Taking Stock

부유한 나라들은 복잡한 외교정책을 가지고 있고, 실제로 때때로 그 목적들이 무엇인지 모호한 경우 다른 방법들이 다양한 목적을 실현한다. 그러나 개념적 명료성(conceptual clarity)을 유지하는 것이 중요하다. 많은 외교정책들 가운데 다른 부유한 국가들과 마찬가지로 미국은 때때로 가난한 나라들의 가난한 사람들을 돕는 것을 추구한다. 그리고 미국은 기후변화문제를 해결하는 것도 추구하여야 한다. 가난의 문제는 분배적 정의의 문제이고, 분배적 정의 원칙들은 이에 대한 어떤 접근법을 유도해야 한다. 부유한 국가들은 그들의 공헌이 가난한 사람들의 복리를 향상시킬 수 있는 가난한 나라에 기부하여야 한다. 가장 가난하고 정말로 필요한 나라가 우선권을 가져야 한다 ; 만일 원조가 부패나 외국 문화에 대한 이해의 어려움 또는 다른 이유들에 의해서 효과적이지 않다면 그것은 부적절하게 되고 말 것이다. 끝으로 원조는 가능한 한 가장 좋은 형식을 취해야 한다. 추측할 수 있듯이, 현금 원조가 가장 좋은 방법이 될 수 있는데 이것은 그 원조를 받는 사람들이 생각하기에 그들의 이익을 가장 잘 증가시킬 수 있는 방법으로 사용될 수 있기 때문이다 ; 하지만 때때로 현물 원조(in-kind aid)가 장점이 있다.

기후변화문제는 공공선(public good)을 창조하기 위한 국제적 협력의 실패(failure of international cooperation)이다. 미래의 환경적 피해는 오늘날의 협력을 통하여 경감될 수 있다. 국제적 협력은 온실가스 감축을 통해 서로 다른 정도로 이득을 얻는 여러 국가들의 비용이 드는 활동(costly action)과 관련된다. 이러한 다양성 때문에, 성공적인 기후협약은 의문의 여지없이 어떤 나라들에게는 다른 나라들 보다 더 큰 부담을 줄 것이다. 비교적 기후변화로부터 덜 영향을 받는다고 생각하는 나라들은 현 상태를 버티려고 하거나 제한적인 감축 수단들을 주장하거나 또는 그들이 보조금을 받는다면 더 큰 감축방법들에 동의할지 모른다.

아주 가난한 나라들만 그런 것은 아니다 ; 그들은 부유한 나라일 것이고, 중국이나 브라질 같은 거대한 개발도상의 어느 정도 부유하고 큰 나라를 포함할 수 있다. 이러한 국가들은 배출 제한(emissions restrictions)에 거세게 반대한다. 그러므로 분배적 정의의 요구와 비준될 가능성이 있는 조약들 간의 충돌은 거의 확실하다.

전 지구적으로 최적의 감축과 감축 비용의 분배를 구별하는 것은 중요하다. 그것이 비록 가난한 나라를 위한 최선이 아닐지라도 조약은 전 지구적으로 최선의 감축을 규정해야 한다. 우리가 설명했듯이, 기후정책의 변화를 통한 가난한 나라들로의 부의 이동(transferring wealth to poor states)은 부의 재분배에 있어서 극도로 불완전한 방법이다. 비용의 분배에 관해 말하자면, 분배적 정의 관점에서는 부유한 국가가 가난한 나라에 직접적인 대외 원조를 통해 자금을 보내는 것이나 기후(또는 다른)조약과 연결하여 '배출권(emission permits)' 혹은 바로 현금으로 대외 원조를 하는 것은 차이가 없다. 이러한 재분배의 요점은 중간소득 국가나 적당히 가난한 나라 같은 기후협약의 영향을 심하게 받는 국가가 아니라 부탄과 같은 아주 가난한 나라에 이루어져야 한다는 것이다. 분배적 정의의 관점에서, 적절한 질문은 기후변화로 누가 타격을 많거나 적게 입을지 혹은 에너지에 대한 무조건적인 세금으로 인해 산업 활동이 위축되는지가 아니라 그 나라의 문제가 기후변화에 연관된 것이든 아니든 전반적으로 누가 가장 좋지 않은 상황에 있는가이다. 강한 교섭력을 가지고 제한된 감축 조치에 관심 있는 일부 국가는 보다 적극적인 조치에 동의할 가능성이 있다. 그들의 재분배 목표는 현금 이전이나 어떤 대외 원조보다 관대한 기후협약에 따라 더 좋은 대우를 받는 것이기 때문이다. 그러나 이러한 가능성이 조약의 설계에 더욱 적절한 역할을 해 줄지는 의문이다.

기억해야 할 중요한 점은 재분배가 목표라면, 다른 방식의 부의 재분배와 비교하여 가장 좋은 방법을 선택해야 한다. 국제정책에 관한 많은 논쟁처럼, 기후논쟁(climate debate)에서도, 역시 부유한 나라는 그들이 단지 부자라는 이유로 더 많이 지불을 해야 한다고 가정한다.

여기서의 이면에는 모순이 있고 비극의 위험마저 있다. 분배적 정의에 유념하는 사람들이 어떤 국가의 부가 그들의 책임을 결정한다고 주장한다면 기후협약을 파괴할 수도 있을 것이다. 국가들의 이익에 좌우되는 편협한 조약은 시간이 지남에 따라 더욱 비준되기 쉽고 피하기 위한 압력만 남기 쉽다. 다른 곳에서와 같이 이곳에서도 원리로부터의 논쟁(argument from principle)은 국가 체계의 현실과 부딪히기 쉽다.

제5장

불법행위자 처벌: 기후유죄조항?

Punishing the Wrongdoers: A Climate Guilt Clause?

앞 장에서는 우리는 지구로 돌진하고 있는 소행성을 상상해 봤고, 소행성을 요격하고 파괴하는 책임을 세계 국가들 사이에 어떻게 분배할 것인지에 대하여 물었었다. 많은 사람들은 소행성의 사례는 기후변화 문제에 대한 기본적 성격을 결여하였기 때문에 오도하는 사례라고 반대할 것이다. 소행성 충돌은 누구의 잘못도 아니라고 주장되는 반면, 기후변화는 부유하고 산업화된 나라들의 잘못이며 그 나라들은 인구나 수요와의 균형 비율에서 어긋나게 온실가스를 대기로 배출하는 데 기여해 왔다. 예컨대 미국은 3억의 인구가 있으나, 2005년에 (토지 이용 변동을 제외하고도) 이산화탄소 배출의 18.4%를 차지했다. 반면 같은 해 인도는 10억이 넘는 인구가 있음에도 이산화탄소 배출의 5%만을 차지했다. 만약 현 배출량(flow)보다 누적배출량(stocks)을 살펴보더라도 이야기는 같다. 1950년과 2000년 사이에, 미국은 누적된 온실가스 배출 축적량의 17%를 배출했다 ; 인도는 잘해야 누적된 온실가스 배출 축적량의 2% 이하를 배출했다.

결론은 미국뿐만 아니라 유럽, 캐나다, 일본의 국민처럼 SUV와 데워진 수영장과 같은 낭비적인 재화를 수십 년간 소비하는 부유한 나라의 시민들과, 반면 먹을 식량조차 거의 충분하지 않은 극빈국가의 국민을 그린 추한 그림이다. 결국 수십 년의 가난 이후에 - 비록 서구의 나라들에서는 행해지는 것에는 훨씬 못 미치지만 - 몇몇 개발도상국들이 국민들에게 합당하고 편안한 삶의 표준을 제공하려고 하는데, 서구 국가들의 낭비의 결과로 생긴 문제에 대처하기 위하여 감축 비용의 많은 지분(large share of abatement costs)을 부담하여야 한다고 요구되고 있다는 것이다.

이러한 감축 비용은 조세와 더 높아진 소비재의 가격의 형태로 아직 가난한 나라들의 시민들 주머니에서 나올 것이다. 개발도상국에서 계속 따라잡을 동안에, 감축 비용의 전부 또는 대부분을 부유한 나라들이 부담하는 것이 더 공평하지 않은가?[1)]

부유한 나라들이 기후변화 문제에 대해 대부분의 책임이 있으므로 그들이 기후 감축 비용을 부담해야 하거나 그 비용의 대부분을 부담해야 한다는 논쟁은 철학자들이 교정적 정의라고 부르는 것에 관한 논쟁이다. 교정적 정의에 따르면, 한 개인이 다른 사람에 손해를 입힌 경우 전자는 그 피해자에게 금전과 같은 구제(remedy, such as cash)를 제공해야 한다. 기후변화의 배경에 대한 개념을 적용하여, 개발도상국과 그 지지자들은 기후변화 문제가 미국과 부유한 나라들에 의해 야기되었거나 대부분 야기되었기 때문에, 그들은 그 구제를 마련해야 한다고 주장한다. 몇몇 사람들은 부유한 나라들이 빈번하게 침수되는 저지대 마을(low-lying village)에 거주하는 사람들과 같

---

1) 예를 들면, Jiahua Pan, *Common but Differentiated Commitments : A Practical Approach to Engaging Large Developing Emitters Under L20*(2004), available at http://www.120.org/publications/6_5c_climate_pan1.pdf; Peter Singer, One World : The Ethics of Globalization(2002) ; Steve Vanderheiden, *Atmospheric Justice : A Political Theory of Climate Change*(2008)을 보라.

이 지구온난화의 악영향(ill effects of global warming)으로 현재 고통받는 사람들에게 실제로 보상을 해야 한다고 주장한다. 그러나 일반적인 주장은 부유한 나라들은 온실가스 감축 비용의 대부분을 부담해야 한다는 것이다 – 즉, 부유한 나라들만 그들의 배출 제한이 강제되거나 (또는 그럴듯하게) 상대적으로 온실가스 배출권을 적게 가져야 하고 그들은 계속해서 오염시키기 위해 그들의 배출권을 위해 가난한 나라들에 지불해야 할 것이다.[2)]

오염시킨 사람들이 그들이 환경에 야기한 손해에 대해 부담해야 한다는 개념은 흔히 '오염자 부담의 원칙(polluter pays principle)'이라 한다. '오염자 부담의 원칙'은 교정적 정의의 논의에서 유래되었다고 할 수 있고, 대개 그것과 동일시할 수도 있으나 그것은 다른 규범적 정당성도 부여될 수 있다.

교정적 정의의 논의에서는 몇 가지 강한 직관적 통찰에 호소한다. 그러나 우리는 이 장에서는 그것이 심각한 결함을 가지고 있으며, 기후협약의 설계에 대한 유용한 지침을 제공하지 않는다는 것에 대해 논의할 것이다. 제1장에서 본 바와 같이, 이 논의는 사실상 중대한 문제에 부딪힌다. 예를 들어

---

2) 우리는 온실가스 배출에 관하여 법적 쟁점, 특히 불법행위 쟁점은 다루지 않는다. 이 주제에 광범위한 연구가 있다. 예를 들면 Eduardo M Penalver, Acts of God or Torts? Applying Tort Principles to the Problem of Climate Change, 38 *Natural Resources Journal* 563(1998) ; David A. Grossman, Warming Up to a Not-So-Radical Idea : Tort - Based Climate Change Litigation, 28 *Columbia Journal of Environmental Law* 1(2003); David Hunter and James Salzman, Negligence in the Air: The Duty of Care in Climate Change Litigation, 155 *University of Pennsylvania Law Review* 1741(2007)을 보라. Alien Tort Statute하에서 야기된 불법행위 청구의 가능성에 대한 논의를 위해서는 Eric A. Posner, Climate Change and International Human Rights Litigation : A Critical Appraisal, 155 *University of Pennsylvania Law Review* 1925(2007)을 보라. 그러나 불법행위 청구와 도덕적 청구는 겹친다.

2005년 현재 중국의 누적 배출량은 10%를 차지했고,[3] 개발도상국은 총 배출량에 있어서 선진국의 배출량에 결코 크게 뒤지지 않았다.

2005년을 기준으로, 예를 들어, 중국은 10%의 누적 배출량을 할당받았으며, 개발도상국들은 전체 배출량에서 선진국들과의 큰 차이가 없었다.

개발도상국들에서 배출량의 폭발적인 증가가 있었다는 사실도 함께 기억해 보라.

2030년까지 전체 피해 중 대부분에 대한 책임을 선진국들이 지고 있다는 사실에 관하여는 이견을 제기하기 어려울 것이다. 게다가 국가 단위가 아니라, 개인 당 손해를 산정한다면, 부유한 나라들은 더 이상 최악의 오염자(worst offenders)가 아니다 – 그 대신, 몇몇 매우 가난한 나라들이 주범이 된다. 이러한 문제에 관하여는 적절한 때에 다시 논의하기로 한다.

그러나 몇몇 국가에서의 배출량은 다른 국가들에게 심각한 위험을 안겨주고 있다는 점, 미국과 중국이 세계 최대 배출국으로 예상된다는 점, 그리고 아프리카 국가들을 포함한 몇몇 국가들은 정작 이들 국가의 배출량은 미미함에도 불구하고, 심각한 위험에 직면하고 있다는 점 모두 사실이다. 인도의 배출량은 미미한 것은 아니나, 인도 또한 자신들에게 책임이 없는 것으로 인하여 심각한 위험에 직면해 있다고 주장한다. 그렇다고 하더라도, 교정적 정의에 관한 논쟁은 심각한 난제에 부딪힌다. 그 이유는 간단히 말해, 앞서 설명한 형태로서의 동 주장은, 국가는 상호 연관된 윤리적 존재들이라고 가정하며, 한 국가가 다른 국가에 손해를 끼친 경우, 교정적 정의는 전자가 후자에 대해 배상의 책임을 지도록 요구한다.

---

3) 1950년부터 계산하고, 이산화탄소와 다른 토지 이용 변동과 온실가스를 제외하면 그렇다.

그러나 국가가 윤리적 존재가 될 수 있다는 논거는 공동 책임(collective responsibility)이라는 개념에 근거하고 있고, 이러한 개념은 주류 철학자들에게 배척된 것은 물론 형사법 및 불법행위법에서도 인정되지 않고 있기 때문에 설득력이 매우 낮다. 공동책임은 그룹의 일원인 한 사람이(가정의 가장, 혹은 국가의 군인이라고 해보자.) 다른 사람에 대해 잘못을 행하였다면, 피해자는 그룹의 다른 구성원들에 대해 구제받을 권리를 갖게 된다(가장의 자녀, 군인의 공동시민들(co-citizens). 공동책임은 한때 사회조직에서 중요한 역할을 담당했지만, 수세기를 거치면서, 국내법 및 국제법상에서 점진적으로 강요되었다. 그것은 때때로 제도적 가치를 가지기도 하지만,[4] 이제는 누구도 이를 원리로서 변호하고자 하지는 않는다.

기후책임을 최다 배출국들(leading emitters)에게 지우고자 하는 교정적 정의 논쟁은, 공동 책임의 개념에 근거하지 않고 대신 개인주의의 기준적 가정(standard assumption)을 내세우는, 윤리적인 호소의 방법으로 부활될 수 있다.

이와 같은 접근법에서, 자신의 활동(예컨대 운전 등)을 통해 다른 개인들에게도 피해를 준 기후에 대한 해를 야기한 특정한 개인을 식별해 낼 필요가 있을 것이다.

원칙적으로 피해자들에게 가해자들을 통해서 어떠한 보상을 지급하게하거나 혹은 이것이 어렵다면 전체적으로 특정 가해자들이 특정 피해자들에게 충분히 많은 부분에 대하여 충분한 부분을 이전하게 하는 것을 보장할 수

---

4) 예를 들면 Darly J. Levinson, *Stanford Law Review* 345(2003) ; Thomas Miceli and Kathleen Segerson, Punishing the Innocent along with the Guilty ; The Economics of Individual versus Group Punishment, 36 *Journal of Legal Studies* 81(2007)을 보라.

있는 개략적인 정의 형식을 허용할 수 있다. 이러한 방법을 배제할 수 있는 것은 없지만 그다지 매력적인 해결 방안은 아니라고 논쟁할 것이다. 또한 이러한 방법의 문제점은, 잘못한 행위를 현실적으로 평가해 보면(on any realistic assessment of wrongdoing) 기후문제에 대해 비난할 만한 기여자들 중 오늘날 살아 있는 숫자가 대단하지 않고 오늘날 피해자 숫자도(미래와는 대조적으로) 아주 적다는 것이다 ; 사실 이와 같은 문제의 성격 때문에 어떤 사람이 개인적으로 과실이 있다고 말하는 것은 거의 이치에 맞지 않을 수 있다.

기본적 논쟁 The Basic Argument

교정적 정의 논쟁은 과거에 일어난 잘못된 행위에 초점을 맞추기 때문에 회고적이다(backward-looking).[5] 따라서 교정적 정의는 우리로 하여금 현재의 공급보다는 재고에 집중하게 한다. 기후변화의 맥락에서 교정적 정의 논쟁은 몇몇 국가들이 - 특히 지구온난화에 취약한 저위도 국가 등에게는 더욱 그러하다 - 온실가스를 대량으로 배출함으로써 세계 다른 국가들에게 해를 끼쳤다고 본다. 보편적 관점에서는 교정적 정의는 문제를 회복시키기 위하여 이처럼 해를 끼친 국가들이 상당한 자원을 투자할 것을 요구한다.[6] - 이러한

5) Louis Caplow and Steven Shavell, *Fairness Versus Welfare* 12(2005). 이러한 이유로 교정적 정의는 복지주의자들에게는 설득력이 없다. 그들은 복지주의가 필요로 하는 것에 대한 대용품으로서 기능하기 때문에, 전적으로 교정적 정의가 적절하다고 생각하는 경향이 있다. 우리는 복지주의자들이 여기에서 일반적으로 옳다고 보려고 하나 논의를 위해 그 문제와 관련된 복잡한 것들은 고려 대상에서 제외하기로 한다.

방법으로는 피해에 대한 금전적 보상이나 광범위한 배출 감축 혹은 그들의 이익에 반하는 국제 조약에 가입하는 것이다. 예를 들어 인도가 미국에게 도의상 요구할 수 있는 권리가 있다고 생각될 수 있다. – 교정적 정의에서 비롯된 것이다. – 이러한 과정에서 미국은 인도에게 보상적 구제을 제공할 의무가 있다. (왜냐하면 미국은 과거 배출량이 가장 높은 국가이므로 다른 나라들에게 해를 입힌 대표자(place holder)로 인정한다 ; 그리고 인도의 경우 환경에 변화에 매우 취약하므로 우리는 인도를 특별히 위험에 놓여 있는 국가의 대표자로 인정한다.)

이러한 논쟁은 많은 지지를 받고 있으며, 그리고 직관적으로 봤을 때 옳은 것으로 보인다. 우리는 여기서 많은 문제점들을 알아낼 것이며, 논의는 유감스럽게도 복잡하다. 전체적으로 논쟁을 요약하면, 가장 일반적인 것은 기후변화 문제는 교정적 정의 모델과 잘 맞지 않는다는 것이다. 왜냐하면, 불법행위와 같은 생각의 결과(consequence of tort-like thinking)로 지금까지 잘못된 행동을 하지 않은 사람들로 하여금 지금까지 피해를 받지 않았던 사람들에게 해결책으로 구제하도록 강제될 것이기 때문이다. 만일 우리가 복잡하고 우발적인 관계를 상세하게 추적할 수 있다면 우리가 확인한 몇몇 문제점들을 줄일 수 있다 ; 불행하게도 이런 일은 가능하지 않다.

---

6) Daniel A. Farber, Basic Compensation for Victim of Climate Change, 155 *University of Pennsylvania Law Review 1605*, 1641(2007)을 보라.

불법행위자가 문제점을 인식한다
The Wrongdoer Identify Problem

교정적 정의는 통상적으로 피해를 입힌 자(injurer)가 자기로 인하여 입은 피해로 인한 희생에 대해서 보상할 것을 요구한다. 발생되는 이러한 의무와 관련하여 우리는 도덕적으로 비난받을 만하게 행동을 한 가해자를 확인할 수 있어야만 한다. 우리는 단순히 모든 미국인이나 다른 선진국에 사는 모든 개인들에게 도덕적으로 비난받을 수 있는 가해자라고 낙인찍을 수는 없다. 미국인들은 개인적 배출과 비난받을 만한 행동을 했는지 여부와 관련해서는 매우 다양하다.

표 5.1을 살펴보면, 이 표는 특정년도부터의 미국인의 현재 배출 축적량 백분율을 보여 주고 있다. 미국 통계청(Census Bureau)에 의하면 미국 국민의 54.5%가 1975년 이후에 태어났다.[7] 이런 개인들은 미국의 배출량의 절반 이상에 해당하는 1975년 이전의 배출에 대해서는 책임이 없다. 27% 이상의 미국인들은 현재 20세 이하이며, 그들은 논쟁의 여지없이 배출에 대한 책임이 전혀 없다 - 그들은 그들이 어디 살지 어떤 규모의 건물을 매입할지를 결정하지 않는다.

우리가 이 장의 후반부에서 다루듯이, 이러한 배출을 한 사람들이 도덕적으로 그들에게 책임이 있는지 여부와 관련하여서는 더 많은 의문이 있다. 통상적으로, 도덕적 책임(moral responsibility)은 비난가능성(culpability)뿐만 아니라

7) U.S. Census Bureau, 2008 Population Estimates, T6 - 2008, available at factfinder.census.gov.

인과관계(causation)도 요구한다. 아직 많은 현대의 미국인들은 미국의 현재 에너지 정책을 지지하지 않으며, 이미 자신들의 행동으로부터 발생한 온실가스 배출을 줄이기 위해 희생을 하고 있다. 그들은 운전을 피하고, 그들의 집의 온도를 낮추며 선거에서 환경친화적인 정책을 옹호하는 후보자를 지지한다.

표 5.1. 25년 단위에 의한 미국의 배출축적양의 백분율[a]
Percentage of American Stock of Emissions by Quarter Century[a]

Since	*Megatons of CO_2*	*% of Stock*
1850	342,603	100
1875	323,040	94
1900	314,772	92
1925	282,967	83
1950	236,035	69
1975	152,593	45
2000	28,988	8

[a] Calculations from Climate Analysis Indicator Tool [CAIT], available at http://www.cait.wri.org. 이 수치는 대기 중 온실가스의 감퇴를 고려하지 않고 해당기간의 총배출량을 나타낸다.

이런 사람들에게 과거에 살았던 사람들의 잘못된 행위(wrongful activities)의 책임을 지우는 것은 잘못된 것으로 보인다.

확실하게, 많은 미국인들은 기후 결과를 충분히 고려하지 않은 선택을 해왔다. 그러나 이러한 미국인들 사이에서도, 인류에 의한 기후변화의 문제(problem of anthropogenic climate change)가 널리 알려지기 전의 온실가스 배출 또는 문제점이 있음을 인식한 합리적인 사람들 이전의 시점과 그 이후의 배출을 구별해야 한다. 그 시점은 언제인가? 1990년대? 2000년대? 과학적 합의(scientific consensus)가 일반 대중으로 전해지기는 꽤 오랜 시간이 걸릴 수 있다. 그렇다면, 오늘날 미국에서 생성된 잠재적인 '비난의 대상이 될 수 있는(culpable)' 축적된 배출량의 비율은 비교적 작은 숫자로 내려 갈 것이다.

마지막으로, 다른 사람들이 같이 줄이지 않을 경우 누구에게 온실가스 배출을 감축할 도덕적 의무가 있는지 여부에 대한 의문이 생긴다. 이것은 우리가 되돌아가야 할 문제인 "도덕적 공동행동문제(moral collective action problem)"이다. 당면한 목적들을 위해, 요점은 교정적 정의는 적어도 원인적으로 문제에 대한 책임이 있는 사람(대부분 사망한)과 한편으로는 아마도 비난의 가능성이 있는 사람들과 다른 한편으로 원인적으로 책임이 있지도 않으며 비난의 가능성이 없는 사람들을 구분한다는 것이다. 어떤 미국인은 그럴지 몰라도 "미국"은 비난할 수 없다. 미국인들을 공동책임에 대한 도덕적 반대를 깊이 모독하는 것처럼 보이는 교정적 정의를 강조하는 접근 방식은 미국인들을 집단보다는 특정한 몇몇 사람들에게 초점을 맞춘 접근을 시도한다.[8)]

이 점에 대한 자연스러운 반응은 전부 또는 오늘날 대부분의 미국인들이 과거의 미국인들이 한 온실가스 배출 행위로 인한 혜택을 받았고 따라서 오늘날의 미국인들에게 감축 비용에 대한 지불을 요구하는 것이 잘못되지

---

8) H.D. Lewis, Collective Responsibility, in *Collective Responsibility : Five Decades of Debate in Theoretical and Applied Ethics* 17(Larry May, and Stacey Hoffman, eds., 1991)을 보라.

않았다고 주장하는 것이다. 이 주장은 150년 전 노예들의 노역이 오늘날 미국인들에게 이익을 가져다주었다는 노예 보상에 관한 토론과 유사하다.[9] 현 세대의 구성원이 과거의 범죄로부터 (이익을) 얻었다면, 그 결과로 인한 모든 피해를 회복하거나 보상을 요구하는 것이 이치에 맞을 것이다. 어떤 관점에서, 보상은 이전의 상태로 회복시킬 수 있다. 즉 다른 그룹의 구성원들, 다른 나라의 시민들을 잘못된 행위가 일어나지 않았다면 처해졌을 입장에 놓는 것이다.

그러나 기후변화의 맥락에서, 이런 논쟁은 심각한 문제에 봉착한다. 가장 분명한 어려움은 경험적인 것이다. 많은 미국인이 과거의 온실가스 배출로 이익을 본 것은 사실이지만 얼마나 많은 사람이, 얼마만큼의 이익을 얻었는가? 물론, 오늘날의 많은 미국인들은 이민자들 또는 이민자들의 자녀들이고 과거의 온실가스를 배출한 미국인의 후손이 아니다. 그럼에도 불구하고 이런 사람들도 그러한 배출로 가능하게 된 과학기술의 진보(technological advance)와 물질적 부와 같은 것을 누림으로써 과거의 배출로 인한 이익을 얻는다. 그러나 그들이 실제로 혜택을 누리고 있다 해도 어느 정도인가? 모든 미국인들이 그들의 조상으로부터 부를 물려받은 것은 아니고, 그들의 선조 세대가 온실가스 배출을 하지 않았다고 해서 필연적으로 적게 물려받은 것도 아니다. 교정적 정의의 개념은 불법행위의 유추에 기한 것으로서 기후변화 상황(climate change situation)에 들어맞지 않는다.

---

9) Stephen kershnar, The Inheritance - Based Claim to Reparations, 8 *Legal Theory* 243, 266(2002)(이러한 논쟁을 부각시키고 비판한다). 이러한 논쟁은 흔히 불공평한 부의 축적 논쟁에 비견된다. Eric A. Posner and Adriam Vermeule, Reparations for Slavery and Other Historical Injustices, 103 *Columbia Law Review* 689, 698(2003)을 보라.

이런 여러 가지 장애물들이 극복될 수 있고, 과거의 배출(past emissions)을 통해 어느 정도의 미국인이 이익을 누리는지 정확하게 추적할 수 있다고 가정해 보자.

비용이 증가하는 한 이익도 증가할 것이고, 이익은 교정적 정의의 요건을 상쇄하기 위해 사용될 것이다. 만약 미국의 과거세대가 나머지 세계에 비용을 부과했다면, 그들은 상당한 이익을 수여했을 것이다. 미국의 산업활동은 외국에서 소비되는 물건을 생산하고, 그리고 예를 들면 기술의 발전을 추진하고 다른 나라의 국민들은 거기서 이익을 얻는다. 이러한 많은 이익들은 긍정적 외부 효과(positive externalities)이고 이러한 외부 효과에 대해서 미국은 충분히 보상받지 못하여 왔다. 물론, 인도의 국민은 미국 국민이 이러한 발전으로부터 이익을 얻지 않은 것과 마찬가지로 많은 이익을 얻지 못했다. 하지만 미국이 온실가스 배출의 10%, 20%, 40%를 기여했다면 다른 나라나 인도도 같을까? 교정적 정의의 목적들을 위해, 적절한 계산이 필요해 보이고, 이것은 엄청난 경험적 그리고 개념적 문제들을 제공한다.

노예 배상(slave reparation)의 맥락에서 볼 때, 유사한 점은 끝없는 논쟁으로 이어지고, 다시 역사적 인과관계와 어려운 반사실적인 경험적, 그리고 개념적인 문제로 이어진다는 점이다.[10] 표준 법적 분석에서 사용되고 교정적 정의의 목적을 위한 관습적인 인과관계 논쟁이 없었다면, 역사적으로 적용될 때 심각하고 어쩌면 극복 불가능한 문제를 제공했을 것이다. 우리는 운전자가 더 조심스럽게 운전했다면 사고가 일어났을 것이냐고 의미심장하게 물을 수 있으나, 개념적이고 경험적인 물음은 질문에 대한 답변 여부를

10) Posner and Vermeule, supra n.9, at 699.

어렵게 만들고, 만약 노예가 없었다면 어느 정도로 지금의 백인인 미국인이 나빠졌을 지에 대한 대답을 어렵게 한다. 그리고 만약 미국의 이전 세대들이 온실가스를 배출하지 않았다면 현재의 인도가 형편이 더 나았을 것이냐고 질문하기 어렵게 한다. 미국 내의 제한적인 산업화가 된 가상적인 세계에서는 인도는 완전히 다른 나라이고, 나머지 나라들도 알아볼 수 없을 정도로 다른 나라이다.

기업책임과의 유사점 The Analogy to Corporate Liability

노예 배상의 제안자는 때로는 기업책임의 원리(principles of corporate liability)에 호소하곤 한다. 기업은 사라지지 않을 수 있고, 오늘날 많은 기업들이 19세기의 노예경제에서 이득을 얻었다. 기업은 개인적이지 않고 집합적이다. 그러나 그들의 행동에 대해서 책임을 진다. 책임은 매니저와 고용인이 주주가 소유권 이익을 획득하기 오래전에 행한 행동의 결과로 오늘날의 주주들이 "처벌되었을(punished"(주식의 가치에서의 손해) 수 있음을 의미한다. 실제로 노예제도와 먼 과거의 불법행위에서 이익을 얻은 기업과 다른 법인에 대한 소송은 성공을 거두었다. 만약 아무 잘못이 없는 주주가 오래전 사망한 피고용인의 잘못(wrongdoing of employees)에 대해서 대가를 지불해야 한다면, 국민도 과거에 살았던 국민의 잘못된 행동에 대해서 대가를 지불할 수도 있지 않겠는가?

가장 좋은 답변은 기업책임은 다름 아닌 교정적 정의를 바탕으로 더 쉽게 정당화된다는 것이다. 주주의 책임(shareholder liability)은 동의의 근거에서 또는 (가장 그럴듯한 우리의 관점은) 기업책임은 회사를 위해서 피고용인이 나쁜 일에 가담하는 것을 그만두게 한다는 복지주의적 근거에서 옹호될 수 있다. 기업의 부정행위에 기초하여 비난당할 국가의 시민권에 근거한 책임으로부터 주주책임을 구별하는 요소는 주식을 구입하는 것은 자발적인 활동이며, 만약 과거의 법 위반(past legal violation)이 드러나면 주가는 내려간다는 것과 이것은 구입 시기에 주가에 반영된다는 것이다. (알려지지 않은 과거의 행동이 회사의 가치를 올릴 경우의 이익도 있다.) 그러나 기업 그 자체는 가상적인 것이기 때문에, 오늘날의 주주는 어제의 비행자(wrongdoer)와 다르다. 기업책임은 교정적 정의 내에서 근거를 찾을 수 없다.[11)]

복지주의자나 기업책임을 위한 관련된 효율성에 기초한 정당화(related efficiency-based justifications) 역시 가능하다. 기업이 피고용인의 잘못된 행위에 대해 책임을 져야 한다면 주주는 경영자를 감시하고 피고용인을 교육하는 것을 장려하기 위하여 인센티브를 받을 수 있다. 주주는 단순히 제3자에게 주식을 판매함으로써 책임에서 벗어날 수 없다. 왜냐하면 제3자가 경영자가 충분하게 피고용인을 규제하지 않는다고 믿는다면, 그 제3자는 주식을 저렴하게 구입하기 때문이다. 이런 복지주의자 논쟁은 매우 수정된 형태이긴 하지만 국가들에게 적용될 수 없다. - 주어진 문제는 주주들이 경영에 대해서 갖는 것과 같이 시민들은 정부만큼 힘이 없고 힘이 없어 쉽게 빠져나

---

11) 최근 몇 몇 철학자들은 교정적 책임에 관한 전통적 비판에 이의를 제기했으나 이 철학자들은 행위가 필요하고 효과적일 수 있을 때 그리고 문제의 개인이 방지했던 그 피해를 알았거나 알았어야 했을 때 개인이 행위를 그만두는 것에서 교정적 책임의 근거를 찾으려고 한다. Larry May, Sharing Responsibility 1(1992) ; Christopher Kutz, *Complicity : Ethics and Law for Collective Age* 166(2000); David Copp, Responsibility for Collective Inaction, *Journal of Social Philosophy* 71 (Faii 1991)을 보라. 이러한 논쟁은 기후변화 사례로 옮겨가지는 않는다.

가지 못한다는 것 – 우리가 제8장에서 다룰 문제이다. 우선, 복지주의자 논쟁과 교정적 정의의 주장이 같지 않다는 것과 기후변화협약의 협상의 경우에서 기업책임의 실무가 교정적 정의의 논쟁을 국가에 적용하기 위해 논쟁을 제공하지 않는다는 것을 살펴보는 것만으로 충분하다.

피해자 / 청구인을 인식하는 문제
The Victim / Claimant Identity Problem

일반적으로 이해한 바와 같이, 교정적 정의는 피해자와 청구인 사이의 인식을 요구한다. 불법행위자에 의해 상해를 입은 사람은 그 불법행위자에 대한 청구권을 가진 사람과 같아야 한다. 제한된 상황에서는 아이들과 다른 피부양자들에게 청구권이 상속될 지도 모른다. 그러나 보통 우리는 피부양자는 별개의 청구권을 가진다고 생각하는데, 피해자에게 해를 입힘으로써 그녀 또한 피해자의 피부양자들에게도 해를 입힌다는 불법행위자의 추정적 인식으로부터 나온다고 본다.

기후변화의 피해자(victim of climate change)는 누구인가? 그들 대부분은 미래에 사는 사람들이다. 그러므로 그들의 요구는 성숙되지 않았다(have not matured). 미래의 인도인들이 오늘날 또는 과거의 미국인들에게 유효한 요구를 할 수 있다고 말하는 것은 오늘날 미국인이 현재 인도인들을 도울 의무가 있다는 것을 말하는 것과는 같지 않다. 확실히 일부 사람들은 현재 기후변화에 의한 피해를 입고 있다.

더구나 저지대 섬이나 해안가에 거주하는 사람들은 특별한 홍수나 폭풍은 기후변화와 어떠한 확률적인 관계가 존재한다는 그럴듯하게 다툴 수 있다 – 그러나 교정적 정의의 관점에서, 이 집단은 그 자체의 어려움들을 제시한다(우리가 곧 돌아가야 할 요점이다). 그럴듯하게 남은 것은 미래의 인도인들이 현재와 과거의 미국인에 대해 교정적 정의의 청구를 할 수 있다는 것이다.

물론 성공적인 감축 프로그램은 비록 그들이 첫 번째로 발생하는 피해자가 되는 것을 막거나 그들의 손해의 규모를 줄인다 할지라도 그들에게 피해로 인한 보상을 해주는 것보다는, 미래에 살 많은 사람들에게 혜택을 줄 것이다. 그러한 논쟁은 교정적 정의의 원칙에 의존하지 않는다 – 그것은 과거회귀적이기보다 진보적이다. 그것은 손해를 피하는 것에 대한 염려를 반영한다. 그러나 미래의 사람들에게 위험을 부과하는 행위에 관여할 의무론적 제한(deontological restriction)은 없다 – 실질적으로 모든 행위는 다른 사람에게 위험을 부과하며 몇몇 다른 원칙은 정당화되거나 그렇지 않은 위험한 행동들을 구별할 필요가 있다. 행동들을 금지하거나 높은 피해의 위험을 부과하는 행동들을 제한하거나 다른 행동을 허용하면서, 정부들은 그러한 행위에 대한 복지주의자적 접근법을 일반적으로 취한다.

혹자는 복지주의자의 논리로 감축접근법을 옳다고 할 수 있을지도 모른다; 아마 미래에 사는 사람들을 위한 복지혜택(welfare benefits for people living in the future)은 오늘날 사는 사람들의 복지적 손해를 넘어선다. 그것은 우리는 제8장에서 옹호할 견해이다. 또한 혹자는 사람은 오늘날의 사람들은 미래의 사람들에게 피해를 끼치지 않기 위해 반복지주의적 의무를 가진다고 주장한다. 현재 목적의 요점은 두 논의 모두 미래를 보는 것이다 : 의무는 복지주의이든 반복지주의이든 간에 과거의 행동에 기초로 하지 않는다. 현재 공기 중의 온실가스 축적에 국가의 상대적 기여는 우리가 논의했었던 바와 같이 현재의 온실가스 감축 프로그램의 설계에 대한 관련 고려사항이 되지 않을 것이다. 대조적으로 교정적 정의 논쟁은 미국은 공기 중의 탄소흡수력에 대한 피해 대부분(most damage to the carbon-absorbing capacity of atmosphere)의 원인 제공자이기 때문에 감축 노력의 대부분에 기여해야 한다는 것이다.12)

인과관계 문제 The Causation Problem

교정적 정의는 불법행위가 손해를 발생시킬 것을 필요로 한다. 보통 사람과 사람이 만나는 경우, 이 요건은 그대로 적용된다. 그러나 기후변화의 맥락에서 특히 우리가 특별한 손실을 따뜻해진 기후로 인한 것으로 하려고 할 때에는 인과관계는 중대한 도전을 받는다.

이유를 알기 위해, 바다의 파도에 의해 막혔으나 얼음이 녹았기 때문에 이제 비싼 방파제를 쌓거나 심지어 이사까지 해야 하는 알래스카 마을을 생각해 보자. 혹자는 얼음이 녹지 않았고 지구온난화는 때문이라는 그럴듯한 주장을 할 수 있다. 그러나 그것들이 필요충분조건(necessary and sufficient condition)이었다는 의미에서 , 미국의 온실가스 배출이 빙하가 녹고 침식이 증가한 "원인이었다"라는 것을 보여 주는 것은 불가능할지도 모르고 그들이 그런 것에 기여했다는 것을 보여 주기는 어려울 것이다.

---

12) 말하자면 우리도 역시 미국은 최근 10년 또는 20년 동안 온실가스 배출에 대해 책임을 져야 한다고 생각할 수 있다 ; 그 온실가스의 대부분이 현재 남아 있으므로 구제 방안을 제공할 의무가 있다고 생각할 수 있다.

만일 침식이 확률적으로 볼 때 세계의 온실가스 활동(greenhouse gas activities)의 결과였다면, 이해하기 어려운 복잡한 자연적 현상에 의해 증가하였다는 가능성도 있다.

인과관계 문제(causation problems)는 교정적 정의의 청구들에 대하여 치명적인 것은 아니지만, 그것들을 상당히 약화시킬 수 있다. 불법행위법에서, 법원은 가끔 수 개의 회사들이 피해를 일으킨 경우에는 - 예를 들어, 환경오염 또는 위험한 제품의 그 원인 어디에 있는지가 추적이 될 수 없는 경우 - 시장 점유율(market share)에 따라 책임을 부과하려고 한다.[13] 이 분야에서 개연적 의미로 기후변화와 확률적으로 연관되었을 그들 손해의 일부분으로서 이해되는, "확률적 보상(probabilistic recoveries)"을 피해자가 받아야 한다는 점에서 교정적 정의를 이해하는 것은 그럴듯하게 보일 수 있다. 그러나 교정적 정의에서의 청구를 뒷받침할 충분한 명확성이 있는 통계적 관계가 성립하는지 여부는 명확하지 않다.[14]

비난가능성 문제 The Culpability Problem

철학자들은 교정적 정의가 비난가능성을 요구하는지 여부에 대하여 동의하지 않는다.[15] 고의적이고, 부주의하거나, 또는 과실에 의한 행위는 대개

---

13) Michael Saks and Peter Blank, Justice Improved : The Unrecognized Benefits of Aggregation and Sampling in the Trial of Mass Torts, 44 *Stanford Law Review* 815(1992).

14) 인과관계에 대해서 좀 더 보려면 Posner, supra, n.2를 보라.

15) Stephen R. Perry, Loss, Agency, and Responsibility for Outcomes : Three Conceptions

교정적 정의 요구(corrective justice claim)를 요하는 것으로 생각된다. 몇몇 사람들이 교정적 정의를 근거로 해서 엄격한 책임을 지지하지만, 비난가능성의 수준 또는 정도에 관하여는 분석이 용이해야 할 필요가 있다. 다수의 사람들(피해자까지 포함)과 그들의 행위들은 발생했던 피해를 위해 필요하기 때문에 누가 그 피해를 "야기(caussed)"했는지를 알아내는 것은 몇 가지 비난의 할당(some kind of assignment of blame)과 같은 것이다.[16] 최소한 구제의 사례는 어떤 사람이 결백하게 행동할 때보다 과실 내지 부주의하게 행동할 때 더 크며, 따라서 미국 또는 미국인들이 기후변화에 기여한 것으로 비난받아야 하는지를 따져 보는 것은 의미가 있다. 물론 미국인들이 기후변화에 심각하게 기여함으로써 비난받아 마땅할 태도로 행동 했는지에 대한 부분은 많은 논쟁에서 중요한 점이다.[17]

일반적 부주의 Negligence in General

비난가능성의 가장 약한 기준(weakest standard of culpability)은 부주의(negligence)이다: 부주의로 타인에게 손해를 입힌 자는, 그 손해를 배상해야 한다. 경제학자들은 부주의를 비용에 의해 정당화되는 예방조치를 하지 않은 것(failure to take cost-justified precaution)으로 정의한다. 법학자들은 지역공동체의 기준(community standards)에 호소한다 : 합리적인 사람이 같은

---

of Corrective Justice, in *Tort Theory* 24(Ken Cooper - Stephen and Elaine Gibson, eds., 1993).

16) Matthew D. Adler, Corrective Justice and Liability for Global Warming, 155 *University of Pennsylvania Law Review* 1859(2007).

17) Singer, supra n.1, at 43-9를 보라.

상황에서 가졌을 정도의 주의(level of care that a reasonable person would have in the same circumstance)를 기울이지 않았다면 부주의한 과실(negligent)이 있는 것이다.

오늘날 지구의 기온이 상승하고 있으며 이러한 온난화 추세는 인류활동의 결과(a result of human activity)라는 과학적 합의가 형성되었다. 그러나 합의에 이르기까지는 오랜 시간이 걸렸다. 현 세기에 지구온난화와 온실가스에 관한 최초의 연구는 1950년대에 있었으며, 현대의 합의의 결과는 1990년대 들어서야 나타났다. 과학적 합의가 형성되고 일반에게 널리 알려지게 된 비교적 최근의 현상이 나타나기 전까지는 현재의 법적 기준 하에서, 온실가스 배출 활동은 부주의가 되지 않을 수도 있었다.[18] 오늘날조차도, 언제 그리고 온실가스 배출 활동이 부주의로서의 성격을 가질 수 있는지 여부는 분명하지 않다. 과학적 합의는 특정 활동이 실제로 기후변화에 어느 정도 영향을 미치는지에 대해 부주의를 결정하는 목적에서 비판적인 질문에 대해 답을 하지 않는다. 물론 제1장에서 살펴본 것 같이, 특정 지역에서의 기후변화에 대한 전체적인 비용과 이익에 관하여 활발한 논쟁이 있다. 예를 들어, 뉴욕의 대기업이 다량의 온실가스를 배출한다고 가정할 때 - 이것이 과실에 해당하는가?

---

18) 어떤 주석자는 1990년을 배출활동이 과실로 평가되었던 해로 제안한다. Pan, supra n.1, at 3-7을 보라. 다음 질문을 다음으로 미룬다. 만약 합의가 없다면, 그러나 다수 전문가들이 기후변화는 있을 수 있고 만약 일어난다면 그 피해는 대규모일 것이라고 믿고 있었다. 엄청난 피해가 30%라고 한다면 어떻게 과실이 분석되어야 하는가? 원칙적으로 비용-편익분석은 (만일 줄어든 피해가 예방 조치 비용을 상회하면) 그러한 상황 하에서의 부주의를 발견할 것이다.

배출 감축 비용이 상당할 것이라는 것은 쉽게 상상할 수 있다 ; 또한 배출 감축의 이익이, 감소된 온난화 측면에서, 무에 가깝다는 것도 쉽게 예상할 수 있다(어느 특정 기간 동안에 아주 많이 배출하는 배출자조차도 온난화에 있어서는 미미하다). 우리 모두는 자동차를 부주의하게 운전한다는 의미를 다른 운전자들이나 보행자를 위험하게 한다는 것으로 이해하지만, 지구온난화에 미치는 영향과 그로 인해 인도에 사는 이들에게 손해가 발생하기 때문에, (하이브리드가 아닌?)자동차를 조심스럽게 운전하는 것 자체가 과실이라는 주장은 납득하기 쉽지 않다. 자동차 운행으로 인한 지구온난화의 비용(영향)이 미미하고 자동차 운전으로 인한 운전자 등의 이익은 상당하기 때문이다. 난방, 자동차운전, 냉장고 사용, 비행기 이용 - 이 모든 활동들이 과실인가? 이들에 관련된 배출의 온난화효과가 극미함에도 불구하고?

사실, 과실은 만연해 있다고 답변할 수 있을 것이다. 비록 각각의 이러한 활동들에 의해 야기되는 손해가 작다고 하더라도, 예방에 소요되는 비용 또한 적다.

예를 들어, William Nordhaus가 어떤 추정 하에 계산하였을 때 2010년 최상의 탄소세는 톤당 34달러가 된다.[19] 이러한 계산은 온실가스 배출로 인하여 톤당 탄소를 태우는 외부적 비용(external cost of burning)을 계산한 것을 바탕으로 한다. 우리가 계산한 바에 의하면 이처럼 34달러라는 비용은 추가 10갤런의 가스와 동일하다.[20] 경제학적 태만이론(economic theory of

---

19) William Nordhaus, *A Question of Balance*(2008).

20) Nordhaus, supra n. 19, at 30 ; *EPA, Emission Facts : Average Carbon Dioxide Emissions Resulting from Gasoline and Diesel Fuel*, available at http://epa.gov/oms/climate/420f05001.htm

negligence)을 적용하여 비용정당화 예방 조치를 하지 않은 결과 만약 운전으로부터 얻는 이득이 소비한 갤런당 10센트 이하일 경우에 사람은 걷기보다는 운전할 때 부주의하다는 결론에 이르렀다. 이러한 논의는 운전에 한정된 것이 아니라 편리한 다른 대중교통 수단의 선택과 다른 활동에도 확대해서 적용할 수 있다.

많은 사람들이 이러한 종류의 평가를 바탕으로 자신들의 배출량을 감소시키고 있다. 기후변화에 관심을 갖는 사람들도 온실가스 배출을 하는 자신들의 활동을 전적으로 멈춰야 한다(어려운 임무!)고는 생각하지 않는다. 대신에 자신들의 얻는 이익을 고려하여 비합리적인 배출을 줄여야 한다고 생각한다. 어떤 이들은 더 나아가 탄소상쇄권(carbon offsets)을 구매하는데 현재로선 이러한 활동은 필요 이상이다. 그에 반하여 증대하는 지역사회의 기준이나 규범을 마련하기 위해서라도 도덕적으로 합리적인 온실가스 배출 감축 활동이 요구된다.

설령 이것이 사실이라고 할지라도 이러한 주장에는 문제가 있다. 위의 계산법은 전 세계의 모든 이들이, 최소한 수억 명이 위와 같은 온실가스 배출 감축에 동참한다고 가정하는 것이다. 많은 이들 혹은 대부분의 이들이 탄소세 지불을 않거나 혹은 (우리가 주장하듯이) 탄소세를 지불하지 않고 이와 동일한 효과가 있는 탄소 배출량 감축을 하지 않는다면 이러한 것들을 지키는 미국의 노력의 결과물은 미미할 것이다. 그리고 이러한 경우 탄소 배출 활동을 줄이지 않은 미국인들만의 부주의에 의한 결과라고 하기에는 문제가 있다. 달리 표현한다면 다른 이들이 공공선(public good)을 위해서 충분히 노력하지 않는다면 만약 기여를 하는 사람이 있을지라도 기여를 하지 않는 것이 부주의한 것이 아니라는 것이다.[21] 이것은 "도덕적 공동행위 문제

(moral collective action problem)"이다. 그러나 이것은 도덕적으로 평가받아야 할 것이다. 다른 사람들이 하지 않을 때 자신 역시도 하지 않은 것과 적극적 행위가 그것이 결과적으로 아무런 이득도 발생시키지 않은 것을 부주의라고 할 수는 없는 것이다.

그러나 현재 논점은 도의적으로나 법률적으로나 축적된 대기 중의 온실가스가 미국의 부주의로 인하여 이루어진 것이라고 할 수 없다는 것이다. 대부분의 축적된 온실가스는 사람들이 기후변화 문제를 이해하기 전에 이루어진 것이거나 겨울에 집안 난방을 위하여 활동한 결과라고 할 수 있다. 아마도 그러한 활동은 피해보다 더 좋은 것을 가져왔고, 어떠한 경우에도 지역사회의 관리기준(community standards of care) 이하로 내려가지 않았다.

태만한 정부 Negligent Government?

미국 정부는 어떠한가? 어떤 이들은 미국의 기후변화 정책이 비난받을 정도로 태만하였다고 주장한다. 그 주장은 미국의 이익에는 상반되지만 나머지 모든 국가에 이익을 가져 왔을 예방조치를 이행하지 않음으로써, 미국이 비난받을 행위를 했다는 것이다.

이러한 주장의 첫 번째 문제점은, 우리가 위에서 지적했듯이 나머지 세계에 미국이 쓴 비용보다 더 큰 이득을 가져올 자신만의 일방적 행위를 할

21) Matthew Adler는 Farber의 교정적 정의주장을 비판하면서 이러한 지적을 한다. Farber, supra n.6와 Adler, supra n.16을 보라. 그러나 우리는 교정적 정의가 정부와 정부 간의 청구를 정당화할 수 있다는 Adler의 주장에 동의하지 않는다, 이하 이유에 대해서는 *Ibid.* at 1866을 보라.

수 있었다는 것은 분명하지 않다. 미국의 일방적인 온실가스 배출 감축은 전체 기후변화에 미미한 영향만을 미쳤을 것이다. 적극적 또는 효과적 방법을 동원하였어도 무에 가까울 것이고 또한 기업들이 외국으로 공장을 이전하였어도 그 효과는 무에 가까울 것이다. 교토의정서는 지금 현재 최대 배출국가인 중국에는 어떠한 의무도 지우지 않았고 미국에만 큰 부담을 안겼다. 따라서 설령 미국이 교토의정서를 비준하였다 하더라도 그 효과는 미미하였을 것이다. 이러한 관점에서 미국의 기후변화정책이 태만하였다고 주장하는 것은 현재의 법적 기준(under prevailing legal standards)에서도 무리이다.

또한 알아야 할 사실은 태만에 대해 경제학적으로 이해하였을 때 미국만을 특정하여 비난받을 국가로 볼 수 없다는 것이다. 경제학적으로는 사람들은 그들이 물은 비용이 이득을 초과할 때 태만하다고 한다. 만약에 경제가 제품의 형태나 서비스의 형태로 가치 있는 물건을 제공한다면 이것은 소비자들에게 이익을 제공한다 ; 만약 그렇다면 상대적으로 적은 온실가스를 배출하면, 그런 소비자들은 다른 사람들에 대한 비용보다 더 큰 편익을 누리게 될 것이다.

온실가스의 경제효율(greenhouse gas efficiency of an economy) - 주어진 편익 조건에서 다른 사람들에 대한 비용을 최소한으로 하는 면에서의 - 이 GDP 이상의 배출 비율로 표현될 수 있을 것이다.

우리가 제1장에서 보았듯이, 이러한 수단을 사용하는 가장 비난받을 만한 나라는 잠비아, 벨리제(Belize), 라이베리아이다. 미국은 126번째이다. 그래서 혹자는 수년간 세계 다른 나라에 비교적 적은 비용을 부담시키고 자신들을 위해서 아주 많은 이익을 창출한 미국 사람들을 칭찬할 수 있다. 대신에 만일 효율보다는 1인당 배출량이 효율보다 비난가능성을 평가하는 데 적절한 근거라는 이론에서 1인당 배출량을 본다면, 벨리즈[22], 가이아나[23] 그리고 룩셈부르크가 가장 비난받을 것이며, 미국은 10번째가 된다. 기후협약이 벨리제에게 벌을 주어야 한다는 것이 그럴듯한가? 벨리제의 국민들이 그들 또는 그들의 정부가 온실가스 효율경제(greenhouse gas-efficient economy)를 운용하지 못했다는 이유로 기후협약 하에서 불균형적 부담을 져야 하는가? 교정적 정의의 원칙은 선별적으로 적용될 수 없다. 만일 벨리제가 제재를 당하지 않는다면 미국과 유럽도 제재를 당해서는 안 된다.

더 합리적이고 심각한 최근까지의 미국 정책의 비판은 미국 정부는 기후변화 위험을 심각하게 받아들이지 않는다는 점, 그리고 정부 관리들이 더 잘 알 때 미국 정부는 고의적으로 그 위험을 경시했다는 점, 그리고 미국 정부가 기후협약 협상이 진행될 수 있도록 그들의 외교력을 사용했어야 할 만큼 노력하지 않았다는 점이다.[24] 아마도, 합리적인 대안 가설(reasonable alternative hypothesis)은 미국은 어느 최종적 협약이 다른 나라들보다 그의 이익에 더 부합하도록 하기 위해서 그의 협상력을 이용하였다는 것이다. 그와 같은 흔한 국가의 행위(common state behavior)를 부주의하다고 말하는 것은 억지이다.

---

22) 중미 카리브 해에 면한 나라(역자 주)

23) 남미 동북부의 공화국(역자 주)

24) 그러한 참여를 위한 활발한 논쟁은 Richard Steward와 Jonathan Wiener, *Reconstructing Climate Policy : Beyond Kyoto* 49-53(2003)에서 볼 수 있다.

정부 대 대중 The Government versus the Public

만일 어떤 사람이 미국 정부가 부주의하게 행동했다고 결론을 내린다고 하더라도 이것이 미국 국민이 미국 정부의 실패(government's failure)에 책임을 져야 한다는 것을 의미하지는 않을 것이다. 미국 정부 자체는 구제를 위한 자기 자금을 가지고 있지 않다 ; 정부는 단지 미국 국민들에게 세금을 부과할 수 있을 뿐이다.

그런 세금을 정당화하기 위해서, 혹자는 전 세계의 나머지 나라들에게 그들의 비용보다 훨씬 큰 가치를 줄 수 있는 편익을 주지 않은 정부를 선출하거나 용인함으로써 미국인이 비난받을 만하게 행동했다고 결론을 내려야 한다고 한다.

거기에는 정치제도의 실패를 이유로 그 국민의 구성원을 비난하는 강렬한 욕구가 있다. 몇몇 경우에서는, 그러한 욕구가 정당화되었지만, 다른 경우에서는 그러한 욕구가 저지되었다. 그러한 정책의 마지막 예는 베르사유조약의 전쟁책임조항(the war guilt clause of the Versailles Treaty)이었다. 그 조약은 공식적으로 제1차 세계대전의 책임이 독일에 있다고 하였으며, 독일에게 프랑스 및 다른 나라들에게 엄청난 배상금을 물도록 요구하였다. 독일은 이 조항에 분개하였고, 널리 알려진 사회적 통념(conventional wisdom)에 따르면 이러한 분개가 나치의 등장을 야기했다. 제2차 세계대전이 끝난 후, 이러한 전략은 변동되었다 ; 독일을 제2차 세계대전의 책임국으로 주장하는 것보다, 연합국은 그러한 독일의 정책을 만든 개인이 책임이 있다는 입장을 취하였다 – 이러한 개인들은 뉘른베르크(Nuremberg) 또는 그 밖의 재판소에서 심리를 받았는데 그들은 자신을 방어할 수 있는 기회가 주어졌었다. 집단에서 개인책임으로의 전환(shift from collective to individual responsibility)은 제2차 세계대전의 주요 유산이며, 오늘날에 국가가 아니라 개인을 기소하는 국제범죄 재판의 확산에 반영되었다.

확실히, 아무도 미국 정부 또는 그 시민을 범죄를 저질렀다고 고발할 수 없다 ; 지금까지 "기후유죄" 책임조항("climate guilt" clause)이라는 생각은 표면위로 나타나지 않았다. 그러나 교정적 정의 관점에서 미국 정부가 온실가스 배출과 관련하여 그렇게 하도록 허용한 것에 대해 미국 국민이 비난을 받아야 하는지는 의문으로 남는다. 과도한 온실가스 배출로 인해 미국인 개인을 비난하는 것과 미국 정부가 엄격한 온실가스 감축 정책들을 채택하도록 하지 않은 것에 대해 미국인을 비난하는 것은 전혀 별개의 문제이다. 나쁜 정책을 채택한 정치인들을 뽑은 것이나 또는 좋은 정책을 채택하는 정치인들을 뽑지 않는 것이 아주 극단적이거나 비정상적인 경우를 제외하고는 도덕적으로 잘못된 것이 아니라고 생각하는 것이 맞다. 미국인들이 그들 정부에게 미국에서의 온실가스 배출을 줄이도록 행동하라고 요구했다고 하더라도, 기후변화에 있어서 일방적인 감축의 효과는 매우 작다. 그리고 만일 미국인들이 미국으로 하여금 기후협약에서 앞장서라고 요구하였다고 하더라도, 최근까지 개발도상국들이 자기들 산업에 대한 온실가스 감축에 강하게 반대하고 있는 것을 고려하면, 그러한 조약이 아주 큰 편익을 산출해 냈을 것 같지는 않다.

대략적 정의 Rough Justice

그러나 한눈에 보기에 교정적 정의의 직관력은 기후변화 문제와는 잘

들어맞지 않는 것으로 판명되었다 - 기후변화 문제는 국가 간 분쟁이고, 문제가 되는 활동이 피해를 일으키는 데 매우 오랜 시간이 경과해야 하는 분야이다. 교정적 정의 논쟁은 대충 고쳐질 수 있고 불완전한 세계에서 일종의 대략적 정의에 기초한다는 것을 부정할 수는 없다.[25] 선진국의 모든 국민이 불법행위자는 아니라고 하더라도, 그리고 개발도상국의 모든 국민이 피해자가 아니라고 하더라도, 첫째 그룹의 충분히 많은 국민들이 불법행위자이고 두 번째 그룹의 충분히 많은 국민들이 선진국에서 개발도상국으로 이전되는 피해의 피해자로 보는 것이 정의일 것이다. 죄가 없는 비용지불자들은 아주 많은 다른 사람들의 권리가 정당화될 수 있도록 그들의 권리를 포기해야 한다.

아마도 이 주장은, 조악하지만 배출 감축의 부담을 할당함에 있어서 요인을 제공하기에 충분하다. 불행히도, 결론조차 옹호하기 쉽지 않은 집단적 책임개념(notions of collective responsibility)에 의존한다. 교정적 정의 논쟁의 매력의 대부분은 한정적 재분배, 복지주의자의 가정, 또는 정밀조사에서 살아남기 힘든 집단주의자의 사고습관(collectivist habits of thinking)으로부터 유래한다.

이러한 경향에서 또 다른 주장은 사람들이 그들의 나라가 이룩한 성취에 자부심을 가지고 있기 때문에 실패에 대해서도 책임을 져야 한다는 것이

---

25) Cf. Adrian Vermeule, Reparations As Rough Justice 15, University of Chicago Law School, Hohn M. Law and Economics Working Paper No.260 ; University of Chicago Law School, Public Law and Legal Theory Working Paper No.105, available at http://www.law.uchicago.edu/law-pdf/law-econ/260.pdf(대략적 정의는 배상을 위한 가장 좋은 정당화 논거일 것이라고 설명하고 있다.)

다.[26] 미국이 번영과 자유에 기여한 것에 자부심을 가지는 미국인은 미국이 지구온난화에 기여한 것에 대해서도 책임을 져야 한다. 그러나 이 주장은 특별히 약하다. 많은 사람들은 스스로가 매력적이거나 똑똑하거나 메이플라워호에서 자신의 혈통을 찾거나, 야구 우승팀의 연고지에 산다는 것에 자랑스러워하지만 어떤 분류에서건 이러한 심리적 사실들이 도덕적 의무를 수반하는 것은 아니다. 미국인임을 자랑스러워하는 사람은 위대한 일을 성취한 다른 미국인과의 연합으로 복지를 이끌어 냈을 때 더욱 자랑스러워야 하고 나쁜 일을 한 미국인과 연합하지 않았을 때는 덜 자랑스러워야 할 것이다. 그는 다른 미국인이 한 잘못을 바로잡기 위해 자신의 애국적 자부심으로부터 연유된 어떤 도덕적 의무도 없다.

교정적 정의 축적하기
Corrective Justice Taking stock

이 장에서, 앞에서와 마찬가지로 우리는 - 가난한 자에게 부를 재분배하고 불법행위의 피해자는 구제받아야 한다는 - 도덕원칙의 기초를 이루는 논쟁의 목적을 받아들인다. 앞의 장에서는 - 기후협약이 부를 재분배하는 좋은 방법이 아니다 - 라는 주장을 했지만 여기서 우리는 교정적 정의의 원칙들이 모든 기후변화 문제에 적절한지의 여부에 대해 의문을 제기한다. 그러므로

26) Cf. Jacob T. Levy, *The Multiculturalism of Fear* 242(2000). Levy는 그러한 국민들은 국가의 실패에 대해 수치심을 느껴야 하고, 정확히는 아니지만 그들은 도덕적 의무를 가져야 한다고 주장한다. 그러나 후자의 시각은 다수 사람들의 직관력을 반영하는 것으로 보인다.

우리의 결론은 더 강하다. (가망은 없지만) 기후협약이 부를 재분배하는 좋은 방법으로 판명 나는 것을 생각해 볼 수는 있는 반면, 기후협약이 교정적 정의의 문제를 적절하게 다루는 것은 생각하기 어렵다 - 물론, 대략적 정의 논쟁에 대한 미심쩍은 전제가 받아들여지지 않는 한에서는 그렇다.

많은 개발도상국들에게는, 부유한 국가들의 기후문제에 대한 기여는 제국주의 국가가 식민지에서 행한 약탈 행위들, 불공정한 무역 관계, 주권에 대한 간섭, 생명을 구할 유용한 의약품을 사용하는 것에 대한 냉담한 거부나 적절한 대외 원조를 하는 것 등 여러 불만들 중 단지 하나일 뿐이다. 이런 불만들 중 일부는 장점을 가지지만, 다른 것은 그렇지 않다. 국가 간의 관계에서는 특별한 세부 사항에 많이 좌우되므로, 불법행위에 부유한 나라들과 피해를 입는 가난한 나라들을 하나로 묶는 것은 그다지 의미가 없다. 일부 국가가 다른 국가에 대해 합당한 불만들이 있는 한도에서는, 이런 불만들은 원래의 가해자와 피해자를 포함하고 보상, 지원, 또는 당초의 잘못에 적합한 사죄를 결정하는 국가 대 국가의 협상으로 다뤄질 수 있다. 이러한 복잡한 문제가 전 지구적인 기후협약에서 다룰 수 있다는 생각은 현실적이지 못하고, 먼저 해결될 필요가 있는 심각한 의견 차이를 고려하지 않는다.

당분간은, 선진국이 이러한 불만을 거의 알지 못하고 있고, 이러한 불만을 다루기 위해 행동을 거의 하지 않았다는 것을 보는 것으로 충분할 것이다. 만약 개도국들이 부유한 국가가 받아들일 수 없는 개도국의 축적된 불만을 처리할 수 있는 기후협약을 믿어 기후협약이 실효된다면 그 결과는 끔찍할 것이다. 개도국들은 이러한 실패에 있어서 가장 많이 고통을 겪을 것이다. 국제적 관계에서, 국내 정치처럼, 만약 참여자들이 다른 전면에 있는 그들의 논쟁을 밀어놓는다면, 진전은 전면적으로 만들어질 수 있다.

제6장

평등과 1인당 배출권에 반하는 사례
Equality and the Case against Per Capita Permits

우리는 많은 사람들이 기후변화 문제는 국제 탄소 배출권거래제(international cap-and-trade system)로 다루어질 수 있다고 믿고 있다는 점을 지적했다. 이러한 접근 하에서, 참여국과 전 세계 국가들은 온실가스 배출에 있어서 '상한(cap)'을 만들 것이다. 국가들은 구체적인 배출권을 할당받을 것이고 이러한 배출권은 현금으로 거래될 수 있을 것이다. 비록 많은 경제학자들이 탄소세(carbon tax)를 선호하지만, 이러한 종류의 시스템은 적절하고 더 정치적으로 실현가능해 보인다.

그러나 이것만으로는, 탄소 배출권거래제는 결정적인 물음에 대답하지 못하고 있다. 어떻게 배출권이 할당되어야 할 것인가? 국가 전체에서의 현 상태가 적절한 기준을 제공할 것이라고 제안하는 것은 매력적으로 보인다. 이러한 시각에서는 현재의 배출 수준으로 배출량이 동결될 것이고, 이에 따라 모든 나라는 현재의 배출량만큼의 배출권을 갖게 된다. 좀 더 공격적인 시각에서는, 교토의정서에서 대부분의 서명국은 배출량을 특정 %까지 낮춰야 하고, 감축의 토대를 위해 다시 현 상태를 유지해야 한다. 현 상태는 직관적 호소력(intuitive appeal)을 가지고 있는 것처럼 보이지만 이것은 다소 자의적이고, 형평성의 관점에서 심각한 문제를 불러일으킨다. 왜 기후변화 정책은 현재 배출량을 유지해야 하는가. 그리고 현재 에너지 사용 규모에 있어서 주어진 정책 목적인가? 단순히 현재 세 나라의 배출량이 대략 동일하기 때문에 3억의 인구를 가진 나라에 10억 또는 4천만 인구를 가진 나라와 같은 배출권(same emission rights)이 주어져야 하는가?

이러한 질문들을 하면서 많은 전문가들은 배출권 할당에 관한 국제협정은 현재의 배출량이 아니라 인구수에 의해 할당되어야 한다고 강력히 주장한다.[1] 직관적 통찰은 공기는 모든 인류의 공유자원(common resources)이고, 지구상 모든 사람은 그것을 사용할 동일한 권리를 가진다는 것이다 ; 사람들이 자국의 현재 배출률이 높다는 사실을 아는지 여부는 문제가 되지 않는다. 이러한 직관적 판단은 – 평등하거나 평등한 분배와 같은 – 공정성 형태의 약속을 반영한다. 특히 개발도상국의 복지에 대해 걱정하는 사람들은 배출권의 1인당 할당량에 대해 관심이 있다.[2] 동일한 인구수를 가진 부유한 나라가 더 많은 배출이 허용되는 때, 왜 많은 인구를 가진 가난한 나라는 현재 배출 수준과 매우 가까운 수준에 고정되어야 하는가? 그들은 현재의 배출이 반영된 것과 같은 범위 내에서 현재의 부의 재분배가 왜 기후변화 정책의 기초가 되어야 하는가? 더 직설적으로 말하면 ; 중국과 인도는 둘

---

1) 이러한 접근법에 대해 주장하는 저자는 많다. 조금만 예를 들면, National Development and Reform Commission, People's Republic of China, China's National Climate Change Programme 58(June 2007) ; Anil Agarwal and S. Narain, *Global Warming in an Unequal World: A Case of Environmental Colonialism*(1991) ; Tom Athanasiou and Paul Baer, *Dead Heat: Global Justice and Global Warming*(2002) ; Donald Brown, American Heat: Ethical Problems with the United States' Response to Global Warming 214(2002) 등을 보라.

2) 예를 들면, National Development and Reform Commission, supra n.1 ; Frankel, supra n.1 ; Altamirano-Cabrera and Finus, supra n.1을 보라.

다 미국보다 훨씬 더 인구가 많으나, 왜 미국은 중국과 같거나 인도보다 낮은 배출권을 가져야 하는가?

이 논쟁의 중요성은 과장될 수 없다. 특히 주목할 것은 1인당 접근법은 인도, 중국 그리고 130개국의 다른 나라들과 유럽연합을 포함하는[3] "선진국과 개발도상국 모두 늘어나는 지지자들에게 장기 할당에 대한 어떤 특별한 세계적 방식(any specific global formula)에 대하여 정치적으로 중요한 경쟁자[4]"로 묘사된다.

그러나 미국은 1인당 체계(per capita system)에 대한 불만을 나타냈다. 미국은 산업 강국이거나 곧 산업 강국으로 발전할 중국, 인도와 브라질을 포함한 개발도상국은 기후협약에서의 상당히 완화된 의무를 받아들여야 한다고 주장하면서 말이다. 우리는 1인당 체제가 1인당 기준에 있어 주된 온실가스 배출국 중 하나인 미국의 요구를 만족시킬 것이라고 보지는 않는다. 반면, 1인당 접근법은 크게 의심이 없었기 때문에 배출권의 분배에 대해서는 지배적인 정치와 윤리적 패러다임이 존재한다.

이 장에서 우리의 목적은 원칙과 실현가능성(principle and feasibility)의 두 측면에서 1인당 체계를 검토하는 것이다. 우리의 검토는 현재의 두드러짐과 통속성(current prominence and popularity)은 고려하지 말 것을 제안한다. 1인당 접근법의 지지자들은 한 가지 점에서는 타당하다. 원칙적으로 기존의 배출 수준에서 배출권의 근거를 지우는 것은 설득력이 없다. 이 방법의 가장 그럴듯한 변명은 실용적이라는 것이다. 국가들은 그들이 상당한 순 손실자

---

3) Roberts and Parks, supra n.1, at 144.

4) Michael Grubb, et al., *Sharing the Burden, in Confronting Climate Change: Risks, Implications and Responses* 270(Irving M. Mintzer, ed., 1992).

(significant net losers)가 될 경우, 국제협약에 서명할 것 같지 않다. 그리고 부유한 나라들은 감축에 대한 기준으로서 현재의 배출권을 사용하지 않는 어떤 접근법으로든지 상당히 많은 손실을 볼 수 있다. 그러나 이 실용적인 점은 강대국들이 원칙적으로 더 나은 거부권을 행사할 수 있다는 것만을 보여 준다 ; 그런 나라들이 그렇게 하는 것이 옳은지는 보여 주지 않는다. 규범적으로 보면 1인당 배출을 기초로 한 접근법은 현재 배출량을 기초로 한 것을 선호하는 것처럼 보이고 그러한 접근법 대신에 복지주의와 다른 주장에 근거한 강력한 직관적 주장이 있다.

그러나 우리는 다시 살펴보겠지만, 1인당 접근법은 강한 반대에 부딪힌다. 이 반대 의견 중 몇몇은 우리가 제4장에서 보았던 분배적 정의에 대한 논쟁과 유사하다 ; 다른 논의는 새로운 것이다. 제4장에서 논쟁한 바와 같이, 새로운 다각적 대외 원조 프로그램으로 기후협약을 구속할 분배적 정의의 근거는 이유가 없다. 그 대신에 재분배는 가능한 한 최선의 방법으로 이루어져야 한다. 복잡한 것을 고려하면, 기후협약은 그 방법의 하나로 될 가능성이 없다. 같은 이유에서 배출권의 1인당 할당(per capita allocation of permits)은 분배적 근거가 필요하지 않다. 특히 배출권 할당은 필연적으로 사람이 아닌 정부에게 갈 것이다. 기후협약에서 정부에게 관련된 지불을 할 윤리적 이유는 없다 ; 대신에 그러한 지불은 분배적 의무를 충족시키는 다른 방법들과 비교되어야 한다.

비록 우리가 기후협약 내에 분배적 고려(distributive concerns)를 포함하더라도 - 배출권제도의 발명이 그 제도가 없으면 일어날 수 없는 이전(transfers)을 허용하는 독특한 사건이라고 말하자면 - 1인당 할당은 그렇게 하기에 불충분한 방법이다. 비록 1인당 배출과 부 사이의 상관관계가 있을지라도 몇몇 부유한 나라들은 낮은 1인당 배출권을 가지고 있고, 몇몇 가난한 나라들은 높은 1인당 배출권을 가진다. 많은 가난한 나라들은 피해를 입을 것이고, 어쩌면 가혹할 수 있다. 더욱이 어떤 배출 감축 협정은 국가에 따라 크게 변하는 비용-편익의 이질적인 배열을 강요할 것이다 ; 1인당 배출권은 기후협약으로부터의 혜택의 다양성을 고려하지 못한다.

국제적 재분배의 관점에서 - 복지나 공정의 관점에서 정당화 근거가 되는 - 좀 더 직접적으로 핵심 목표에 초점을 맞춘 다른 접근법들이 더 좋을 수 있다.

많은 사람들은 분배적 정의에 기해서가 아니라, 간단하고 공평에 대한 그럴듯한 호소의 관점에서 1인당 접근법을 지지한다.[5] 대기의 탄소흡수력(atmosphere's carbon-absorbing features)은 자연스럽게 공공재(common resources)로 생각된다. 아마도 공공재는 사람들은 평등한 기회에 대한 권리와 평등한 인간의 존엄성에 대한 권리를 향유해야 한다는 근거에서 전 세계 사람들에게 분배되어야 한다. 사실은 공해(high sea)에서 발견된 광물자원에 대해서 같은 유형의 논쟁이 있었다 : 어떤 특정 국가도 이러한 광물자원을 소유하지 않기 때문에 1인당을 기초로 광물자원은 분배되어야 한다.[6] 그리고 주권의 제한을 고려하면, 자원은 개인 간에 직접적으로 나누어지기보다는 그들 나라의 세계 인구 점유율을 감안하여, 국가의 정부에 주어져야 한다. 우리는 공공재와의 비유가 커다란 논점 회피라는 점을 주장하고자 한다.

---

5) 예를 들면, Grubb, supra n.3 ; Singer, supra n.1을 보라.

6) 해양협약법(the Law of Sea Convention)은 그러한 자원은 "균등하게" 배분되어야 한다고 규정하고 있다 ; 그러나 "균등하게"라는 문구는 다양한 의미를 가지는 바, 정의되지 않고 있다. United Nations Convention on the Law of the Sea, Art.140을 보라.

또한 우리는 1인당 접근법에 대한 복지 관련 그리고 실용적인 문제를 연구할 것이다. 이러한 연구에는 장래의 국제 조약과 인구 성장에 관한 인센티브 효과도 포함된다. 만연하는 문제는 실현가능성을 포함한다. 기후변화 문제는 거의 모든 큰 기여자를 포함한 국제적 동의(international agreement) 없이 성공적으로 다루어질 수 없다. 1인당 할당은 미국과 같은 부유한 나라들에서 나온 수천 억 달러를 개도국으로 재분배하는 효과를 가질 것이다. 이러한 이유로, 1인당 할당의 주장은 효과적인 기후변화 협정이 될 것이다. 우리는 실용적 제약과 원칙의 기초를 이루는 질문들의 관계에 대해 언급하는 짧은 개요를 제공한다.

우리의 결론은 복지주의자의 관점에서는 1인당 접근법은 고작 불완전한 차선책이라는 점과, 이러한 방식은 실현가능성의 관점에서 결정적인 반대에 직면할 것이라는 점이다. 이러한 접근방식에 대한 주장은 기후변화와 관련된 위험을 줄이기 위한 국제적 노력이 될 것이다. 나아가, 공평한 분배의 원칙과 재산권과의 유사점은 별로 매력과 설득력이 없다.

1인당 배출권 체계의 효과
The Effects of a Per Capita Permit System

허가권의 1인당 분배가 기후변화의 도덕적 이론에 의해서 요구되는지 여부를 따지기 전에, 이것의 효과를 따져봐야 한다. 제1장에서 언급했듯이, 1인당 배출량은 부에 따라 늘어난다. 그러므로 일반적인 문제로서 배출권의 1인당 분배는 소득을 부유한 나라로부터 가난한 나라로 재분배할 것이다. 현재의 분배와 비교하면 어림잡은 계산이 보여 주듯, 1인당 분배를 할 경우 미국은 1년에 수천억 달러를 잃게 된다.[7] 중국은 지금 평균 정도의 1인당 배출량을 가지고 있어 현재의 배출량과 비례하여 이득이나 손해를 보지 않을 것이다. 인도는 1인당 아주 낮은 정도의 배출량을 가지고 있어서 앞으로 큰 이익을 얻게 될 것이다. 말레이시아, 파푸아뉴기니, 잠비아, 인도네시아, 브라질과 같은 많은 가난하거나 매우 가난한 나라들은 높은 1인당 배출량을 가지고 있어 큰 손실에 직면할 것이다.

표 6.1은 2000년 6가지 교토체제 온실가스의 1인당 배출량과 토지 이용 변화로 순위를 매긴 나라들의 목록이다. (불행히도, 토지 이용 변화의 더 최신 자료는 가지고 있지 않다. 특히 중국의 2000년 자료는 뒤떨어진 자료이고, 괄호 안에 토지 이용 변화가 제외되어 있다.) 상위 13개국, 중간 순위인 몇몇 주요 배출국, 1인당 배출량이 가장 적은 국가를 포함하였다. 세계 배출량의 평균은 1인당 5.5톤이고, 따라서 이를 넘는 국가는 세계시장에서 추가적인 배출권을 구입해야 한다. 국가의 순수한 유입(net inflow)이나 유출의 대략적인 계산은 1인당 배출량(1인당 5.5톤)과 세계 평균의 차이이고, 배출권 가격과 해당국의 인구로 곱해진다.[8] 예를 들면 현재 미국 국민의 1명이 1년에 이산화탄소 22.8톤을 배출하기 때문에 실제로 1명의 사람은 대략 17톤의 배

---

7) 현재 상태의 접근법에 의하면, 미국은 배출권의 20%를 할당받게 된다. 1인당 접근법에 의하면, 미국은 배출권의 5%를 할당받게 된다(전 세계 인구의 미국 점유율). 이산화탄소 톤당 가격을 25달러(현재 EU의 시가)이고 1년당 300억 톤의 배출권이 공급된다고 가정하면(현재 대략의 전 세계 비율), 현 상태 접근법(60억 톤)으로부터 1인당 접근법(15억 톤)으로 옮기면 미국은 연당 1,125억 달러의 비용의 지불해야 한다. 이것이 대강의 양을 알아보려는 어림계산이다.

8) 나라들은 그들의 1인당 배출량을 줄이기 때문에 순유출 수량은 매우 높다. 한편, 만일 1인당 배출량이 증가한다면 말하자면 경제성장 때문에 그 수량은 매우 높다.

출권을 구입해야 한다. 만약 배출권의 가격이 50달러라고 하면, 미국에 3억의 인구가 있으므로 미국으로부터 다른 나라로의 총 유출량은 1년에 2,550억 달러이다. 브라질의 유출량은 1년에 750억 달러이다.

두 번째 중요한 점은 온실가스의 축적을 안정화시키는 것을 선호하는 사람은 결국 대략적으로 동일한 1인당 배출권으로 가는 것을 선호한다는 점이다.

표 6.1. 2000년 1인당 배출량, 교토체제의 6개의 온실가스와 토지 이용으로 인한 변동 (Per Capita Emission in 2000, Six Kyoto Gases Plus Land Use Change)

Rank	*Country*	*Tons Co_2 Per Person*	*Population (thousands)*
1	Belize	93.5	292
	Qatar	53.5	796
2	Guyana	53.2	739
3	United Arab Emirates	38.4	4,104
4	Malaysia	36.6	25,653
5	Papua New Guinea	28.9	6,070
6	Kuwait	28.4	2,535
7	Australia	26.5	20,400
8	Antigua and Barbuda	25.3	83
9	Bahrain	25.2	725
10	Zambia	24.9	11,478
11	Canada	22.8	32,312
12	United States		296,507
13			
…			
24	Indonesia	14.9	220,558
32	Russia	13.4	143,150
34	Rrazil	13.3	186,831
47	United Kingdom	10.7	60,226
120	China	3.8(5.5 in 2005)	1,304,500
…			

162			
163	Pakistan	1.7	155,772
164	Kyrgyzstan	1.7	5,144
165	Mozambique	1.6	20,533
166	Yemen	1.6	21,096
167	Rwanda	1.6	9,234
168	Tajikistan	1.5	6,550
169	India	1.5	1,094,583
170	Burundi	1.5	7,859
171	Swaziland	1.5	1,131
172	Lesotho	1.4	1,981
	Eritrea	1.4	4,527

집중화 현상을 안정시키기 위해서 결국 배출량이 매우 낮아져야 한다. 집중화 현상을 적정한 수준으로 만들기 위해서는 이러한 배출량 감소가 비교적 빠르게 이루어져야 한다. 한 번 배출량이 감소하게 되면 1인당 배출량 차이가 많이 사라진다 ; 만약에 모든 이들이 0에 가깝다면, 모든 이들의 1인당 배출량은 거의 동일할 것이다. 따라서 1인당 배출량에 관한 논쟁은 세계가 얼마나 빨리 균등한 1인당 배출량(equal per capita emissions)으로 옮겨가느냐에 대한 논쟁이다. 그렇다고 하여서 중요하지 않다는 것이 아니다. 균등한 배출량에 도달하는 시간을 30년으로 잡느냐 혹은 40년으로 잡느냐에 따라서 수조 원의 이전 비용과 관련되기 때문이다. 그럼에도 불구하고, 적어도 온실가스 집중화를 안정시키려는 자들 사이에서는 이것은 인식하는 것은 매우 중요하다. 그러나 이러한 논의의 핵심은 그것이 현실 가능한지를 논의하는 것이라기보다 얼마나 빠르게 1인당 배출량을 동등하게 맞추느냐에 있는 것이다.

다수의 관련 해설가들은 이러한 1인당 배출량 전환에 대해서 점진적인 접근이 방해 요소를 줄일 수 있을 것이라고 한다. 그들은 이러한 접근법을 "단축과 집중(contraction and convergence)"이라 칭한다. 이러한 해설자들은 실제로 균등한 1인당 배출량에 찬성하는 것으로 보이나 실질적으로는 그러하지 않다. 균등한 1인당 배출량은 낮은 세계 배출이 있어야만 가능한 것이다. 그러나 이들은 느린 전환 방법을 선호하기 때문에 사실상 1인당 배출량 할당의 가장 중요한 효과만을 반대하는 것이다.

1인당 배출량 할당에 대한 세 번째 중요한 효과는 균등한 기초에 기하여 조약의 순 효과가 할당되는 것이 아니라는 것이다. 모든 이들에게 비용은 균등하게 배당되지만 그 조약의 이득은 균등하지 않다. 제1장에서 보았듯이 배출량 감축에 따른 이득은 서로 다르다. 해수면 상승, 기후패턴의 변화, 농업에 대한 의존도, 지하자원의 소재, 질병에 대한 감염도(susceptibility of disease) 그리고 이웃 국가로부터의 난민 가능성(likelihood of refugee from neighboring states) 등과 같은 요소에 따라서 그 이득의 정도가 달라지는 것이다. 따라서 1인당 배출량 할당 하에서의 이득은 균등하지 않을 것이다.

예를 들면 태국, 루마니아 그리고 자메이카가 모두 2000년도에 대략 균등한 1인당 배출량을 가지고 있고 이것이 세계 평균이다. 만약 그들의 배출량이 균등한 정도에서 멈춘다면 배출 할당 허가에 따른 유입 혹은 유출은 차이가 없을 것이다. 적어도 초기년도에는 말이다.

그러나 이러한 나라들은 기후변화로부터 매우 다른 영향을 받을 것이다. 자메이카는 대서양에서 허리케인 강도의 변화에 노출될 것이다. 태국은 농업 방식의 변화(changes in agriculture patterns)를 직면하게 될 것이다. 두 나라는 모두 해수면 변화에 노출되어 있지만 루마니아는 아니다. 1인당 할당이 함께 하는 기후협약의 순효과는 이 나라들 사이에서 확연히 다를 것이다.

파푸아뉴기니와 쿠웨이트(두 나라 모두 세계에서 가장 높음) – 이 두 나라는 1인당 배출량이 거의 유사하다 – 또는 아프가니스탄과 베트남(두 나라는 아주 배출량 낮음), 또는 다른 나라들 사이에서 유사한 비교가 가능하다. 기후협약이 평등을 지향해야 한다고 하는 주장에 의하면, 배출권 분배가 이루어지는 한에서는 1인당 할당은 이 목표를 달성하지 못할 것이다.

복지국가주의자 관점에서 본 이론상 1인당 접근법
The Per Capita Approach in Principle from a Welfarist perspective

1인당 접근법 사례
The Case for the Per Capita Approach

기후협약 논의에서, 1인당 접근법 옹호자들은 이 방법이 가능한 대안적인 방법들, 이를테면 현 상태 접근법(status quo approach)같은 것보다 더 공정하다고 주장한다. 이러한 주장은 특히 이러한 질문이 제기되는 개발도상국에서 중요하다 : 왜 부유한 나라들은 그들의 현재 배출권에 대한 권리가 주어져야 하는가? 이러한 질문은 공정함의 하나로 보이며, 우리는 적절한 때에 이것을 다룰 것이다. 그러나 이 질문은 또한 그럴듯한 복지주의자의 주장으로 해석될 수 있다. 즉 1인당 접근법이 다른 상상 가능한 대안에 비해 더 사회적 복지를 증가시킨다는 효과로 해석될 수 있다는 것이다. 복지주의자들의 주장과 같이 시작하는 것은 이치에 맞다. 이들의 주장은 어떤 면으로는 더 다루기 쉽고 또한 공정성이라는 질문에 빛을 비추어 줄 것이다.

복지주의자들은 두 가지에 대해 관심을 가진다 : 파이의 크기를 극대화하는 것과 그것을 공평하게 배분하는 것. 파이가 커지면 커질수록, 모든 사람이 더 많이 소비할 수 있고 그리고 다른 것이 균등하면 복지는 소비와 함께 상승해야 한다.[9] 동시에 대부분의 복지주의자들은 추가적 재화에 의하여 얻어진 복지 또는 효용은 줄어든다고 믿는다.[10] 만일 당신이 사과를 가지고 있지 않다면, 하나의 사과를 위해서 많은 돈을 지불할 용의가 있을 것이다. 만일 당신이 10개의 사과를 가지고 있다면 11번째 사과를 위해서는 훨씬 적은 돈을 지불하거나 전혀 지불하지 않으려고 할 것이다. 따라서 전체 파이가 한 사람에게만 주어진다면, 사회복지는 극대화되지 않을 것이다. 이상적으로 파이는 가장 커야 하며 그리고 그 하나의 사회 구성원에게 각각 주어지는 파이는 공정하게 배분되어야 한다 - 그러나 파이의 크기를 줄일 수 있는 차별적인 가정만은 하지 않는다. 차별적인 효과가 적으면, 복지주의자들이 부유한 국가로부터 가난한 나라들에게 또는 적어도 부유한 나라와 가난한 나라들에 있는 부자들로부터 부유한 나라와 가난한 나라에 살고 있는 가난한 사람들에게 자원을 재분배하자고 주장하리라는 것을 우리는 쉽게 알 수 있다.

배출권 할당의 패턴은 파이의 크기에 영향을 미쳐서는 안 된다는 주장이 있다. 그 이유는 배출권 거래제는 얼마나 배출권이 할당되는지에 관계없이 개인과 정부에게 온실가스 배출을 최소화하도록 하는 인센티브를 준다는 것이다. 오염자(polluter)가 배출권을 가지고 있든 그것을 사야 하든 관계없이, 배출 감축이 배출권 가격보다 작은 가격으로 가능하다면, 오염자들은 배출을 줄일 것이다. 만일 배출 감축 비용이 배출권 가격보다 높다면 그 오염자들

9) 우리는 행복과 수입 간의 관계에 대한 몇몇 어려운 문제는 미루어 놓을 것이다. Robert Frank, Luxury Fever(1992) ; Richard Layard, Happiness(2004)를 보라.

10) Matthew Adler and Eric A. Posner, New Foundations for Cost-Benefit Analysis(2005).

은 배출권을 살 것이다. 효율성은 한계감축 비용(marginal abatement costs)이 전체 오염자들에게 균등할 것을 요구한다 ; 이것은 처음에 얼마의 배출권이 배분되었는가에 관계없이 일어난다. 다시 말하면, 최적의 인센티브는 그것이 어떻게 분배되느냐가 아니라 배출권의 수량(quantity of permits)에 의해서 결정된다. 결정권자들이 올바른 수량을 결정하는 한 파이의 크기는 최대가 될 것이다. 우리는 이것을 사후 효율성(ex post efficiency)으로 생각한다. 이것은 배출권이 분배되면, 배출권 할당의 효율성 효과에 집중한다는 의미이다.

따라서 다른 배출권 할당구조의 복지효과는 그것들의 분배적 효과(distributional effects)에 좌우된다 ; 다른 조건이 같다면, 가난한 자들에게 분배하는 것이 복지를 증가시키게 된다. 1인당 접근법은 매력적인 복지 효과 때문에 매력적인 분배적 효과를 가지는 것처럼 보일 것이다. 적게 배출하는 나라들이 더 가난하다는 정도까지는 1인당 접근법은 가난한 사람들을 도울 것이며, 그리고 가난한 사람들이 1달러당 한계유용성(marginal utility)이 가장 크기 때문에 가난한 사람을 돕는 것은 세계의 복지를 최대화할 것이다. 분명히 현 상태 접근법과 비교해 보면 1인당 분배는 복지주의적 근거에 의해 지지될 수 있다 ; 한눈에 보면, 그들은 진보를 위한 올바른 길로 보여진다. 한쪽에는 미국을 그리고 다른 쪽에는 인도와 많은 아프리카 나라들을 두는 것이 중요하다. 왜냐하면 비교해 보면 전자는 부자이고 후자는 가난하기 때문이다.

1인당 접근법이 미국으로 하여금 인도와 많은 아프리카 국가에게 수천억 달러를 주도록 요구하는 한, 복지주의적 근거에서는 바람직한 것으로 보일 것이다.

반대와 고려 Objection and Concerns

분배 Distribution

분배적 이유로 1인당 배출권이 할당되어야 한다는 주장은 우리가 제4장에서의 논의한 것과 같은 문제인 바, 그것은 분배적 이유와 기후변화 사이의 일반적인 관련을 고려한다. 배출권의 1인당 할당은 보조금과 함께하는 효율적인 기후협약과 흡사하다. 우리가 토론한 바와 같이, 기후변화협약과 가난한 사람들에게 분배 의무를 이행하도록 설계된 정책을 연결할 이유는 없다.

실제로 그렇게 하지 않는 좋은 이유가 있다 ; 두 문제 모두 매우 어렵고 복잡하다는 것을 고려해 볼 때, 두 가지를 동시에 실행하려고 하면 둘 다 잡을 기회는 줄어든다. 이 우려는 1인당 배출권 할당의 경우에 특정한 작용에 적용된다. 국가는 어떤 조약에서건 협상당사자가 되므로, 국민이 아닌, 정부가 당연히 배출권을 받을 것이다. 심지어 매우 민주적인 정부들도 그들의 모든 국민을 완전히 대표하지는 않을 것이고, 대부분의 정부들은 그보다 훨씬 덜 대표적이다. 거의 모든 가난한 국가에는 부유한 엘리트 집단이 있고, 이런 부유한 엘리트들은 대개 정부를 조정하거나 상당한 영향력을 가지고 있다. 이러한 국가의 정부들이 이미 엘리트로부터 빈곤층에 부를 재분배하는 데 있어 열성이 없다는 점을 고려하면, 배출권 제도(permit scheme)에 의해 발생한 부를 빈곤층을 돕는 데 사용할 것인지 여부는 의문의 여지가 있다. 빈곤층에 재분배하는 방법으로, 저배출국가들(low-emitting nations) 정부에 배출권을 할당하는 정책은 특히 잘못 설계된 것 같다.

두 번째 문제는 (가난한 나라의 정부가 그들의 국민을 대표한다고 가정하더라도) 1인당 배출권 할당이 별로 가난한 사람들을 목표로 하지 않는다는 것이다. 1인당 방식에서, 배출권은 기후변화의 승자와 패자들(climate change winners and losers) 모두에게 배분된다. 위에서 언급한 바와 같이, 기후변화의 결과로 인해 몇몇 가난한 국가는 더욱 가난해질 것이다 ; 다른 국가들은 덜 취약하다. 몇몇 부유한 국가들은 기후변화로 인한 심각한 악영향(serious adverse effects)에 직면할 것이다 ; 다른 국가들은 덜 취약하다. 몇몇 가난한 국가들과 몇몇 부유한 국가는 기후변화로 인해 심지어 순 이득자(net gainers)조차 될 수도 있다. 이상적으로는 배출권은 이런 결과를 감안하여 분배되어야 함에도 1인당 접근법은 그것을 고려하지 않았다. 만약 분배가 우리의 관심사라면, 어째서 같은 인구의 가난한 두 나라가 한쪽은 이득을 많이 얻고, 다른 쪽은 조금 얻는 계획으로부터 - 또는 한쪽은 많이 이득을 얻고, 다른 쪽은 실제로 손해를 보는 계획으로부터 - 같은 수의 배출권을 받아야 하는가?

요점은 1인당 접근법의 직관적인 매력이 분배적 효과를 가지는 모든 정책들을 포함하여 기후협약의 모든 효과 및 분배적 효과를 가지는 세계적인 정책으로부터 독립된 관점에 의존한다는 점이다. 우리가 이러한 요소들을 고려하면 1인당 접근법은 아주 덜 매력적인 것으로 나타나고, 그럴싸한 가정하에서는 언뜻 1인당 접근법을 정당화하는 바로 그 고려사항들의 관점으로부터 방어할 수 없는 것으로 나타난다.

우리는 실제 사안에서, 이러한 결점이 1인당 접근법에 반드시 치명적인 것은 아니라는 데 동의한다. 모든 것은 대안에 따라 달라진다. 혹자는 답변으로 1인당 접근법이 이상적인 것이 아니고 그것이 가장 가능한 대안 - 이를테면, 현 상태의 에너지 소비(status quo energy consumption)를 기준치로서 사용하고, 부유하고 낭비가 많은 나라에서 사는 것을 좋아하는 것 - 보다는 낫다고 주장이 가능하다. 어쩌면 이 답변이 옳을 것이다. 그러나 그것은 근본적 문제를 인정하여야 하는 바, 1인당 방식이 기초를 이루는 규범적 목표(underlying normative goal)에 간접적으로만 연관된다는 것이다.

복지주의자는 그렇게 하는 것이 실현가능하고 파이의 전체 크기를 지나치게 줄이지 않는 정도에서 세계적 빈곤층에 대한 재분배를 찬성한다. 만일 복지주의자가 아니라면, 기후규제(climate regulation)에 대한 1인당 접근법이 부를 재분배하고 세계 복지(global welfare)를 증가시키는 올바른 방법이라고 생각할 이유가 없다. 모든 자원을 재분배하는 것이 대기의 온실가스 흡수 용량(the atmosphere's capacity to absorb greenhouse gases)을 나누어 재분배하는 것보다 훨씬 낫다 ; 그리고 자원을 가난한 사람들에게 재분배하는 것이 가난한 나라들에게 재분배하는 것보다 훨씬 낫다.

복지주의자의 관점에서 볼 때, 현명한 재분배 정책은 이와 같은 일반원칙들을 따르게 될 것이다. 모든 자원을 재분배 하는 것이 - 정책적으로나 기술적으로 - 불가능하다면, 기후협약에 있어서 1인당 접근법이 왜 가능하다는 - 정책적으로나 기술적으로 - 것인지를 설명할 필요가 있다.

효율성 Efficiency

1인당 재분배를 옹호하는 주장은 지금까지 우리가 사후적 효율성 효과(ex post efficiency effects)라고 불러온 것에 초점을 두어 왔으며, 재분배제도의 사전적 효과의 가능성(possible ex ante effects of the distribution scheme)은 무시하였다. 사후적 효과는 위에서 다루었으며, 다른 제도들의 사후적 효율성 효과(ex post efficiency effects of different schemes)는 거의 동일하다

(거의 동일하다)는 것을 보여 주었다. 사전적 효율성은 이와 동일하지 않다. 그러한 관점에서 그 효과들 역시 다르며, 1인당 접근법은 중대한 결점들을 가지고 있다.

사후적 효율성과 사전적 효율성의 차이를 이해하기 위해서, 기업이나 개인들에게 온실가스 배출의 사회적 비용을 내재화하여 지불하도록 하는 세금이나 배출권 거래제를 상기해 보자. 이러한 제도들 하에서는 기업이나 개인들이 (자신들의 이익 또는 소비를 포함한) 사회적 이익이 (기후변화에 따른 비용을 포함한) 사회적 비용보다 클 때에만 에너지를 사용하게 된다. 이것은 현존하는 문제를 다루고 확실히 미래에도 계속될 것에 관한 것이기 때문에 우리는 이러한 유형의 효율성을 "사후적"이라고 한다.

기후협약의 사전적 효과는 온실가스와 전혀 관계없는 것을 포함한, 미래의 프로그램에 대한 효과를 의미한다. 어떠한 협약은 테러리즘, 질병의 국제적 확산, 실패한 국가들의 재건노력(nation-building efforts in failed states) 등과 같은 지구적 문제들을 다룰 필요가 있는 추가적 협약을 협상할 때, 협상국들이 최소한 부분적으로라도, 의지할 수 있는 선례를 확립하게 될 것이다. 예를 들면 1인당 접근법이 기후협약에 적용된다면, 그것은 그 자체가 테러방지협약의 비용 재분배를 위한 기본원칙으로 제의될 것이다.

유사한 가정들이 동일한 원리로 국내 정책들에서도 기계적으로 적용될 수 있다. 예를 들면 미국 정부가 어느 날 부유층으로부터 돈을 걷어 가난한 미국인들에게 나눠 준다고 선언함으로써 빈곤을 완화할 수 있다. 그러한 정책은 사후적 의미에서 비효율적이지 않다 : 부유층이 이미 그들의 부를 축적했고, 소급적으로 성실한 노동활동을 그만두도록 할 수 없다고 가정한다면 ; 이와 같은 정책은 사후적 효과 면에서 비효율적이지 않다. 그러나 그 정책은 장래의 효과를 가지게 될 것이다. 설사 일회성 정책이었다고 하더라도, 사람들은 정부가 이와 같은 정책을 오늘 시행한다면 내일도 또 다시 시행할 것이라고 생각하게 될 것이다. 이러한 가정은 사람들의 사전적 행동에 영향을 미쳐, 사람들의 노동과 저축에 대한 유인을 약화시키게 될 것이다.[11)]

1인당 접근법을 기본으로 한 기후변화협약이 선례를 만들었다고 가정해 보자. 그와 같은 선례가 현 상태 접근법 기준(baseline status quo approach)에 비해서 행동에 어떤 영향을 미칠 것인가? 이것은 왜곡된 유인들을 만들게 될 것이다.

첫째, 1인당 원칙은 인구밀도가 가장 높은 국가가 국제적 공조로부터 가장 큰 이익을 얻게 된다는 것을 확립할 것이다. 각국 정부들은 인구 규모를 최대화할 수 있는 출산 장려 정책(fertility policies)을 통해 보상받을 수 있을 것이다.

그 이유를 살펴보기 위해, 인구가 X인 국가와 인구가 2X인 국가를 생각

---

11) 이러한 효과들은 법적 변이(legal transition)에 관한 법학과 경제학의 글에서 다루어졌다. 예를 들면, Louis Kaplow, An Economic Analysis of Legal Transitions, 99 Harvard Law Review 509(1986)참조. 이러한 논문들은 국내법에 초점을 맞추었는 바, 법적 변이 - 예컨대 변이에 의하여 피해를 입은 사람들에게 보상을 하거나 제외시킴으로써 - 를 향한 어떤 정책이나 실무를 택한 정부는 법적 변화(legal change)를 기대하는 사람들의 유인에 영향을 미칠 것이라는 점에서 국제적 맥락에서보다 국내법에서 더욱 명확하다. 우리는 이러한 논의를 국제적 문제까지 확대한다 ; 환경의 차이는 분석에 영향을 미친다는 것은 맞지 않다. 변이에 관한 서적들은 우리가 "사후적 효율성"이라고 칭했던 것들을 무시하고 대신에 도입한 법적 변화가 무엇이든지 간에 효율성이라는 것으로 가정한다. 대조적으로 환경에 관한 서적들에서는 비록 사전적인 쟁점들을 항상 무시하지는 않을지라도 사후적 효율성에 초점을 맞춘다(예컨대, 배출권 제도와 세금 간의 선택). 논의를 위해서는 Jonathan R. Nash, Allocation and Uncertainty: Strategic Response to Environmental Grandfathering, unpublished manuscript 18-22(2008)를 보라.

해 보자. 전염성 질병의 확산 방지를 위해 Y라는 이익을 만들어 내는 미래의 한 협약이 있다고 가정하자. 위 국가들은 잉여분의 분배(a division of the surplus)를 위해 협상이 필요할 것이다. 1인당 원칙 하에서는, 인구 규모가 큰 국가는 잉여의 더 큰 부분을 요구할 수 있을 것이다. 문제는 1인당 접근법이 국가들로 하여금 더 많은 배출권을 얻기 위해 필연적으로 인구를 늘리도록 장려하는 것은 아니라는 것을 주목하라 ; 협약이 비준되는 때 혹은 그 전의 인구를 기준으로 정하도록 배출권 수(number of permits)를 규정함으로써 그와 같은 유인을 피할 수 있다. 여기서의 문제는 기후정책과 무관하게 차후에 있을 협약에서의 협상력 향상을 위한 사회적으로 해가 되는 유인들 중의 하나이다.

재분배의 관점에서, (더 큰 국가 국민들이 더 부유하지 않는 한) 이런 결과는 공정하게 보이지만, 전향적 유인의 관점에서는 국가들에게 위축을 피하고 더 성장할 수 있는 추가적인 이유가 된다. 이 유인은 특히 기후변화의 관점에서 왜곡된다. 왜냐하면 더 많은 사람들이 지구의 자원을 더 소비할 것이기 때문이다(물론, 생각건대, 더 효율적으로). 다른 측면은, 최초의 배출허용권량을 고정시킨다는 점에서, 기후변화협약이 인구 증가를 억제할 수 있다.

그리고 상대적으로 제한된 양의 국제협력이 주어지는 것은 사실이며, 혹자는 인구를 확장하기 위한 유인이 특히 강력하다는 의심을 할 수도 있다. 문제의 정도를 평가하기 위해, 단지 유인효과의 방향이 아니라 규모에 대해 알아야 할 필요가 있다. 그럼에도 불구하고, 1인당 시스템이라면 유념해야만 하는 것은 비용이다.

둘째, 단지 가난한 나라들에게 유리하다는 이유만으로 1인당 접근법이 우선적으로 이용되는 한, 그 결과 실제 원칙은 인구가 아니고 가난이 국가들에게 협약협상에서 더 나은 대우를 받게 하므로 경제성장을 촉진하는 현명한 정책을 채택하는 정부는 불리하게 될 것이다.

이러한 유인 또한 왜곡된 것이다. 대부분의 국가는 그들이 충분한 천연자원을 가진 행운을 가지고 있어서가 아니라 좋은 제도를 가지고 있기 때문에 부유하게 된다.12) 좋은 제도는 부와 다른 혜택을 나누어 주기 때문에 시민들은 좋은 제도를 만들고 유지하는 데에 투자한다. 1인당 규칙과 같은 재분배적 원칙은 부족하게 행동하는 나라들을 보상하는 반면에 잘 행동하는 나라들을 맹목적으로 벌한다.

지난 10년 동안 개발원조의 목적은 정확히 상반되었다: 개발도상국의 정부에게 성장을 촉진하는 건전한 경제정책을 채택할 유인을 제공하였다. 대외 원조가 성장하지 않는 유인을 제공할 것이라는 우려 때문에, 기부자들은 성장을 촉진할 건전한 정책의 채택을 위한 원조를 결정하는 데 공동노력을 기울였다.13) 1인당 원칙 - 사실 모든 재분배적 원칙이든 - 은 개발정책의 교범과 전쟁 중이고, 현재 개발도상국에게 제공된 친성장 유인들을 약화시킬 것이다.

그렇다면 어떤 제도가 사전적 효율성에 적합한가? 이상적인 원칙은 사전에 지구적 문제를 인식하고 그것을 해결하기 위한 협약을 협상하도록 유인

---

12) 실은 개발경제학자들은 "자원의 저주(resource curse)"를 인식할 정도로 나아갔다 : 값이 나가는 천연자원을 가진 나라들이 그것이 없는 나라들보다 종종 더 가난하다. Richard M. Auty, *Sustaining Development in Mineral Economies : The Resource Curse Thesis*(1993).

13) David Dollar and Victoria Levin, The Increasing Selectivity of Foreign Aid, 1984-2003, 34 *World Development* 2034(2006).

을 국가들에게 제공한다. 그리고 한편으로는 인구를 조절하기 위한 그들의 유인에 영향을 주지 않고, 제도나 그 밖의 것들에 투자하는 것이다. 이러한 원칙은 최소한 국제 Paretianism의 형태가 되어야 한다. 그래서 국가들이 법적 해결책에 의하면 더욱 더 악화되지 않는다는 것을 신뢰하도록 하는 것이고 그 신뢰는 국가들의 협약협상의 참여를 단념하게 할 것이다.

그러나 문제를 해결하는 협약들은 한 협약에 참여하거나 참여하지 않는 국가들 간에 무관심하게 만드는 것에 필요한 양을 뛰어넘는 잉여분을 발생시킨다. 잉여분을 어떻게 처리할 것인가? 사전적 유인에 영향을 주지 않고 잉여를 재분배할 수 있다는 생각은 매력적이지만, 이것은 매우 받아들이기 어렵다. (우리가 주장한 것과 같이 1인당 기반으로 한 것 보다 가난한 나라들에 잉여분을 재분배 할 수 있는 경우는 도덕적으로 자의적인 것이다.)

효율적 관점에서, 잉여분을 사용하는 최선의 방법은 온실가스 감축을 위한 협약에 먼저 참여하였던 나라들에게 보상하는 것이 될 것이다.[14)]

비록 여기에 복잡한 점이 있지만, 이러한 국가들은 아마 교토의정서에서의 구속력 있는 감축을 인정하는 유럽 국가일 것이다. 모든 유럽국가가 의미 있는 감축을 인정한 것은 아니지만, 그 밖의 국가에서는 그들의 독자적인 기술과 인구통계의 변화의 기회로 활용한다.[15)]

---

14) 따라서 어떤 기후협약 하에서든 간에 돈을 주기 위한 제도에 대한 학문적 입장은 협약 비준에 앞서 감축 노력을 하는 나라들에게 보상하는 것이다. Ann P. Kinzig and Daniel M. Kammen, National Trajectories of Carbon Emissions: Analysis of Proposals to Foster the Transition to Low-Carbon Economies, 8 *Global Environment Change* 183(1998).

15) Kathryn Harrison and Lisa McIntosh Sundstorm, The Comparative Policies of Climate Channge, 7 *Global Environmental Policy* 1(2007) 참조.

그러한 분배의 중요한 점은 지구적 문제가 발생할 경우 국가가 빨리 대응하고 협약보다 앞서 불리해지지 않을 것이라는 효과가 있는 선례를 확립할 것이다. 이 원칙에서 국가는 늑장부리기 보다는 협약상의 제도(treaty regime)를 협상하기 위해 더 빨리 대응할 것이다. 예를 들어, 국가들이 사이버 범죄에 대해 규제하는 새로운 협약에 참가가 요구된다면, 처음 발의자가 다른 국가들이 처벌받지 않도록 위험을 줄이는 통제를 시행했다는 것을 알게 될 것이다. 대신, 협약은 어떠한 점에서 이러한 국가들이 보상을 받을 것을 보장할 것이다.

사전적 효율성은 1인당 접근법을 선호하지 않지만 또한 현 상태 접근법(status quo approach)을 선호하지도 않는다. 현 상태 접근법 하에서, 다른 것이 같다면 배출량을 줄이기 위해 가장 덜 적극적으로 행동하는 국가가 더 적극적으로 행동하는 국가들보다 더 낫다. 우리는 이 문제를 제8장에서 다룰 예정인 바, 지구적 해결을 위해 먼저 행동을 취하는 국가에게 유리한 선례를 확립하는 현 상태 접근법의 수정된 버전을 제공할 것이다.

공정성 관점에서의 1인당 접근법
The Per Capita Approach from the Perspective of Fairness

공정성에 대한 관념(ideas about fairness)은 기후변화에 관한 올바른 접근법에 대한 논쟁에서 상당한 역할을 하고 있다. 공정성은 다양한 방법으로 구체화될 수 있다. 우리는 여기서 1인당 접근법이 공정성의 근거에 대해 옹호할 수 있는지의 여부를 확인하기 위한 3가지 구체적 사항(specifications)을 제시하고자 한다.

공정성과 무지의 장막 Fairness and the Veil of ignorance

제5장에서 언급한 바와 같이, 많은 사람들이 지구적 정의의 문제에 있어서 복지주의자의 관점에서 접근해야 한다는 생각을 거부한다. 복지주의자의 관점에서, 목표는 사회복지 총량의 증진이 아니다 ; 그 대신, 공정성이 요구하는 바를 하는 것인바, 그것은 "무지의 장막(veil of ignorance)"을 이용하여 구체화될 수 있는 것이다. 기후변화 문제에 적용된 이러한 주장의 구체성(specification)을 고려해 보라.

몇몇 국가들은 정의의 요건을 위반하는 방법에 의하여 다른 나라들보다 훨씬 더 부유하다. 역설적으로, 현상 접근법은 그러한 요건들을 위반하는 관행을 지속하게끔 하는 자격을 부여한다. 그와 같은 자격은 옹호될 수 없다.

교정적 정의가 대량 배출 국가로 하여금 특히 위험에 처한 국가들에 대해 배상하도록 요구하지 않더라도, 기후변화협약이 가난한 국가의 개발을 더욱 어렵게 만든다면 기후변화협약은 받아들이기 힘들 정도로 불공정한 것이 될 것이다 - 특히 개발은 빈곤국의 국민들에게 부과되는 까다로운 조건들을 제거하고 부유한 국가와 동등하거나 부유한 국가의 초기에 가까운 무언가를 성취하도록 하는 것이 목적이기 때문이다. 1인당 접근법은 국경과 관계없이 윤리성(moral irrelevance of national boundaries)을 존중하는 것과 같은 방식으로, 국민 개개인을 그 이상도 이하도 아닌 하나로 여기기 때문에 가장 공정한 방법이다.

우리는 여기서 공정성에 관한 일반적인 논점에 의문을 제기할 의도는 없다. 우리의 기본적인 주장은 1인당 접근법을 방어하기 위해 이들을 근거로 삼는다면, 이는 심각한 어려움에 봉착하게 된다는 것이다. 그 이유는 위에서 언급한 의미로서 이해되는 공정성이 우리의 지침이 되는 때에는, 복지주의자들의 주장에 대한 주요한 반론이 다시 구체화되기 때문이다. 인구 규모가 큰 일부 국가들이 부유하다는 한에서는 1인당 접근법은 전혀 공평하지 않다 ; 그러한 점에서, 이는 현 상태 접근법이 가진 것과 동일한 단점을 일부 가지게 된다. 1인당 분배는 기후변화로 인해 잃을 것이 상대적으로 거의 없는 인구가 매우 많은 국가들에게 많은 배출 허용권를 주게 되는 난점도 가지고 있다. 배출 허용권이 가난한 나라들의 국민들이 아닌 빈곤국의 정부에 분배되고, 정부에 대한 분배는 가장 필요로 하는 사람들에게 도움이 되지 않는다는 점도 여전한 사실이다. 공정성이 국경을 초월한 재분배를 요구한다면, 현 상태 접근법은 상당한 문제에 직면하게 되며, 1인당 접근법이 더 나은 대안이 된다 ; 그러나 지구적 재분배에 관심이 있는 사람들이 가능성들 중 그러한 접근법을 선택할 가능성은 낮다.

평등과 공유재로서의 대기
Equality and the Atmosphere as Common Property

탄소를 흡수하는 효과를 지닌 대기가 전 세계 모든 사람에게 귀속되는 공공재라는 사실에 대하여 또 다른 형태의 공정성 논쟁이 있다.[16] 기후변화

16) Grubb, supra n.3, at 318 ; Hermann E. Ott and Wolfgang Sachs, The Ethics of International Emissions Trading 168, in *Ethics, Equity and International Negotiations on Climate Change*(Luiz Pinguelli-Rosa and Mohan Munasinghe, eds., 2002).

협약은 공유(commons)를 종식하고 이를 사유재산(private property)으로 바꾼다. 재산의 일부분을 공유의 이전 이용자들 즉 전 세계 모든 개인들에게 1인당 방식에 따라 분배해야만 공정한 것이 된다. 이는 어느 국가의 통치권 밖인 공해의 해저(sea bed under high seas)에서 발견된 광물에 비유할 수 있다. 해양법 협약(the Convention on the Law of the Sea)은 이 같은 광물자원의 개발에 따른 수익은 "균등하게(equitably)" 분배되어야 한다고 규정하고 있는 바, "균등"의 개념에 대해서는 정의되고 있지 않다.[17)]

재산에 대한 비유는 표면적으로는 설득력 있게 보이지만, 깊이 생각해 보면, 이는 규범적 목적과 정책적 결과 사이의 불필요한 추상적 관념들을 만들어 냄으로써 혼란스럽게 만든다.

법에서는, 공유재(commons)는 다수의 사람들이 접근할 수 있는 법적 권리를 가지는 자원을 의미한다. 정부가 소유권을 가지는 공공재를 사유재로 바꾸고자 한다면, 이는 단순히 사람들이 그것을 이용하는 것을 제한하는 것이다. 공유재를 사용하는 사람들에게 그것을 사용할 수 있는 적법한 권리가 있다고 한다면, 정부는 - 최소한 대부분의 현대 법체계에서는 - 그 권리를 포기하는 것에 대한 보상을 해야 할 것이다. 때로는 법적 권리는 관습상 이용으로부터 유래하기도 한다 ; 그러한 경우 정부는 그러한 관습상 권리를 빼앗기는 사람들에게 보상해야 한다.

공공재를 종식(closure)함으로써 정부가 수익을 얻게 된다면, 정부에게는 그것을 모든 국민들에게 균등하게 나누어 주어야 할 법적 의무가 없을 것이다 ; 결과적으로 발생하는 사유재산의 일부를 모두에게 균등하게 분배해야

---

17) supra n.6 참조.

할 의무 또한 없다.

법은 별론으로 하고 윤리는 도대체 무엇인가? 물론 혹자는 정부가 국가 내에서 비용과 이득을 공평하게 배분할 도의적 책임이 있다고 주장할 수도 있다. 이러한 도의적 책임은 국내 울타리에 국한되어 있는 것은 아니다 ; 정부가 모든 업무 - 이것은 세금 징수나 수익 사업 그리고 기타 등과 같이 - 를 진행할 때의 도의적 책임과 같은 것이다. 울타리치기의 역사(history of enclosure)는 윤리에 거의 관심을 갖지 않는다. 영국 역사에서 enclosure는 논란의 대상이었다. 그 이유는 대부분의 enclosure를 행한 사람들(통상적으로 그 지방 사람들에 의해 향유되었던 관습상의 권리를 가지는 토지를 가지고 있던 사인들)이 그들의 역사적 권리(their historical rights)에 대해서 보상을 하는 것을 꺼려하였기 때문이다. enclosure 찬성론자들은 자원의 효율적 이용이라고 믿었다 ; 반대론자들은 enclosure가 관습상의 권리를 가진 사람들 흔히 가난한 사람들에게 피해를 준다고 주장했다.[18)]

현재 모든 사람들은 대기와 같은 공유재를 이용할 권리가 있다. 만약에 이러한 공유를 종식한다면 모든 이들은 동등하게 사용할 권리가 주어져야 하는가? 분명히 법이나 역사에 호소하는 것은 이것을 답하는 데 도움이 되지 않는다. 만약에 정부가 공유를 종식한다면 - 우리가 아는 한에 있어서는 - 국민에게 그 이용권을 1인당 방식을 기초로 동등하게 배분하지 않을 것이다. 앞서 언급한 바와 같이 이를 통해 이득을 보는 자들은 공유재의 관습상의 이용자들(customary users of the commons)일 것이다. 공유재가 목초지라면

18) E .P. Thomson, *Customs in Common: Studies in Traditional Popular Culture*(1993)을 보라.

이 목초지를 동물들을 사육하는 데 사용한 이들을 위해서 보상해야 한다고 생각하는 것이 정상일 것이다. 그 이유는 그들은 지속적으로 이러한 공유지를 이용하기 위해서 믿고 투자를 하였고 그들에게서 기존의 재산권을 박탈하는 것은 타당하지 않을 것이기 때문이다.

그 방식을 대기에도 적용하여 보면, 대기의 공유를 종식시키면 관습상의 이용자들 - 즉 과거에 대기에 탄소를 많이 배출했던 사람들 - 에게 권리가 발생한다. 목초지와 관련된 사안과 원리는 같다: 탄소의 다량 배출 방식에 자신들의 삶이 연관된 자들은 - 예를 들면 자동차가 운송수단 중에서 가장 싸게 먹히는 팽창하는 도시로 이사를 함으로써 - 급격한 재산권의 변화에 가장 취약한 계층이 되고 따라서 미래에도 당연히 과거와 같이 권리가 계속될 것이라는 믿음을 가졌던 것에 대한 적절한 보상이 이루어져야 할 것이다.[19)]

가난한 자들의 윤리적 요구는 기존 이용자들(traditional users)의 요구보다 우선 되어야 한다고 주장한다. 우리는 그들의 주장에 대해서 동정심을 느끼지만 공유재의 성격과 관련하여 그들의 주장이 어떠한 연관성이 있는지 모르겠다. 사실 그 주장은 재산이 가난한 사람들에게 가난한 사람들 때문이 아니고 공유재의 종식으로부터 나오는 요구를 무시하고 동등하게 배분되어야 한다고 주장하는 것이다. 더 나은 접근법은 공유재에 대한 유추를 포기하고 윤리적 문제를 직접적으로 다루는 것이다.

---

19) 우리는 복지주의자적 관점에서의 이 주장을 거부한다: 이러한 행동으로부터 초래되는 손실에 대한 보장보다는 정부의 처분을 필요로 하는 외적 변화들을 기대하기 위해 사람들에게 인센티브를 주는 것이 더 낫다. Kaplow, supra n.12. 참조.

이러한 공유재에 관한 논쟁은 또한 환경의 특징은 그 특정 국가에 "속하는" 것도 아니라는 주장으로 사람들을 오도한다. 대기는 공유재이기에 그 어떤 나라도 권리를 갖지 않는다 ; 대조적으로 국제 관계에서 숲은 공유재가 아니다. 왜냐하면 그 영토를 보유하고 있는 특정 국가에 속하기 때문이다. 그러나 공유재 주창자들은 숲과 대기는 서로 다르게 취급되어야 한다고 주장한다 : 숲을 보유하고 있는 국가들은 탄소를 흡수하는 이러한 숲을 다른 국가와 공유하여야 할 의무가 없다. 윤리적 관점에서 이러한 구별은 지지될 수 없다. 사람들은 자신의 출생지라는 우연한 것을 기준으로 무엇을 얻거나 잃어서는 안 된다. 따라서 국가들에게는 자신들이 보유하고 있는 영토를 기준으로 그곳에 우연히 있는 자원을 지배하도록 할 윤리적 이유가 없다.

그러한 주장의 함의는 극단적이다. 가치 있는 천연자원을 향유하는 나라들은 - 석유 비축이 있는 사우디아라비아나 다이아몬드 광산을 가지고 있는 보츠와나 - 그러한 자원들로부터 수익을 얻을 권리가 없다. 그들은 그 수익을 전 세계 모든 사람들에게 1인당 방식을 기준으로 나눠주어야 할 윤리적 의무가 있다. 윤리적 관점에서 모든 국가의 모든 국민은 그들의 천연자원을 모아야 하고 대기와 같은 자연 공유재산의 가치에 따라 그것을 1인당 방식을 기준으로 이를 분배해야 한다.

이 모든 것은 국가들이 그 자신의 천연자원의 가치를 향유하는 이유는 다른 데 있다는 것을 시사한다. 아마도 국가들이 만약에 모든 국가들이 이러한 수익을 공유해야 한다면, 지하자원을 효율적으로 개발할 인센티브가 충분하지 않을 것이고 전반적으로 세계는 더 좋지 않게 될 것이다. 그렇지 않으면 아마도 국가들은 그러한 재분배 정책의 수혜자들은 가난한 사람들을 돕기 위해서 수익을 사용하기보다는 이전할 몫을 함부로 낭비할 것이라고 믿고 있다.

또는 국가들이 윤리적 이론이 함의하는 대량의 재분배 형태에 참여하는 것을 단순하게 거부한다.

만약 이러한 이유가 왜 국가들이 그들의 자원의 가치를 향유하거나 또는 향유해야 하는지에 대해 설명한다면, 그런 공유 주장을 하는 사람들 역시 왜 실용적 이유들이 거기에 적용되어서는 안 되는지를 설명해야 한다. 만일 1인당 접근법에 따라서 엄청난 양의 배출권을 받은 나라들이 현명하게 이러한 이전을 이용하지 않는다면(그들이 과거에 외국 원조(foreign aid)를 현명하게 사용하지 않았던 것과 같이), 이 접근법을 채택하여야 할 윤리적 의무가 없다. 또는 만일 국가들이 그런 이기적인 이유들 때문에 그러한 대량 거래에 동의하지 않는다면, 우리는 심지어 이기적 국가들(selfish states)도 동의할 수 있는 방법으로 어떻게 기후문제를 해결할 수 있는지 생각해 보아야 한다. 만일 상대적 권력에 의해서 나라들이 어떠한 방법으로 그들의 자원을 공유해야 하는지에 관한 현실적이고 윤리적인 요구에 대해 제한을 한다면, 이것은 또한 어떻게 대기의 공유(atmospheric commons)가 분배되어야 하는가에 관한 현실적이고 윤리적인 요구에 대하여 제한을 할 것이다. 공유재산에 대한 호소만으로 이런 어려운 문제를 해결하는 데 도움이 되지 못한다.

우리의 제한적 논점은 공유재산에의 비유는 배출 허가권의 1인당 배분에 대한 독자적 논쟁을 하지 못한다는 것이다. 이것은 기후협약이 대처해야만 하는 윤리적이고 실용적인 이슈들을 다른 데로 돌리게 할 뿐이다.

절약, 낭비 그리고 관련 문제들
Frugality, Profligacy, and Related Issues

우리가 공정이라는 개념(the idea of fairness)을 재분배라는 용어로가 아니라 비슷한 사람들은 비슷하게 취급되어야 한다(similar people be treated similarly)는 요구로 이해한다고 가정해 보자. 우리가 위에서 살펴보았듯이, 1인당 접근법은 기후변화와 감축 비용의 차별적인 분배적 효과에 주의를 기울이는 것이 아니라, 실제로는 모든 사람들에게 같은 자산을 주는 것에 주의를 기울이는 것이다. 한편 1인당 접근법의 이런 특징에 대한 주된 반대는 부가 반드시 가난한 사람들한테 갈 필요가 없다는 것을 의미한다는 것이다. 그러나 부를 변함없이 유지함으로써 온실가스를 거의 배출하지 않는 검소한 사람들이 많이 배출하는 사람과 똑같은 지불금을 받는다는 것은 불공정하게 보일 것이다. 그리고 또한 기후변화로부터 피해를 가장 많이 입는 사람이 피해를 가장 적게 입는(혹은 이득조차 얻는) 사람과 동일한 지불금을 받는 것 역시 불공정해 보일 것이다. 끝으로, 기후협약에 의해서 강제되는 감축 노력에 의해서 해를 받는 사람들이 어떤 형태의 보상을 받아야 한다고 생각할지 모른다. 예를 들어 직장에 출퇴근하는 적은 수입의 노동자가 더 많은 버스요금이나 연료비를 내야 한다는 것을 생각해 보라. 혹자는 공정성이란 그런 사람들이 배출권을 받는 것을 요구하므로 그들은 조약체제의 불공정한 비용을 수인하지 않는다고 주장할지 모른다.

이러한 고려는 분명히 1인당 접근법의 방향으로 가는 것은 아닐 것이다. 그러나 이러한 고려를 설명하기 위한 어떠한 시도도 그 구체적 내용에 대한 다툼에 있어서 교착상태에 빠질 것이다. 그리고 혹자는 1인당 접근법이 차선책(second-best standard) 또는 우리가 제5장에서 검토하였던 대략적 정의

(rough justice)로서 보는 것이 이치에 맞을 것이라고 주장할는지 모른다. 아래에서 그 논쟁을 해 보자.

차선책으로서의 1인당 접근법
The Per Capita Approach as a Second-Best Standard

우리는 원칙적으로 중요한 세계적 재분배는 복지와 공정성 양자의 고려를 통해서 그럴싸하게 정당화되는 것을 보아왔다. 그러나 실제로는, 그러한 재분배는 발생하지 않는다 ; 예를 들면, 미국이 수천억 달러를 가난한 나라들의 가난한 사람들에게 이전하기를 원한다는 증거가 없다(기존의 외국원조 - 이것들의 대부분은 상호간 행위 형태와 관련되어 있는데 아주 작다).

이러한 환경에서, 1인당 접근법을 옹호하는 사람들은 그들의 접근법이 세 가지 장점을 가지고 있다고 주장할 수 있다. 첫째, 선호되는 재분배 형태가 없을지라도 1인당 접근법은 실현가능할 수 있다. 둘째, 그런 접근법은 다른 도덕적 책임을 가지고 있거나 국제적 영역에서 적정한 도덕적 책임(appropriate moral commitment)에 대해 확실하지 않은 사람들 사이에 불완전하게나마 이론화되어 있는 협의에 근거를 제공할 수 있다. 셋째, 이것의 단순함과 매력 때문에 1인당 접근법은, 정치적 행동을 위한 그럴듯한 중심적 이유를 제공할 것이다 - 비록 그러한 합의가 부유한 국가들이 가난한 국가들에게 수천억 달러를 이전하는 데 동의하는 국제적 합의에 부유한 나라들이 서명한다는 것을 제시하는 것이 비현실적인 일이라고 한다 하더라도 많은 국가들이 참가할 수 있는 국제적 협의를 위한 근거를 제공할 것이다. 이것은 또 다른 형태의 대략적 정의 논쟁(rough justice argument)이다.

국가들은 어떤 도덕적 원칙이 국제관계를 이끈다거나 이끌어야 한다는 것을 인식하지만, 그들은 그러한 도덕적 원칙이 무엇인지에 대해서는 일치하지 않는다는 것을 인식하고 있다. 만약 혹자가 정부의 미사여구를 믿는다면, 모범도덕논쟁(set of standard moral argument)를 인식할 수 있을 것이다. 개발도상국들 사이에서, 몇 사람은 부유한 국가는 식민지 착취의 역사로 인해 가난한 국가에 대해 의무가 있다고 주장한다.[20] 다른 이들은 부유한 국가는 과거부터 현재에 이르기까지 농업에 대해 불리하게 차별하는 불공정한 관세나 가난한 국가들의 교육받은 엘리트를 유출시키는 이민규정(immigration rules)을 채택해 왔다고 주장한다.[21] 아직도 또 다른 사람들은 각 나라의 주권이 미치는 영토밖에 있는 자원들을 공유해야 한다고 단순하게 주장하기도 한다.[22] 몇몇 부유한 국가들은 그들이 매우 가난한 사람들에게 원조를 제공할 윤리적 의무를 가진다는 것을 기꺼이 인정한다 ; 하지만 다른 국가들은 가난한 국가와 협력할 의무나 충돌하지 않을 의무는 있어도 그들을 원조를 할 필요는 없다고 주장한다.[23]

이러한 여러 도덕적 주장들은 여러 가지 함의를 가진다. 일견 견해가 일치하는 것으로 보이는 가난한 국가들 사이에서조차, 다른 주장들의 근본적으로 다른 함의를 발견할 수 있다. 식민지 착취(colonial exploitation)에 초점

---

20) UN Human Rights Council, Report of the Working Group on the Right to Development on its Eighth Session, UN Doc. A/hrc/4/47, 19(2007).

21) *Ibid.* at 18.

22) 예를 들면 supra n.6 참조.

23) 이러한 인식은 희미하지만, UN General Assembly, Declaration of Right to Development, Res. 41/28(1986)과 UN General Assembly, Vienna Declaration and Programme of Action, A/CONF.157/23(1993)과 같은 문서에서 발견된다.

을 맞춘다면, 주요 수혜자는 (대만 같은 부유한 국가를 포함한) 식민지였던 국가가 될 것이고, 주요 지불자는 (영국, 러시아, 포르투갈을 포함하고 미국도 어느 정도 포함될 수 있는) 제국주의 국가들이 될 것이다. 식민지 착취의 개념은 식민지였던 국가(former colonies)가 부유한 국가 전부가 아닌 이전의 자기들 지배국가들(their former masters)을 겨냥하는 것이다. 예를 들어 인도의 추가 배출권은 영국의 주머니로부터 나와야 한다. 유사하게, 만약 관세정책(tariff policy)이 불만의 근원이라면, 누구에 의해 지지되는 관세정책인지 확정할 필요가 있고, 어떤 국가가 피해를 입는지 알아야 한다 – 그리고 이 문제는 매우 복잡하고 논란의 여지가 있다. 그리고 만약 다른 국가들에 악영향을 끼치는 관세정책(어떤 관세 정책이 이런 효과가 없겠는가?)을 고려해야 한다면, 정당한 불만이 생기게 하는 다른 모든 정책들도 고려해야 한다. 몇몇 가난한 국가가 (인도와 파키스탄, 르완다와 부룬디 같은) 다른 가난한 국가에 대해 가지는 특별한 불만에 대해서도 명심해야 하고, 배출권을 적절히 할당해야 한다.

부유한 국가가 가난한 국가에 추가 배출권을 줄 의무가 있을 경우에도, 가난한 국가들 내에서, 배출권은 현재와 과거의 부정의(current and past injustice)를 책임지기 위해서 다르게 분배되어야 할 것으로 보인다. 최근의 남아시아 쓰나미로 인한 피해자들에 대하여 부유한 국가가 기여한 것과 같은 관대한 처리는 부유한 국가가 배출권 제도의 보상(as offsets to permit regimes)으로서 그들의 관대한 충동을 간직하지 않도록 하기 위해 공제될 필요가 있다. 그리고 이 모든 것은 오로지 복지 극대화(welfare maximization)나 분배적 정의를 이유로 재분배를 걱정하는 이들의 견해를 존중하는 방식으로 이루어져야 한다.

국가들 내에서, 이러한 유형의 도덕적 불일치(moral disagreement)가 반드시 정책을 가로막는 것은 아니다. 심지어 도덕적 기준에 따라 명확하게 사람들을 나누는 쟁점에서도 그렇다. 전형적으로 불완전하게 이론화된 동의(incompletely theorized agreement)를 반영하는 정책에서 드러난다.[24] 남아 있는 갈등을 조율하거나 이후로 미루는 동안 다른 도덕적 견해를 가진 사람들은 각자의 이해관계와 도덕적 견해와 부합하는 정책에 동의한다. 예를 들어 미국에서 몇몇 사람들은 과거의 부정의를 극복하기 위한 차별 철폐 조치(affirmative action, 소수자 우대 조치)를 지지하는 반면, 다른 이들은 안정성과 같은 어떤 사회적 목표를 촉진시키기 위한 진보적인 정책으로 이를 방어한다. 도덕적 견해(moral views)는 어떻게 차별 철폐 조치를 계획할 것인지, 그것이 얼마나 지속될 것인지에 대한 여러 가지 함의를 가진다. 그러나 이렇게 다른 견해들을 유지하는 사람들은 때때로 자신들의 목표에는 도움이 되지만 다른 이들에게는 그렇지 않은 프로그램을 힘껏 지지하는 것에 동의할 수 있다. 유사하게, 혹자는 국가들 그리고 개인들 사이에서 국가들이 서로 빚지고 있다는 것에 대한 다르긴 하지만 중복되는 부분이 있는 도덕적 견해는 1인당 접근법이 불완전계약이론을 반영할 수 있다고 주장할지 모른다.

이 주장 역시 약하다. 공유지를 공유해야 한다는 견해의 가능한 예외와 더불어, 위에서 기술한 어떤 도덕적 견해도 온실가스 배출권(green house permits)이 인구의 크기에 따라 분배되어야 한다는 요구를 뒷받침하지 못한다. 그러나 심지어 그 견해는 국가별 할당(per-nation sharing)과 1인당 할당

24) 그러한 일반적 동의에 관해서는 Cass R. Sunstein, *Legal Reasoning and Political Conflict*(1996)을 보라.

(per capita sharing)을 명확하게 구분하지 못한다. 이러한 이론들 간에 공통적 특징이 있다면, 더 부유한 국가가 가난한 국가를 원조하거나 협력해야 할 윤리적 의무가 있다는 견해이다. 그러나 우리가 보아왔듯이 가난한 나라와 인구가 많은 나라가 일치하지 않는다.

실현가능성 문제 Feasibility Issues

여태까지는 우리는 원칙의 문제에 초점을 맞추어왔다. 실현가능성의 문제도 있다. 1인당 접근법의 매력적 특징 – 단순성 즉 공정에 대한 직관력에 대한 명백한 호소이다 – 은 많은 비용이 든다는 점이다. 과학적, 경제적인 모델은 온실가스 배출의 상당한 감축은 지구적 비용(global costs)을 초과하여 지구적 이익(global benefits)을 만들어낼 것이라는 점을 지적한다. 그러나 만약 배출량 감축에 대한 협의에서 어떤 국가가 다른 국가보다 많은 이익을 얻는다면 배출량 감축에 대한 동의를 얻어내는 것은 분명히 어렵다. 만약 특정 수준의 배출량 감축이 인도에 상당한 이익을 주고 미국과 러시아에 적당한 정도의 이익만을 준다면 미국과 러시아는 특정 수준의 배출량 감축을 꺼리면서 어느 정도의 보상을 요구할 것이다. 더 문제되는 것은 온실가스 배출에 대한 제한은 미국과 같이 온실가스를 많이 배출하는 국가에는 많은 비용을 들게 할 것이라는 점이다. 온실가스를 많이 배출하는 국가(large emitter)는 배출 감축 요구 때문에 많은 비용을 지출해야 할 것이고, 이에 따라 현재 배출량을 기준으로 감축량을 결정하지 않는다면 조약에 참여하기를 꺼려할 것이다. 첫 번째 예상은 국가는 자국민의 복지에 관심을 가질 것이고, 다른 국가의 국민의 복지는 주요한 고려사항이 아닐뿐더러 큰 문제도 아니다.[25] 실현가능한 기후조약은 미국과 중국과 브라질과 같은 주요 산업국에게 이익을 주는 것이어야 한다. 실제적인 문제로, 이미 가장 큰 온실가스 배출국들은 가난한 나라 수준으로 배출량을 줄일 것을 요구하는 조약에 참여하지 않을 것이다 ; 또한 가난한 나라로 배출권을 분배하기 위해 많은 돈을 지불할 것을 요구하는 조약에도 참여하지 않을 것이다.

이 점에 관하여 몇몇 수치를 생각해 보자. 2006년에 미국은 거의 240억 달러를 국제원조로 재분배했다(이 중 1/3은 이라크에 원조를 했다).[26] 정치적으로 받아들일 수 없는 교토의정서는 미국으로 하여금 몇 년이 될지도 모르는 기간 동안 매년 상당한 비용을 부담하게 할 것이다 - 이는 매년 100억 달러에 달한다. (현 상태 접근법과 비교해 볼 때) 1인당 접근법은 미국으로 하여금 몇 년이 될지도 모르는 기간 동안 미국으로 하여금 - 매년 2000억 달러 이상을 지불하게 한다.

우리는 실현가능성 주장과 윤리적인 주장 사이의 긴장관계를 알게 되었다. 우리는 다음의 두 가지 가정을 상정함으로써 이러한 긴장을 해소하고자 한다. 첫째, 국제 Paretianism은 - 현 상태와 비교해 볼 때 모든 국가의 이익을 증진시킬 것이다 - 실현가능하다. 둘째로 국제 Paretianism을 충족시키는 많은 조약 중 윤리적 원칙은 어느 정도의 영향력을 가질 것이다. 어느 실현가능

25) 이 명제에 대한 가장 좋은 증거는 외국 원조의 양상이다. 가난한 나라들은 분명히 외국 원조를 하지 않으나, 중간소득 국가들도 역시 더 가난한 나라 사람들을 도우려는 책임의식을 느낀다고 볼 수가 없다. 부유한 나라들은 외국 원조를 제공하지만 풍족하지는 않다. 그리고 학자들은 (전부는 아니지만) 많은 외국 원조는 특수한 전략적 이해관계로 귀결된다고 보고 있다. Alesina and David Dollar, Who gives Foreign Aid to Whom and Why? 5 *Journal of Economic Growth* 33, 55-6(2000) 참조.

26) OECD statistics, available at http://www.oecd.org/dataoecd/42/30/40039096.gif 참조.

한 조약은 '잉여분'을 창출한다 – 그것은 배출량 감축 비용을 뺀 기후변화 완화에서 얻는 것과 같다 – 이러한 잉여분은 윤리적 원칙에 따라 분배될 수 있다. 분배는 감축 의무 안에서 그 자체로 만들어질 수 있고, 또한 지원금을 통해서 이루어질 수도 있다. 이러한 접근방식에 대해서는 제8장에서 더 이야기하기로 하자 ; 우선 1인당 접근법이 성공할 기회가 없는 국제 Paretianism에는 한참 못 미친다는 것을 확인하는 것으로 족하다. 그러면 1인당 접근법을 주장하는 것은 기후협약에 대한 가장 좋은 기회를 파멸시키고 기후변화문제를 다루기 어려운 문제로 만들 수 있는 가능성이 있다 – 즉 이러한 문제에 대해 특별히 취약한 가난한 나라의 특별한 어려움이다.[27)]

공정성과 1인당 접근법 : 배출권 축적
Fairness and the Per Capita Approach : Taking Stock

우리는 이 장에서 두 가지 뚜렷한 점을 지적하였다. 첫째, 형평성(equality)은 – 1인당 접근법에 기초하여 '잉여분'을 공정하게 나눔에 있어서 기껏해야 기후협약의 설계에서 약간의 고려가 될 뿐이다. 국가 체계에서 발생할 수 있는 실현 가능성 제약을 고려하는 것보다 기본적인 규범적 원칙(fundamental normative principles)을 기초로 하여 협약을 설계하는 것이 훨

---

27) 이 문제에 대한 정교한 논증을 위해서는 Juan-Carlos Altamirano-Cabreta and Michael Finus, Permit Trading and Stability of International Climate Agreements, 9 *Journal of Applied Economics* 19(2006)를 보라. 그들은 균등체제(equitable schemes)는 상대적인 경제력을 고려한 "실용적"인 체제(pragmatic schemes)보다 더 불안정하기 쉽다고 주장한다.

씬 더 좋을 것이다. 둘째 특히 1인당 접근법은 그것이 받는 것만큼 탁월하지는 않다. 이것은 평등과 분배 정의를 포함하는 많은 규범적 기준(normative criteria)에 한참 못 미칠 뿐만 아니라 실현 가능하지도 않다.

제7장

미래 세대 : 할인에 관한 논쟁
Future Generations : The Debate over Discounting

기후변화와 관련된 윤리적 쟁점의 분석은 배출 감축의 혜택은 현재보다 미래 세대가 향유한다는 사실을 받아들여야 한다는 것이다. 만일 세계가 즉시 배출을 줄인다면, 그 조치로 인한 혜택은 현재 사는 사람들이 아닌 지금부터 10년간 살아갈 사람들이다. 반대로 배출 감축 비용은 현 세대에 의해 대부분 지불될 것이다. 정책입안자와 분석가들은 미래의 이득(future benefits)과 현재의 비용(present costs)을 어떻게 처리해야 하는가? 경제학자들 중 정답은 미래 효과(future effects)는 "할인"되어야 한다는 것이다. 현재의 1달러는 1년 후의 1달러보다 가치가 있다. 경제학자들은 묻는다 : 감소된 기후변화로 인한 미래 세대의 혜택도 할인되어야 하지 않는가라고.

이 문제에 대한 논쟁은 기술적, 수학적 이슈인 것 같지만, 기후변화를 평가하는 주요 윤리적 딜레마 중 하나이다. 외견상으로 할인율에서의 작은 변화는 기후변화 비용의 평가와 감축의 혜택에서 큰 변화로 이어질 수 있다. 높은 할인율에 의한 기후변화를 줄이는 즉각적이고 적극적인 조치에 대한 주장은 약한 것 같다. 0에 가까운 할인율에 대한 논의는 매우 강한 것 같다.

할인의 옹호자들(defenders of discounting)은 시장 회수 수익률의 할인은 다른 기간에 사용된 자원의 계속적인 비교를 확실히 하기 위해 필요하다고 주장한다. 할인의 비판자들은 세대 간 중립성의 원칙(principle of intergenerational neutrality)에 대해 시작한다. 그들은 현재 세대의 사람들은 다음 세대의 사람들보다 더 가치 있는 사람으로서 대우받아서는 안 된다고 주장한다 ; 그들은 할인이 미래 세대가 현재 사는 사람들보다 덜 관심을 받고 아마도 훨씬 덜 관심을 받을 것이 확실한 데 대해서 반대한다. 만일 우리가 5퍼센트 비용을 할인 받는다면, 2150년에 사는 사람들은 현재 사람들의 단지 작은 부분의 가치만 있는 것 같다.

할인은 문제의 다양한 측면과 함께 강력한 관점을 가진 광범위한 연구를 발전시켰다.[1] 우리의 주요 목표 중 하나는 이러한 관점을 설명하고 몇몇 윤리적 문제를 해결하는 것이다. 우리가 살펴보듯이 할인문제는 국가에 걸쳐 비용과 편익의 분배에 의해 제기된 것과 매우 유사하다. 할인을 제외하고 분배는 장소 대신에 시간을 가로지른다. 우리는 같은 분석을 두 가지 경우에 적용하여 주장할 것이다. 특히 우리는 더 직접적인 재분배 방법이 가능하다면, 재분배의 최선의 수단으로써 기후변화 감축을 생각해서는 안 된다는 것을 제4장에서 논의했다. 이 동일한 논의는 시대를 걸쳐 적용한다. 우리는 더 광범위한 미래를 위해 전반적인 투자를 늘리거나 줄이는 것과 같은 세대

---

1) 저작물은 매우 광범위하다. 논문들은 *Discounting for Time and Risk in Energy Policy*(1982)에 모아져 있다 ; *Discounting and International Equity*(P.R. Portney and J.P.Weyant, eds.,1999) ; and Symposium, Intergenerational Equity and Discounting, 74 *University of Chicago Law Review*(2007). The discount rate used in the Stern Review generated a number of comments. For a sample, Martin Weitzman, A Review of the Stern Review, 45 *Journal of Economic Literature* 703(2007) ; and William D. Nordhaus, A Review of the Stern Review on the Economics of Climate Change, 45 *Journal of Economic Literature* 686(2007) 참조.

를 거스르는 재분배의 직접적인 방법을 검토하고 기후변화 감축에 얼마나 많은 투자를 하는 것이 효율적인가를 결정하는 것을 확실히 해야 한다. 우리가 낮은 할인율을 사용하여 기후변화 감축과 같은 특별한 프로젝트에 투자하기로 결정한다면, 높은 수익률을 내는 유사한 투자를 할 수 있는 기회를 놓치는 것이다.

할인에 대한 비판과 더불어, 우리는 세대 간 중립성의 원칙을 받아들인다. 할인의 비용-편익분석을 기초로 한 결정(decisions based on cost-benefit analysis with discounting)은 미래세대 구성원들에게 심각한 피해를 주고 그럼으로써 거기에는 심각한 윤리적 문제가 있다. 우리가 살펴보듯이 할인이 이 불행한 결과를 초래하게 될 가능성이 있다. 그러나 특별한 계획을 선택할 때, 시장수익률(market rate of return)에서 할인을 거절하는 것이 해결책은 아니다. 전반적인 정책은 미래 세대의 이익에 더 큰 비중을 둔다. 합리적 가정 하에서, 또한 우리가 살펴볼 것은 할인을 거부하는 것은 현재의 투자 이득을 그들에게서 빼앗음으로써 미래 세대의 구성원에게 도움을 주기보다 손해를 입힐 수 있다. 그러므로 우리의 결론은 시장수익률에서의 할인이 적절하고 윤리적으로 정당하다는 것이다. 할인에 대한 비용-편익분석이 옹호할 수 없는 결과를 초래할 때 그 대응은 시장수익률에서의 할인을 거부하는 것이 아니라 가능한 가장 높은 시장수익률의 프로젝트를 선택하여 미래를 위해 더 투자해야 하는 것이다.

시장수익률은 넓은 의미에서 자본투자 수익률이다 ; 전체 시장에 1달러를 투자한다면 그 1달러에 대한 수익률(rate of return)이다. 이 수익률 계산에서 중요한 문제는 먼 미래에 수익률이 어떻게 될지에 대한 커다란 불확실성이 존재한다는 것이다 ; 예를 들어 기후변화의 효과는 가능 수익률을 크게 변화시키겠지만, 얼마 만큼일지 그 정도는 알 수 없다. 이러한 상황 하에서 예상되는 시장수익률(the expected market rate of return)을 계산하면, 산술적으로 그 숫자는 매우 낮다(이는 장래의 대가에 비교적 상당한 비중을 두어야 한다는 것을 의미한다). 앞으로 설명할 이유들 때문에, 이 계산에서는 낮은 수익률이 나오게 될 수밖에 없다. 그 결과는 시장수익률에서 알맞은 할인은 낮은 할인 이율에도 영향을 미치기 때문이다.

왜 할인하는가 Why Discount

할인(discounting)에 따른 기본적인 문제는 기후변화의 영향을 줄이기 위한 자원 소모의 비용과 편익이 시간을 달리한다는 점이다. 중대한 피해를 막기 위해, 우리는 머지않은 미래에 상당한 양의 자원을 소모하기 시작해야 한다. 그러나 이러한 지출의 이익은, 앞으로 수백 년 동안 기후변화로 인한 영향이 감소된 형태로서 누려지게 될 것이다. 국경을 넘나드는 경우에서와 같이 다른 사람들이 비용을 지불하고 이익을 얻게 될 것이다.

비용과 편익이 다른 시간에 발생하지만 상대적으로 그 기간이 근접한 단기 프로젝트에 대해서는, 단일한 기간으로 비용과 편익을 할인하는 것이 표준이다.

당신이 100달러를 가지고 있고, 100달러짜리 투자를 통해 2년 후 110달러를 만들 수 있다고 가정해 보자. 당신은 오늘 100달러를 쓸지 혹은 이를 투자하여 2년 후 110달러를 쓸지 선택할 수 있다. 단순히 110달러가 100달러보다 많다는 이유로 110달러를 선택해서는 안 된다 ; 그것은 웃기는 일이다. 대신 두 개의 선택을 비교하기 위해 할인을 이용해야 한다.

그 이유를 알아보기 위해 당신이 선택할 수 있는 대안적 선택이 하나 있다고 가정하자 : 그 돈을 6%의 이율로 은행에 예금하는 것이다. 투자 대신 예금을 하게 되면, 2년 후 당신은 112.12달러를 가지게 된다. 따라서 당신은 투자하지 말아야 한다. 투자하게 되면 당신은 대안(예금)보다 더 궁색하게 될 것이다. 이 비교를 위한 동일한 과정은 이자율로 투자수익(investment returns)을 할인하는 것이다.

할인된 현금값(flow)이 100달러를 초과한다면, 투자하는 것은 일리가 있는 것이며, 그렇지 않다면, 투자는 일리가 없는 것이다. 할인을 계산하기 위해서는, 각각의 투자금(현금 흐름 ; cash flow)에 1/(1+r)n 산식을 이용해 나누면 되는데, r은 이자율을 말하고 n은 년수를 의미한다. 위 예에서 제시된 110달러의 투자수익은 금리가 6%인 경우 약 98달러(110달러/1.06^2 = 97.90달러)로 100달러보다 적다.

할인은 기회비용(opportunity costs)을 고려하는 가장 좋은 방법으로 보인다. 투자의 기회비용은 은행예금으로부터 얻을 수 있는 대안적 수익이다. 우리가 얻은 계산 결과를 보면 기회비용이 투자수익보다 더 높다. 만약 은행이자가 4%라면, 기회비용이 더 낮을 것이고 – 이러한 경우라면, 투자하는 것이 일리가 있을 것이다.

이러한 분석에서의 핵심은 시간을 두고 자원을 활용할 대안적 방법을 가지고 있었다는 것이다. 위 예에서는 은행 계좌가 된다. 은행예금으로 정해졌다면, 당신은 오늘 100달러를 쓰는 것과 2년 후 112.12달러를 쓰는 것 둘 중 하나를 선택할 수 있을 뿐이고, 2년 후 110달러를 선택할 수 있는 경우는 주어지지 않는다. 당신이 로빈슨 크루소라서 다른 투자의 선택지가 없었다면 – 시간을 가지고 대출 또는 예금으로 자원을 활용할 방법이 없었다면 –

투자의 기회비용은 0이며 단순히 지금 100달러를 원하는지 2년 후 110달러를 원하는지를 단순히 결정하면 된다. 당신은 먹기 위해서 여전히 100달러를 선호할지도 모르겠지만, 더 이상 당신은 결정을 위해 기회비용을 고려하지는 않을 것이다. 앞으로 우리가 살펴볼 것처럼, 기후변화에 관한 논쟁에 내포된 중요한 의견 불일치는 세계가 기후변화에 관하여 로빈슨 크루소와 같은 처지에 있는 것인지 여부 – 기회비용이 무시되어야 하는지 혹은 고려되어야 하는지 여부 – 이다.

미래 세대와 시간이라는 아크
Future Generations and the Arc of Time

핵심 질문은 동일한 논리가 아주 오랜 기간 동안(어쩌면 200년 또는 그 이상) 적용될 수 있는지 여부와 언제 비용과 편익이 일개 개인보다는 세대 간에 걸쳐 분산될 수 있는지 이다. 할인은 더 이상 일생에 걸친 개인의 소비에 관한 것이 아니다.

그 대신 각각 다른 개인의 복지를 비교하는 것에 관한 것이다. 같은 논리가 적용될 것인가?

할인은 긴 범위를 가진 정책들에 대해 상당한 영향력을 가지고 있는 것이 명백하다. 기후변화로 인하여 우리가 백 년 동안 1조 달러의 손실을 본다고 가정해 보자. 할인율이 7퍼센트 이하라면 우리는 10억 달러를 약간 상회하는 비용을 지불하여 – 그것의 1000분의 1에 해당하는 피해를 – 예방할 의사가 있을 것이다. 만약에 그 시간 범위가 이백 년 – 기후변화 정책 고려 내에서 좋은 시간인 – 이었고 7퍼센트 할인율을 적용한다면 약 130만 달러를 사용하여 0.00013퍼센트의 미래에 발생할 비용을 예방하려고 할 것이다. 이러한 숫자들로 미루어 볼 때 사람들은 현재의 작은 비용을 투자하여 미래의 많은 수의 사람들의 소중한 자산을 보호하려고 하지 않는다는 것을 쉽게 알 수 있다. 도의적 관점에서 많은 사람들은 기후변화 감소로 인한 미래의 이익의 할인을 요구하는 결론에 대해 회의적이다.

기후변화 정책에 있어서 할인율이 의견 충돌의 주요 부분이라는 것은 이미 확인한 바 있다. 예를 들어 최근의 가장 유명한 기후변화협약 연구 중 두 가지는 서로 매우 다른 제안을 하고 있다. 영국 정부에 의하여 기금이 마련된 운영된 연구의 대표인 Nicholas Stern의 Stern Review에 의하면 배출에 관하여 매우 높은 세금과 극적이고 빠른 배출 감소를 제안했다. 반면에 저명한 환경경제학자인 William Nordhaus에 의하면 가스 배출에 관하여 보통의 세금과 점진적인 감소를 주장했다. 거의 정반대의 제안이 이러한 영향력 강한 인물들에 의해서 제안되는데 이것은 할인율에 관하여 서로 다른 가정을 하고 있기 때문이다. Stern은 미래 비용과 이득을 1.4퍼센트로 할인한 반면에 Nordhaus는 5.5퍼센트로 할인하였다.[2] 1.4퍼센트의 할인율은 5.5퍼센트 할인율에 비하여 백 년 동안 53배 높은 비용이 측정된다. 만약에 손해가 이백 년 이내에 발생한다면 Stern의 접근법은 Nordhaus의 접근법에 비하여 2800배 높은 가치가 있을 것이다. 만약 기후변화로 인한 비용이 먼 미래에 발생할 경우 할인율에 관한 가정은 Nordhaus의 것보다 Stern의 방법에 더 많은 문제가 있음을 확인하게 될 것이다. 어림잡아 볼 때 할인율은 저자들

---

2) Nicholas Stern, *The Economics of Climate Change*(2007) ; William Nordhaus, A Question of Balance(2008).

간 차이의 모든 것이다.[3)]

분석가들은 할인율이 기후변화를 측정하는 데 중요 기준이고 이러한 논의를 해결하는 것이 적절한 해법이라는 것도 인식하고 있다. 예를 들면 IPCC의 경우 할인율이 기후변화의 효과를 평가하는 두 번째로 중요한 요소라고 평가한다. IPCC는 기후 민감도(대기 내 이산화탄소가 두 배나 추적된 데 기인하는 지구 평균 기온 변화)를 가장 중요한 요소로 평가한다. 이 요소를 100으로 보았을 때 할인은 66의 가치를, 2.5도의 기온 상승에 대한 경제적 영향(economic impact) 평가는 32로 평가된다.[4)]

할인율에 대한 논쟁은 기후변화가 이슈화되기 오래 전부터 시작되었다. 저명한 경제학자들만 보더라도 다양한 관점의 차이를 보인다. 1928년에 Frank Ramsey가 주장하기를 "우리는 미래의 즐거움을 앞서는 현재의 것과 비교하여 할인하지 않는다고 가정한다. 도의적으로 방어할 수 없고 또한 정신의 나약함으로 인해 일어나는 것이다."라고 주장한 것은 유명하다.[5)] Roy Harrod는 말하기를 할인하는 것은 "약탈에 대한 점잖은 표현이고 감성으로 이성을 누르는 것"이라고 주장하였다.[6)] 그러나 노벨상수상자인 Tjalling Koopmans는 효과적으로 할인하는 것에 실패하는 것의 의미는 현 세대가 미래 세대의 이익을 위해서 굶어야 한다는 것이라고 주장하였다. 도의적으

---

3) Nordhaus, supra n.2 ; Chris Hope, The Marginal Impact of Co_2 from PAGE2002: An Integrated Assessment Model Incorporating the IPCC's Five Reasons for Concern, 6 *Integrated Assessment* 19(2006).

4) Working Group II : Impacts Adaptation, and Vulnerability, IPCC Fourth Assessment Report 823, *Climate Change 2007.*

5) Frank Ramsey, A Mathematical Theory of Savings, 38 *Economic Journal* 543(1928).

6) Roy Harrod, *Towards a Dynamic Economics*(1948).

로 보았을 때 총체적 복지를 증진시키기 위해서 우리는 행동해야 한다는 것과 1달러를 투자하는 것은 불확실한 미래를 위한 투자라는 것이다. 우리가 할인을 하지 않는다면 미래에 얻는 1달러의 수익은 현재의 손실보다 확실하게 가치가 있는 것이다. 그러므로 할인을 하지 않는다면 우리는 모든 달러를 모아야 한다는 방어할 수 없는 결론에 도달하게 된다.[7] 다른 여러 저자들도 이러한 이슈에 대해서 수년간 연구하였다.[8]

윤리주의자와 실증주의자 Ethicists and Positivists

적절한 할인율에 대하여 두 가지 주요한 입장이 있다. 이 두 가지 입장은 윤리주의자와 실증주의자의 입장이라고 할 수 있다. 윤리주의자들은 할인율이 어떠해야 하는가에 관하여 첫 번째 원칙으로부터 이유를 찾으려고 한다. 실증주의자들은 시장에서 결정된 할인율(market-determined discount rate)이 실제로 어떠한가에 대해서 관찰하려고 한다. 만약 시장 할인율이 윤리주의자들이 생각하는 할인율과 일치하지 않을 경우 두 가지 입장은 갈등이 생긴다. 우리는 실증주의자들의 접근법을 기술하기로 시작하고 윤리주의자들의 접근법을 알아보기로 한다. 결국 실증주의자들의 접근법이 도의적 관점에서 타당하지 않을 경우 무의미하기 때문이다.

우리는 이 두 가지 접근법이 다른 문제에 초점을 맞추는 것이라고 제안

---

7) Tjalling C. Koopmans, On the Concept of Optical Economic Growth, 28 *Pontificae Academiae Scientiarum Scripta Varia* 225(1965).

8) supra n.1 for a partial list of reference.

한다. 윤리주의자들의 접근법은 시장수익률보다 낮은 프로젝트를 선택하기 위해 사용되어서는 안 되며, 실증주의자들의 접근법은 미래에 대한 우리의 의무에 관한 도덕적 판단을 함에 있어서 실수가 있어서는 안 된다. 윤리주의자들의 주장의 뒤에 있는 직관은 복지의 할인(discounting welfare)을 자금의 할인(discounting money)과 결합시키고자 하려는 것에 우리는 의문을 가진다.

윤리주의자들이 2050년에 태어나는 사람들의 복지가 2010년에 태어나는 사람들의 복지보다 작아도 문제되지 않는다고 말하는 것은 맞다. 그러나 우리가 보듯이, 그들이 제안하는 이러한 요구가 자금을 할인하는 것을 받아들일 수 없게 한다고 제시하는 것은 옳지 않다.

실증주의자들의 입장 The Positivist Position

실증주의자들은 이러한 문제를 간단한 기회비용의 문제로 접근하며, 심지어 장기적인 관점에서도 그러하다. 100년 후에 4000억 달러의 이익을 만들면서 1000억 달러를 탄소 배출량을 줄이는 데 투자하고자 한다고 가정해보자. 이것은 수익률이 1.4%라는 점을 의미하며, 이 할인율은 스턴리뷰에서 사용된 것이다. 실증주의자들은 만일 시장수익률이 그 기간 동안 5.5%(the Nordhaus rate)라면, 같은 1000억 달러가 100년 후에 거의 53배인 21조 달러를 넘게 수익을 창출할 수 있다. 같은 식으로, 우리는 시장수익률에서 약 20억 달러를 투자함으로써 9800만 달러를 현재의 방종한 생활에 소비하는 것을 내버려 두면서, 미래에 4000억 달러를 줄 수 있다. 이러한 가정적 사실 상황 하에서 1000억 달러를 기후변화 영향을 줄이기 위해서 투자하는 것은 전혀 이치에 맞지 않다. 그렇게 하는 것은 광대한 자원을 버리는 것이 된다:

오늘 980억 달러이거나 100년 후에 20조 달러이거나.

이러한 논리에 따를 때 결론은 만일 최소한 어디서든지 가능한 수익과 같은 수익을 가져 올 수 없다면 어떤 프로젝트에게든지 투자하는 것은 현명하지 않다. 문제는 정확히 다른 곳에서 가능한 수익(은행)과 투자에서 얻어지는 수익을 비교하는 개인의 문제와 아주 비슷하다. 장기간이라고 해서 분석 방법이 달라지지 않는다 ; 그것은 단지 문제를 더 중요하게 만들 따름이다. 따라서 우리는 프로젝트를 다른 가능한 수익률－시장수익률(market rate of return)로 할인하여야 한다. 단지 할인된 비용편익분석법을 거친 프로젝트만이 착수되어야 한다. 어떤 다른 선택은 자원을 버리는 것이며, 이것은 미래세대에 좋지 않다. 우리의 예에는, 1.4%의 수익률을 발생시키는 투자에 1000억 달러를 투자하는 것보다, 50억 달러를 시장에 투자하고, 미래 세대에 1조 달러를 주자는 것이다. 모두가 더 잘 될 것이다. 현재 세대는 다른 어떤 안보다 950억 달러를 더 가지게 되며, 미래 세대는 다른 어떤 안보다 6000억 달러를 더 가지게 된다.

실증주의자들이 현금을 할인하는 것에 주목하라 ; 그들은 현재 살고 있는 사람들보다 미래 세대를 덜 가치 있게 다룰 필요가 없다. 현금을 할인하고 동등한 도덕적 가치를 다른 세대들에게 부여하는 것은 충분히 양립될 수 있다. 그 이유를 보기 위해, 오늘날의 통계적인 삶이 500만 달러의 가치를 갖는다고 가정하자. 50달러의 비용으로 10만분의 1의 위험이 방지된다는 것을 의미한다.[9] 이것은 우리가 통계적인 삶을 보호하는 데 즉시 사용되어질

---

9) 이러한 수치는 현재 숫자의 범위 내에 있다. Cass R. Sunstein, Valuing Life : A Plea for Disaggregation, 54 *Duke Law Journal* 385(2004)(listing a figure of $6.1 million) 참조.

수 있는 액수이다. 실증주의자들은 만일 200년 후의 통계적 삶의 가치가 500만 달러(같은 액수의 달러인)로 같다면, 우리는 단지 그 인생을 구하기 위해서 그 액수의 현재가치만 저축해야 한다고 주장한다. 그들은 삶 - 둘 다 500만 달러의 가치가 있다 - 을 할인하는 것이 아니라 현금을 할인한다. 왜냐하면 현재에 따로 저축한 1달러가 할인율(discount rate)과 동일하게 불어날 것이기 때문이다.

그것은 실증주의자들이 미래 세대와 현재 세대가 같은 비중이 주어져야 하는지에 관한 윤리적 논쟁에 대해서는 전혀 기여하지 않는다는 것을 의미한다.

어떤 실증주의자들은 현재의 사람들은 분명히 미래에 사는 사람들에게는 현재 사람들에게 부여하는 도덕적 가치보다 낮은 비중을 부여할 것이라고 생각할지 모른다 ; 그리고 그렇기 때문에 현명한 실증주의자들은 이러한 믿음을 반영한 프로젝트를 추천해야 한다. 다른 실증주의자들은 반대할지 모른다. 우리는 곧 이 문제를 다룰 것이다.

복잡함과 어려움 Complications and Difficulties

이 간단한 분석은 몇 가지 어려움에 봉착한다.

1. 사적 그리고 사회적 수익률 Private and Social Rate of Return : **기회비용을 계산함에 있어 많은 기술적인 문제들이 다루어져야 한다.**

한 가지 중요한 문제는 세금, 그리고 투자자가 보는 수익률(즉 세후 수익률, after-tax rate of return)과 사회에 유익한 수익률(즉, 전체 즉 투자자가 세후 금액을 얻고, 정부는 세금을 받기 때문에 세전 수익률, pre-tax rate of return) 사이의 차이를 야기하는 유사한 항목을 어떻게 조절할지에 달려 있다. 또 다른 문제는 많은 시장이자율이 있다는 것이다. 국채는 회사로부터 다른 이율로 이자를 지불한다 ; 단기 채권은 장기 채권으로부터 다른 비율로 지불한다 ; 주식과 채권은 다른 수익률을 갖는다. 또한 할인율은 시간에 따라 변할 수 있다. 이러한 문제는 중요하지만, 크게 기술적이라서 우리는 여기에 얽매일 필요는 없다.[10)]

2. 불확실성 Uncertainty

겉보기에 기술적인 문제는 우리의 관심을 끌 만한 가치가 있는 바, 할인율에 있어서의 불확실성의 영향을 포함한다. 50년 후에 100만 달러의 수익률을 만들어내는 프로젝트를 고려하고 있다고 가정해 보자. 또한 그 할인율이 불확실하고 같은 확률로 10퍼센트 또는 2퍼센트 중 하나의 값을 취할 수 있다고 가정해 보자. 우리가 이 수익을 평가하기 위해 사용해야 하는 예상되는 할인율은 무엇인가?

이것은 10과 2의 단순한 평균 즉 6퍼센트로 나타나지는 않는다. 그보다 오히려 그 숫자는 훨씬 낮아서 이 경우 약 3.4퍼센트 정도이다. 예상할인율을 결정하기 위해서 우리는 두 가지 상황과 이 수들의 평균에서 각 100만 달러의 할인된 값을 취해야 한다. 할인율이 10퍼센트라면, 현재의 가치는 약 8,500달러이다. 할인율이 겨우 2퍼센트라면 현재의 가치는 372,000달러이

---

10) 이것은 논점들이 중요하지 않다고 말하는 것은 아니다. 할인율에서의 조그만 변화는 프로젝트 가치에 커다란 변화를 가져오기 때문에 이러한 논점을 제대로 이해하는 것이 중요하다. 그러나 그것들이 우리의 논의에 대해 중심적인 것은 아니다.

다. 평균값은 190,000달러이다. 190,000만 달러라는 평균은 우리가 프로젝트의 현재 가치를 추정하는 데 사용해야할 숫자이다. 묵시적 할인율(implied discount rate, 190,000 달러로써 100만 달러의 현재 가치를 부여하는 할인율)은 3.4퍼센트이다. 불확실성이 증가함에 따라 그리고 시간이 경과함에 따라 그 영향은 확대된다.

이 점은 불확실한 효과를 수반하는 장기적 문제의 전형적 사례인 기후변화의 문제에서 중요한 함축적 의미를 가진다.[11)] 우리의 결론은 실증주의자들이 장기적으로 아주 낮은 수익률을 예상하는 데 사용되는 할인율을 의미한다. 심지어 100년간의 성장률을 최소한 3이나 4% 이상을 예상한다 하더라도, 이 비율은 아주 낮은 것으로 판명될 가능성이 있다. 세계의 안 좋은 국가 – 성장이 매우 더딘 – 가 평균적인 과정을 지배할 것이기 때문에 낮은 비율로 할인해야 한다.

중요한 결론은 다음과 같다. 우리는 높게 유지된 오늘날의 투자 수익률이 실증주자들이 높은 할인율을 권해야 한다는 것을 의미한다고 오해해서는 안 된다. 반대로, 실증주의자로부터 추천된 할인율은 특히 기후변화 자체가 투자 수익률을 낮출 수 있기 때문에, 매우 낮거나 심지어 마이너스가 될 수 있다. 있을 법하지는 않지만, 나쁜 결과가 분석의 주요 특징이 된다는 것을 의미한다고 평균적인 효과가 보여 주기 때문에 아주 나쁜 기후 결과가 없을 것이라 하더라도 마찬가지이다. 여기서 결과 값을 계산하지는 않겠지만, 전혀 다른 이유에서이긴 하더라도, Stern은 1.4퍼센트의 할인율(전적으로 다른

---

11) Martin L. Weitzman, Why the Far – Distant Future Should Be Discounted at Its Lowest Possible Rate, 36 *Journal of Environmental Economics and Management* 201(1998).

이유에서)을 사용했고, 이것과 큰 차이는 없을 것이다. Nordhaus의 훨씬 더 높은 수치는 불확실성의 평균적 계산으로부터 주어진 믿기 어려운 것으로 보인다.

3. 더 부유한 미래 The Richer Future

실증주의자들은 또한 미래의 항목들에 대해 정확한 가치를 매겨야 한다.[12] 미래의 사람이 현재 사람보다 부유하다면, 그들은 오늘날의 사람들보다 환경에 더 많은 가치를 부여할 것이다 ; 사람들은 부유해질수록 환경에 더 많은 가치를 둔다는 것은 잘 알려진 사실이다. 더욱이 만약 기후변화가 (예상된 것처럼) 환경에 피해를 줄 경우, 제공되는 이익은 더욱더 줄어들 것이고, 상대적 가치는 증가할 것이다. 솔직히, 먼 미래 환경의 정확한 가치를 평가하는 것은 어렵다. 하지만 우리가 이런 류의 고려사항을 참작하지 않는다면, 잘못된 평가를 사용하고 기후변화 감축 비용과 이득(the costs and benefits of climate change abatement)을 부정확하게 측정하는 위험에 처하게 된다.

윤리주의자들의 입장 The Ethicists' Position

윤리주의자들은 정확한 할인비율을 결정하는 유일한 방법은 윤리적 근거의 첫 번째 원칙으로 돌아가는 것이라고 주장한다.[13] 그들의 주요 주장은

---

12) Thomas Sterner and U. Martin Persson, An Even Sterner Review : Introducing Relative Prices into the Discounting Debate, Resources for the Future Discussion Paper, Washington, DC : Resources for the Future(2007).

할인에 있어 비용-편익분석은 명백히 비윤리적인 선택을 낳을 수 있다는 것이다. 기후변화는 가장 생생한 예가 된다. 기후변화는 미래를 끔찍한 피해의 위험에 노출시킨다. 그러나 실증주의 방식에 의해 요구되는 높은 할인율로 인하여 우리는 기꺼이 미래의 심각한 피해를 방지하기 위해 현재 아주 적은 금액을 사용할 수 있다. 우리가 세대 간 중립성 원칙(principle of intergenerational neutrality)을 존중하고 미래 세대 구성원의 이익을 심각하게 받아들일 의무가 있다고 믿는다면, 이것은 비윤리적이다.

할인은 다른 사람들에게 심각한 해악의 위험을 야기하는 것을 방지하기 위해 적은 양의 소비를 거절하는 것을 정당화하지 못한다.

더 구체적으로 해수면 상승이 플로리다를 200년 후에 파괴할 것이라고 가정해 보자. 또한 이러한 효과를 거스르기가 어렵다고 가정해 보자 ; 배출량을 감소시키는 것은 아마도 매우 비쌀 것이고, 결과적 피해를 완화시키는 것은 가능하지 않다. 실증주의자의 접근법 하에서는 기후변화를 감소시키기 위한 계획상의 수익률은 낮고, 할인율로서의 시장 성과를 이용한 비용효과

분석은 이러한 것을 실현하는 것이 어려울 것이라고 할 것이다. 그러나 결론은 우리는 당연히 후손들을 위해 행동하지는 않을 것이라는 점이다. 아마도 우리는 다양한 윤리적 이론들 하에서, 후손들에게 이러한 피해의 예방과 피해에 따른 보상을 할 의무가 있을 것이다. 의무적 윤리의 접근 하에서는, 예를 들면 어느 사람이 그 자신이 속해 있다고 하는 세대는 도덕적인

---

13) 이러한 할인 접근법에 대한 요약은 Nicholas Stern, *The Economics of Climate Change*(2007) ; and Geoffrey Heal, Intertemporal Welfare Economics and the Environment, in *the Handbook of Environmental Economics* 1106(k-g. Maler and J. R. Vincent, eds., 2005)를 보라.

관점과 관련이 없다 ; 만약 현재 세대가 미래 세대에게 재앙적인 피해를 주면서 그 자신을 풍요를 누린다면 자신의 도덕적 의무를 위반하는 것이다. 복지주의자의 관점에서는 문제는 현재 세대의 행동이 전체적인 복지를 증가시킬 것인가 감소시킬 것인가이다 ; 기후변화를 예방하기 위한 그들 스스로의 조치를 취하지 않는 것은 그러한 행위를 하는 것보다 전체 세대를 통한 크나큰 복지의 손실을 초래할 수도 있을 것이라는 것은 쉽게 상상할 수 있다. 실증주의자의 할인이론은 현세대의 의무에 대해서 아무것도 언급하지 않는다. 요컨대 할인과 비용 - 효과 분석을 통한 계획의 수립은 심각한 부정의를 야기하고, 미래 세대에 대한 우리들의 윤리적 의무의 위반을 가져온다.

할인이론을 검토함으로써 윤리론자들은 왜 할인이론이 명백히 비윤리적으로 보이는 결과를 가져오는지 설명한다. 그들은 세 가지 주요한 이유를 제시한다.

1. 개인적 대 사회적 수익률 Private versus Social Rates of Return

윤리론자들은 개인의 시각에서의 투자의 이익률 - 소위 사적 수익률 - 은 투자를 통해서 사회가 얻는 이익 - 사회적 수익률 - 과 같을 수 없다고 주장한다. 이러한 차이에는 많은 이유가 있을 수 있다. 그러나 시장이 완전경쟁상태가 아니라면 - 이런 조건을 유지하기는 쉽지 않을 것이다 - 개인적 이익과 사회적 이익은 같을 수 없다. 개인적 이익만을 반영하는 이자율을 보자. 이러한 이자율은 투자를 통한 총이익이 비용만큼 가치 있는지 여부에 대한 좋은 기준이 될 수 없다.

위에서 논의했던 할인율을 설명하기 위해서 개인은 투자의 수익률을 5.5 % 요구하지만 이것은 개인적인 이익일 뿐이다. 투자의 사회적 이익은 개인적 이익보다 더 클 것이다. 예를 들면 개인이 투자를 통하여 1.4%의 이익을 얻고 나머지 이익을 사회가 갖는 것이 더 가치가 있을 것이다. 시장 수익률인 5.5%의 이익을 요구하는 것은 전체적으로 가치 있는 계획을 거부하는 것이 된다. 경제학자들이 상상하는 완전한 시장과 같이 엄격한 조건들이 없이는 개인적 이익과 사회적 이익은 같을 수 없고, 그래서 우리는 사회적 정책의 가이드라인으로서의 시장에서 가능한 개인적 이익으로 눈을 돌릴 수 없다.

2. 후손을 소홀히 하는 개인(첫 번째 주장과 밀접한 관련이 있지만) Individuals Neglection Posterity

두 번째로, 개인은 미래를 위하여 얼마를 저축할 수 있는가로 오늘날의 이자율을 결정한다. 이러한 결정에 있어서는 개인은 그들의 인생 동안의 소비를 고려한다 – 즉 은퇴 후와 비교하여 오늘 얼마를 쓸 것인가, 그들의 자식과 손자들이 후손들이 얼마를 쓸 것인가를 고려하는 것이다. 그러나 기후변화는 수백 년 동안 지속되는 문제이고, 여러 세대에 걸쳐진 문제이다. 윤리론자들은 개인은 저축을 결정할 때 먼 미래를 고려하지 않는다고 말한다. 이것은 오랜 기간에 걸친 결정을 할 때 예상된 수익률은 좋은 가이드라인이 되지 못함을 의미한다. 개인은 시장 수익률의 설정에 있어서 관련 문제를 고려하지 않는다.

3. 수익률의 변화 Changes Rates of Return

마지막으로 기후변화 감소는 커다란 경제적 조정을 포함한다. 만약 우리가 이러한 조정을 한다면, 수익률은 변화할 것이다. 즉 투자 수익률은 내생적인 것이지 외부에서 발생하는 것이 아니다. 우리가 보는 것이 다양하듯 선택도 다양할 것이다. 이러한 선택을 하기 위해 확실한 이유를 가져야 한다. 윤리로 다시 돌아가야 한다.

●●●

적절한 할인율을 정하기 위하여, 윤리론자들은 사고실험(thought experiment)을 수행하는 사회를 상상한다. 이와 관련된 다소 기술적인 주장이 있다. 이것을 이해하기 위하여 간단한 계산을 소개한다.

우리가 오늘날 미래에 수익을 만들어낼 수 있는 추가적인 1달러를 투자하는 것을 고려한다고 가정해 보자. 윤리적 문제로서, 얼마만큼 미래의 수익이 오늘날의 소비량의 감소에 대해 보상이 될 것인가? 현재 1달러를 잃었다면, 미래에 얼마만큼 받아야 하는가 - 라는 차이는 '얼마나 각 세대가 받을 자격이 있는가'에 대한 우리의 윤리적인 판단(our ethical judgements)에 기초하고 있다. "사회적 할인율(social discount rate)"은 이와 같은 윤리적 판단을 반영한다. 그리스 자 rho, 즉 미래에 $1+\rho$를 얻기 위하여 오늘의 1을 포기하는 것이 도덕적으로 적합하다면, ρ는 사회적 할인율이다.

ρ는 어떻게 결정 되어야 하는가? 3가지 관련된 변수가 있다. 첫째, 미래 세대의 웰빙은 우리 세대의 웰빙보다 많거나 적게 받거나 또는 같은 비중이어야 한다고 믿어야 한다. 그리스 문자인 델타 δ를 우리가 미래 세대들의 복지를 할인하는 것과 같은 비율로 하는 것은 전통적이며, 만일 전적으로 그들의 웰빙의 도덕적 중요성의 할인이라는 점에서는 그렇다. 이 용어는 종종 "순 시간선호율(pure rate of time preference)"이라 불린다. 대부분의 윤리론자들은 델타 ∂ = 0이라고 믿으며, 그것은 우리가 같은 도덕적 비중을 우리 세대와 미래 세대에 주어야 한다고 믿는 것이다.

공식적으로, 최상의 결과는 :

$$\text{Max}\ [W(C_0)+W(C_1)/(1+\delta)+W(C_2)/(1+\delta)^2 \cdots]$$

$W(C_i)$는 주어진 세대 i의 복지의 기준이고, C_i는 그 세대의 소비량이 된다. 만약 δ가 0이면, 사람들은 소비 수준(level of consumption)을 선택하고, 각 세대의 복지의 합이 최대가 되도록 절약할 것이다.

둘째, 소비로부터 얻는 한계수익(marginal benefit from consumption)이 감소할 것이라는 가능성을 고려할 필요가 있다. 윤리론자들은 각 세대의 복지가 아주 특별한 형식에 의해 결정된다고 간주한다 ; 소비가 증가할수록 추가적 소비에 의한 (퍼센트 조건에서의)한계수익은 일정한 비율 η 으로 감소한다. 그것은 그리스 문자 eta이다. 특히 주어진 세대의 복지 W는 $C^{(1-\eta)}/(1-\eta)$와 동일하게 정해진다. 이것은 어떤 경험적 또는 윤리적 지지에 기초하는 것보다는 주로 편의를 위해 선택되며 - 이 함수식(functional form)은 수학적인 면에서 작동하기 쉽다.[14)]

성장률(growth rates)이 높다고 가정하면, 미래는 오늘보다 훨씬 부유하다. 그들이 더 부유하기 때문에 그들의 소비 증가가 덜 문제될 것이라는 점을 eta는 나타낸다. 더 높은 eta는 더 많이 우리가 미래 세대에게 오늘 소비단위

---

14) 이러한 단순화는 오직 놀랍다. 예를 들면 Stern은 실증주의자들이 사회적 수익률과 동등하게 개인적 수익률로 하여금 모든 종류의 특수화된 가정을 요구하는 데 대해 신랄하게 비판한다. 그러나 그러면서 특수한 기능형식을 강요한다. Stern, *The Economics of Climate Change*. 공공경제학에서 이러한 함수식을 사용한지가 오래 되었다 할지라도 이것은 특별한 가정이다. Anthony B. Atkinson, Measurement of Inequality, 2 *Journal of Economic Theory* 244(1970)를 보라.

를 포기하게 하는 것을 요구하게 한다. 우리는 그것을 불평등 변수(inequality parameter)로써 생각할 수 있다.

셋째, 경제성장률에 대한 가정을 해야 한다. 경제성장률을 지칭하는 'c - dot'c라는 부호를 사용하는 것이 표준이다.(연상기호 *C*는 소비이며 dot은 소비의 변화율을 언급하는 변수를 나타낸다.) 그것은 $\dot{c}$의 공식을 통해 각 시기의 소비가 어떠할 것인지 알려준다.

이러한 가정을 통해 윤리론자들은 사회적 할인율의 표시를 다음과 같이 나타낸다.

$$\boldsymbol{\rho} = \eta\dot{c} + \delta$$

사회적 할인율 = 불평등에 대한 관심*성장률 + 순수 시간 할인율

논의에서 $\boldsymbol{\rho}$는 사회적 할인율이다 - 이는 기후변화 감축과 같은 프로젝트의 평가를 위해 사용하는 할인율이다. c dot은 성장률이다. Eta는 얼마만큼 우리가 불평등에 얼마나 관심을 가지는지를 반영한다. delta는 순시간선호율(pure rate of time preference)이다.

주장에서 논의의 대부분은 delta에 관한 것이었다. 윤리론자들은 대부분 한결같은 입장을 취했다. 단순히 미래 사람들이 미래에 살기 때문에 그들에게 적은 비중을 주는 것을 의미하는 델타를 긍정적으로 생각하는 것은 비윤리적이라고 하는 입장이다. 모든 사람이 평등하게 계산된다면, delta는 0이어야 한다.

Eta 또한 중요하다. 세대를 거슬러 그리고 어떤 주어진 세대 내 모두의 불평등에 관한 견해를 반영한다. 더 높은 eta는 더 많은 평등주의자이다. 기후변화의 맥락에서, 우리가 더 많은 평등주의자일수록, 더 높은 할인율과

더 적은 감축에 기꺼이 투자할 수 있다는 것을 의미한다. 만일 우리가 시간을 넘어 현재 세대의 재분배를 위해 같은 가치를 사용한다면 더 많이 현재 재분배하길 원할 것이며(즉 우리는 더 평등주의자이다) 더 높은 할인율이 될 것이다(우리는 기후변화 감소에 덜 참여하길 원할 것이다. 왜냐하면 그것은 부유한 미래를 위해 재분배하기 때문이다).

강한 평등주의자들이 미래에 관해서는 관심도 없어 보이는 외견상 이러한 역설은 미래가 현재보다 더 부유해질 것으로 예측되기(우리가 희망하는 바) 때문이다.

본 논쟁에서의 용어는 이 시점에서 다소 혼란스럽다. 델타 δ를 0으로 놓는 것은 종종 할인하지 않는 것으로 설명된다. 어떤 의미에서는 이것이 옳다: 미래 세대들은 단순히 그들이 미래에 있기 때문에 할인되지 않는다. "순시간선호율"은 0이다. 그러나 사회적 할인율(social discount rate)인 ρ는 양수(positive)가 될 것인데, 하지만 윤리론자들이 말하듯이 이것이 우리가 할인을 하기 때문인 것은 아니다. 이는 우리가 분배 선호(distributive preferences)를 가지기 때문이다 : 미래가 더 부유하다고 하는 한 우리는 미래의 소비를 증가하려고 해서는 안 된다. 만일 ρ가 양수라면, 그러나 기후변화를 평가하는 데에 할인을 적용할 때와 동일한 수학적 계산과정이 사용될 것이다. 그러나 계산과정은 분배 선호를 조정하는 것이지 시간을 조정하는 것이 아니다. 이것은 마치 할인인 것처럼 보이지만, 윤리주의자들이 얘기하듯이 이는 단지 우연의 일치(coincidence)일 뿐이다.

마지막으로, 사회적 할인율은 경제가 성장하고 있는 사실을 반영할 것이다. 에타가 변하지 않는 채로 성장률이 높아질수록, ρ가 더욱 높아질 것이다. 우리가 살펴본 바와 같이 이것은 실증주의자들이 "할인(discounting)"을 옹호할 때에 통상적으로 염두에 두는 것이다. 만일 경제가 성장하고, 그 후 자본을 안전한 투자처에 투자하는 것은 온실가스 경감과 같이 일정한 현물 거래 형태(certain types of in-kind transfers like greenhouse gas abatement)보다 미래에 더 도움이 될 수 있다.

매개변수에 관한 윤리적 논쟁을 거치고 나면 (그리고 기술적으로 적합한 성장률(닷 - C)의 평가를 했다면), 사회적 할인율을 결정할 수 있다. Nicholas Stern은 그의 최초 보고서에서 델타 = 0.1로, 에타 = 1로 놓고, 성장률을 1.3%로 추정했다. 따라서 그는 1.4%의 사회적 할인율을 사용하였다. 경제에서 투자에 대한 수익률(the rate of return)을 훨씬 밑도는 수치라는 점을 주목하라. 그는 최근 그의 견해를 수정했었는데, 에타를 2로 상향 조정함으로써, 결과로 초래된 정책권고들(resulting policy recommendations)을 재계산하지 않았음에도, 할인율이 이제 2.7%로 다른 투자에 대한 회수율에 근접하나 아직까지 그 이하에 머물도록 하였다.[15] Nordhaus는 5.5%와 동일한 할인율을 이끌어 내기 위해 델타를 1.5, 에타를 2, 성장률을 2%로 설정하였다. 이와 같은 다른 할인율들을 사용함에 따른 결론의 차이는, 언급되었다시피 극적이며, 정책 권고를 가장 보수적인 것에서 가장 공격적인 것으로 전환한다.

할인의 윤리학 The Ethics of Discounting

우리의 중심적 주장 Our Central Claim

이 절에서 우리는 3개의 결론을 방어한다. (1) 오로지 할인과 함께 비용-

15) Stern, supra n.2.

편익분석을 통해서 선택되는 프로젝트들은 미래에 심각한 불공정을 초래할 수 있으며, 세대 간 중립성의 원칙(principle of intergenerational neutrality)을 존중해야만 한다는 점을 주장하는 윤리론자들은 옳다. (2) 실증주의자들이 시장회수율(market rate of return)보다 회수율이 더 낮은 프로젝트를 선택하는 것은 자원의 낭비라고 하는 것은 옳다. (3) 이들 두 입장 사이에 있어 왔던 오랜 논쟁에도 불구하고, 이 둘은 근본적으로 모순되는 것은 아니다.

세대 간 중립성에 관한 윤리론자들의 주장은 (불확실성을 충분히 고려한)시장투자회수율에의 할인을 거부하는 것을 정당화하지 않는다.

우리가 이제 곧 살펴볼 것과 같이, 미래에 남겨 줄 전체적 유산을 선택하는 것은 – 각 세대가 어느 정도를 차지할 것인지 문제 – 특정한 프로젝트의 선택과 크게 관련이 없다.

특히 기후변화의 효과에 대한 윤리론자의 관심은 미래를 위해 더 많이 노력해야 할 필요가 있음을 제시하지만, 특히 무엇을 해야 하는지에 대해서는 함구하고 있다. 프로젝트 선택을 위한 실증주의자의 시장할인율(market rate of discount) 이용은 우리가 미래에 대한 의무를 이행하고 있는지 여부에 대해서는 아무런 답을 주지 않는다.

어떻게 두 가지 문제가 별개로 될 수 있는지를 설명하기 위해, 현재 세대가 미래 세대를 위해 특정한 유산을 남겨 준다고 생각해 보자. 유산은 지금 보았을 때 윤리적으로 정당한 정도의 것이다. 금전적인 가치로 평가할 때, 예컨대 100달러라고 해보자. (종국적으로 필요한 만큼 많은 0이 붙는 것을 상상하자) 새로운 프로젝트는 – 예를 들어 새로운 기술에 대한 교육이나 연구가 – 현재 세대가 10달러의 비용을 부담하면 미래에 20달러가 만들어진다고 간주된다. 만약 우리가 이 프로젝트를 추진한다면, 우리는 우리 유산을 다른 곳에서 줄일 수 있게 되며, 여전히 미래 세대에는 100달러가 남겨지고, 분배적 중립성(distributional neutrality)이 유지된다.

이 사례에서의 단 한 가지 의문은, 이 프로젝트에 소요되는 10달러가 다른 곳에 소비되는 10달러보다 더 나은 수익인지 여부이다. 이 프로젝트를 추진할 것인지를 결정하는 올바른 절차는, 우리가 앞서 본 것처럼, 할인에 상응하는 기회비용(opportunity costs)을 가늠해 보는 것이다.

이제 우리의 행동으로 인해 야기된 새로이 발견된 환경적 해악 때문에 우리의 미래에 대한 유산이 불충분하다고 가정해 보자. 예를 들어 그것이 100달러가 아니고 단지 70달러라고 가정하자. 우리는 이제 그것을 있는 그대로 두기만 하면 충분한지 여부를 재평가하여야만 한다. 주어진 정보 하에서 미래에 남겨 두어야 할 정확한 액수가 95달러라고 믿는다면, 우리는 우리의 유산을 늘려야 한다.[16] 우리는 우리의 비용을 최소화하는 방법으로 그렇게 해야 하는데 그것은 대안적인 프로젝트의 기회비용을 고려함을 의미한다. 만약 우리가 우리에게 단지 10달러의 비용을 발생시키고 미래에 25달러를 남길 수 있는 프로젝트를 발견한다면, 우리는 그 프로젝트보다 더 많은 비용을 발생시키는 프로젝트에 참여하지 말아야 한다.[17] 시장수익률은 현재 이

16) 우리는 새로 발견된 환경적 해악이 우리들(모든 세대들이 함께)이 우리가 생각하는 만큼 잘 살지 못한다는 것을 의미하기 때문에 100달러라기보다 95달러를 사용한다. 그것은 우리가 돈을 잃는 것과 같다. 이것은 모든 세대가 이러한 손실을 나누어 부담해야 하는 것과 같다. 숫자는 오직 우리가 기후변화로 인한 피해 때문에 그것이 100달러 이상 또는 이하가 되어야 하는지 여부에 대해 아무런 태도를 취하지 못하고 있다는 것을 설명하고 있을 뿐이다.

17) 이것은 Louis Kaplow, Discounting Dollars, Discounting Lives에서 자세하게 논의된 분배 중립적 투자선택의 개념을 단순화한 것이다: Intergenerational Justice and Efficiency, 74 *University of Chicago Law Review* 79(2007) ; Dexter Samida and David

용 가능한 프로젝트들로부터 수익을 측정한다. 그래서 처음의 문제로서 시장수익률은 이러한 선택의 기회비용에 대한 측정수단이다. 그러므로 다시 한 번, 우리는 프로젝트를 선택하기 위해서 시장수익률에서의 할인율을 사용하여야 한다. 프로젝트의 선택과 미래에 대한 윤리적 의무는 넓게 보면 별개이다.

이러한 관점에서 보면, 실증주의자들의 기회비용 논의에 대한 윤리주의자들의 비판은 간단하게 봐서 서로 연관성이 없다. 시장이자율이 여전히 투자의 기회비용을 나타내기 때문에 현재의 시장이자율(the current market rate of interest)이 윤리적으로 옳은지는 문제가 되지 않는다. 위에서 사용한 숫자를 떠올려 보라 : 시장이자율이 5.5%일 때, 우리가 100년 후에 4,000억 달러의 수익을 창출하기 위해 1,000억 달러를 투자할 수 있다면, 그와 같은 수익을 얻기 위해 20억 달러 상당액만 투자할 수 있다.

윤리주의자들은 우리가 윤리적 논의를 한 번 검토하면, (4,000억 달러를 만들기 위해) 1.4% 수익률로 1,000억 달러만 투자하면 충분하다고 주장한다. 그것은 즉, 윤리적 고려(ethical considerations)는 사회는 5.5%의 수익률뿐만 아니라 1.4%의 수익률로도 투자를 해야 한다는 것을 보여 준다. 그러나 수천 개 또는 수백 개의 투자 안이 있는 가운데, 우리가 만일 5.5% 수익률보다 작은 수익률로 투자를 한다면, 우리는 가장 큰 수익을 가지는 것으로 시작을 해야 한다. 교육, 공공보건, 새로운 기술에 대한 연구 또는 다른 어떤 프로젝트들의 수익이 1.4%보다 높다면 우리는 이러한 프로젝트에 먼저 참여하여야 한다. 즉 적어도 처음부터, 기회비용은 5.5%라는 것이다. 우리가 만일 투자

Weisbach, Paretian Intergenerational Discounting, 74 *University of Chicago Law Review* 145(2007).

를 충분히 해서 이러한 수익률을 가지는 투자기회가 다 소진되면, 우리는 바로 밑에 있는 투자 안으로 옮겨 갈 수 있는데 그러나 어떤 경우에도 우리는 첫 번째 선택으로서 가장 낮은 수익률을 가지는 투자로 옮겨 가서는 안 된다.

윤리주의자들의 접근법이 가지고 있는 문제를 설명하는 또 다른 방법은 만일 올바른 사회적 할인율이 1.4%라면, 우리는 우리가 미래를 위해 윤리적으로 올바른 유산을 남기기 위해서는 현재 저축하는 것보다 훨씬 더 많이 저축을 해야 한다는 것이다. 정확한 추정 저축률이 얼마인지에 대해서는 다툼이 있다. 왜냐하면 그것을 계산하는 것은 기술의 변화와 다른 요인들의 추산이 함께 이루어져야 하기 때문이다. 그러나 윤리주의자들은 이미 관찰된 다른 요인들보다 훨씬 관련성이 없는 개인의 행동을 요구하는 것처럼 보인다. 그러므로 맨 처음 문제로서 윤리주의자들은 기후변화를 위해 할인율을 논의하여서는 안 된다. 그들은 전반적인 저축률과 투자율이 극적으로 상승해야 한다고 주장해야 한다. 그렇게 투자율과 저축률이 극적으로 상승한다면, 우리는 기후변화 감축에 대한 투자가 타당한지 여부를 결정할 수 있다.

이 논점이 주된 것이다 : 윤리주의자들의 주장은 현재의 정책 하에서는 미래를 위해 우리는 불충분한 양을 남기고 있다는 것이다. 미래에 대한 현재의 결정들의 효과에 대한 어떤 가정들 하에서는 이러한 주장은 맞을지도 모른다. 그러나 그것들이 무언가에 관계없이, 그들은 단순히 특정한 프로젝트나 정책들의 선택에 대해서는 아무 것도 말하지 않는다. 우리가 만일 미래를 위해 남겨 놓는 양을 늘린다면, 이것은 우리가 자원을 낭비하는 방법으로 하지 말아야 하는 책임을 지게 되는 것이다. 따라서 윤리주의자들의 주장이 전적으로 옳다고 하더라도 우리는 여전히 신중하게 프로젝트들의 기회비용

을 고려하여야 하며, 가장 큰 수익률을 가지는 것을 선택해야 한다.[18)]

그러나 실증주의자들도 역시 실수를 범하고 있다. 우리가 주목한 것처럼 시장수익률(불안정성에 의해 적절하게 조정된)을 사용하는 것이 미래 세대에 대한 우리의 의무를 이행하지 않는 이유가 되지 않는다. 윤리주의자들의 주장의 이면에 있는 것은 현재의 정책들은 미래 세대를 가난하게 만들고 (기후변화가 그렇게 위협하는 것처럼) 아주 광범위하게 그들의 복지를 감소시킨다. 만약에 이것이 진실이라면, 할인은 이러한 것들이 발생하는 것을 허용하는 이유여서는 안 된다. 이것은 단순히 이러한 일이 일어나는 것을 막아야 할 우리의 의무를 이행하는 프로젝트를 선택하는 방법일 뿐이다. Nordhaus에 의하여 만들어진 제안과 같은 적당한 기후변화 감축 제안이 적정한 세대 간 복지 분배를 보장하는 프로젝트와 같이 갈 필요가 있다. 즉 기후변화 영향에 대한 우리의 새로운 이해의 관점에서 우리가 미래를 위해 남기는 금액의 양을 조정할 필요가 있다는 윤리주의자들의 주장은 지당할 수 있다. 그리고 반면에 우리가 가장 높은 수익률을 가지는 프로젝트를 선택

18) 이 논점을 유지하는 것은 약간 더 논쟁의 여지가 있지만 대안은 윤리주의자들은 사적 수익률(private rate of return)은 사회적 수익률과 같지 않다는 것을 관찰하고 정부가 이 갭을 메워야 한다고 제안한다. 예를 들면, 만약 사적 시장이 5.5% 수익을 요구할 때 수익률이 말하자면 5%이면 Stern에 의해 사용된 1.4%와 같이 만약 사회적 수익률이 더 낮은 경우라면 정부가 프로젝트에 참가해야 한다. 사적 수익률과 사회적 수익률의 차이가 크다면 정부는 어떤 민주적인 정부가 현재 참가하고 있는 것보다 훨씬 많은 수의 프로젝트에 참가하게 될 것이다. 그러나 정부 프로젝트의 범위를 제한하는 것은 좋은 이유가 있을 수 있다. 그러므로 윤리주의자들이 아주 낮은 사회적 할인율을 주장하는 것은 불완전하다. 낮은 사회적 할인율을 사용하는 정부 프로젝트의 제안은 정부 프로젝트를 제한하는 이러한 이유와 연계될 필요가 있다. 그러나 윤리주의자들에 의한 모델들과 결과적인 제안들은 이러한 외생적 제약들을 포함하지 않는다.

해야 한다는 실증주의자들도 옳을 수 있다. 만약 그리고 오직 그것이 그러한 높은 수익률을 가지는 프로젝트라고 간주되어야만 시장이율에 의한 할인에 의해서 제시된 금액을 뛰어넘는 기후변화 감축이 정당화될 수 있다.

반대 Objections

우리는 여기에서 윤리주의자들과 실증주의자들이 각각의 문제들을 해결하는 입장이라는 우리의 주장에 반대하는 세 가지 주장에 대해서 다룬다.

1. 시장수익률과 전체 저축률의 관계 The link between the market rate of return and overall savings rate

윤리주의자들은 시장수익률과 미래 세대에 대한 윤리적인 의무의 분리는 옳지 않다는 우리의 주장에 반대한다. 그 이유는 우리가 더 많이 저축하면, 시장이율은 감소한다는 것이다. 우리가 마침내 적정한 양을 다 모으면, 시장수익률은 그들의 윤리적 주장에 의해 예견된 율로 갈 것이다. 그러므로 우리는 그러한 수익률을 달성하는 프로젝트를 선택하여야 한다.[19] 유사하게, 위에서 언급되었듯이, 윤리주의자들은 우리가 큰 프로젝트를 다룰 때,

19) 더 사소하고 강력하지 않은 반대는 전체 저축률이 같게 유지된다 할지라도 이자율은 프로젝트의 변화에 따라 변동한다. 예를 들면, 만약 우리가 미래에 대한 우리의 유산을 100달러로 유지하지만 이 100달러를 만들 프로젝트 조합을 변화시키면 시장수익률은 변동한다. 이러한 관심은 두 번째 순서이고 이자율은 오르내린다. 논의를 위해서는 Kaplow, supra n.17을 보라.

시장수익률은 변할 수 있는 선택이라고 주장할지 모른다. 만약에 시장수익률이 프로젝트의 선택에 따라서 결정되는 것이라면, 우리가 제안하는 시장수익률과 프로젝트 선택의 분리는 이치에 맞지 않다.

우리가 전체 저축률 혹은 큰 프로젝트들과 시장수익률 사이에 연관 가능성(likely connection)이 있다는 것에 동의하는 반면에 윤리주의자들의 결론은 그렇지 않다. 만일 시장수익률이 5.5%이고, 그리고 윤리주의자들이 적정 저축률, 수익률이 1.4%이어야 한다고 주장한다면, 우리는 즉각적으로 그러한 낮은 수익률을 발생시키는 프로젝트를 착수하지 않을 것이다. 왜냐하면 우리가 충분히 저축을 늘리면, 시장수익률은 그러한 낮은 수준으로 될 것이기 때문이다. 미래 세대에 대한 우리의 유산의 커다란 조정은 어렵고 그 성공은 불확실하다. 우리는 높은 수익률을 가지는 프로젝트(high-return project)를 가지고 시작해야지 낮은 수익률을 가지는 프로젝트(low-return project)를 가지고 시작해서는 안 된다.

더욱이 우리가 저축을 충분하게 증가시키면, 이자율이 미래 세대의 올바른 윤리적 무게를 반영하는 수준으로 이자율이 윤리적으로 적정하게 될 것이라는 주장은 아마도 틀린 것이다.

만일 우리가 저축을 충분히 증가시키면 이자율은 윤리적으로 적정하다 - 그것은 미래 세대에 대한 올바른 윤리적 비중을 반영하는 것이 될 것이다 - 고 제안하는 것은 아마도 잘못된 것이다. 저축의 엄청난 증가와 같이 경제에 광범위하게 변화가 발생한다면, 가장 정교하고 현대적인 모델도 균형 이자율(equilibrium interest rates)을 계산해 낼 수 없다. 그 모델에 의하여 궁극적인 균형 상태가 예견될 수 있다는 이론을 기반으로 해서 잠재적으로 수조 달러를 프로젝트에 투자하기 위한 할인율 논의를 위해 윤리주의자들이 사용하는 간단한 형태의 모델에 의존해서 결정을 내리는 것은 현명해 보이지 않고, 프로젝트 선택은 현명한 것으로 보인다.

더 나은 결정 절차(decision procedure)는 좀 더 직접적으로 우리의 미래 세대에 대한 윤리적 의무의 성격을 고려하는 것이다. 만일 의무가 우리가 전에 생각했던 것(말하자면 기후변화의 위험 때문에)보다 더 많은 것을 남겨 놓는 것이라면, 우리는 어떻게 그것을 할지 결정해야 한다.

우리가 이러한 조정을 시작할 때 첫째로 선택하여야 할 프로젝트는 가장 높은 수익률을 갖는 것이어야 한다. 이것은 시장수익률로 할인하는 것을 의미한다. 시장수익률이 조정되면서(만약 윤리주의자들에 의해 사용되는 모델이 옳다면 내려감에 의해), 새로운 프로젝트의 기회비용도 내려갈 것이다.

2. 실현가능성 Feasibility

이론적으로 윤리주의자들과 실증주의들의 입장은 조정될 수 있는 반면, 둘에게 가장 어려운 문제는 실현가능성이다. 우리는 윤리주의자들의 입장의 실현가능성 문제로 시작하고 그리고 실증주의자들의 문제로 돌아갈 것이다.

윤리주의자들은 할인율을 사회적 계획자(social planner)에 의하여 사용되어질 할인율을 개인에 의해 요구되어지는 할인율과 별개로 도출한다. 그것은 그들의 가정은 사회적 수익률과 개인적 수익률은 다르다는 전제에서 출발하며, 정부는 사회적 수익률을 사용해서 프로젝트를 선택하여야 한다는 것이다. 이러한 관점에서의 논의의 문제는 개인이 사회의 대부분의 부를 컨트롤한다는 것이다. 이것은 저축에 대한 그들의 선호가 무엇이든지 간에, 그리고 그것이 틀렸다고 하더라도, 그들은 정부가 무엇을 하든지 상쇄할 수 있다는 것이다. 예를 들어, 집단적으로 개인들이 미래를 위해서 100달러를 남겨 두기를 원하고 지금 그렇게 한다고 가정하자. 윤리주의자들의 제안에 따르면, 정부는 미래 세대를 위해 40달러를 남기는 새로운 프로젝트에 투자한다. 이 프로젝트를 보는 개인들은 간단하게 그들의 유산을 60달러로 낮출 수 있다. 전체 금액을 100달러로 유지하면서, 이것은 시장을 교정하려는 정부의 노력을 좌절시키게 된다.

만약 개인들이 이런 조정을 할 수 있다면, 정부는 제기된 선택을 하지 않을 것이기 때문에 윤리주의자의 질문은 잘못된 것이다. 대신, 정부는 미래에 남길 총액에 어떤 프로젝트를 포함시키게 될 것인지를 단순히 선택할 뿐이다.

이런 행위 유형은 리카도 동등(Ricardian equivalence)[20]으로서 경제학 문헌에 소개되어 있다. 개인들이 어느 정도까지 이런 식으로 행동하는지는 많은 논쟁이 있었고, 전적으로 사실인 것으로 보기는 힘들다.[21] 예로 든 수치 하에서, 개인들은 아마도 정부 프로젝트(government project)를 완전히 상쇄시키기 위해 유산을 60달러로 줄일 것이다. (개인이 남기는 60달러에 정부 프로젝트로 남긴 40달러를 더해 정확히 전과 같은 100달러가 된다.) 단지 부분적으로 정부 프로젝트를 상쇄시키는 부분이라면 그들은 70달러나 80달러 심지어 90달러를 남길 수도 있다. 그럼에도 불구하고, 윤리주의자의

---

20) 역자 주 : Ricardian equivalence(리카도 동등) : 앞으로 조세가 많아진다는 것은 향후 가처분 소득이 줄어드는 것을 의미하고 민간가계에서는 현재의 저축을 늘릴 것이다. 1800년 대 초의 리카도주장을 재생시킨 재정적자에 대한 리카도식 접근방법이다. 현재의 재정적자와 미래의 조세를 같은 것으로 파악한다는 의미에서 이를 리카도 동등이라고 한다. 이에 대해 적자의 해소 방식이 조세 증가만 있는 것이 아니고 지출을 감소시킬 수도 있다는 점과, 조세를 증대시킨다 해도 그 시기의 불확실성으로 인해 저축에의 영향을 제대로 파악한다는 것이 어렵다는 비판도 있다.

21) For a review, see Kent Smetters, Ricardian Equivalence : Long - Run Leviathan, 73 *Journal of Public Economics* 395(1999).

접근은 기본적으로 무익한 문제가 있다. 그들이 정부가 총투자에 대한 기본적 선택들(basic choices)을 한다는 것을 가정하여 제기한 의문은 정부에 대한 기본적(잘 기초된) 제약을 무시한다.

실증주의자 또한 실현가능성의 문제를 가지고 있다. 문제는 기후변화의 미래 피해자(future victims of climate change)를 보상하기 위해 수백 년에 걸쳐 자원을 이전하는 것이 가능하지 않을 수 있다는 것이다. 우리도 기후변화에 관한 한 로빈슨 크루소처럼 "저장고(bank)"가 없기 때문에 선택은 분배에 관한 것이 된다 ; 이런 긴 시간에 걸쳐 자원을 이동시킬 별다른 방법이 없기 때문이다.

이러한 주장은 Robert Lind에 의해 설득력 있게 제기되어 왔다.[22] 그는 우리에게는 단순히 장기간에 걸쳐 자원을 이동시킬 직접적 방법이 없기 때문에 기후변화 저감과 같은 프로젝트의 선택은 불가피한 분배 효과를 가져올 것이라고 주장한다. 그는 금전이나 그 밖의 다른 프로젝트가 10퍼센트의 수익을 벌어들일 때 0퍼센트의 수익률을 가지는 투자를 통하여 먼 미래로 자원을 이전시킬 제안을 가정한다 :

바람직한 결정은 비록 수익률이 0이라고 할지라도 투자를 하고 미래 세대에 자원을 이전시킬 것이다. 이 시점에서 열심인 대학원생은 벌떡 일어나

22) Robert C. Lind, A Primer on Major Issues Relating to the Discount Rate for Evaluating National Energy Options, in *Discounting for the Time and Risk in Energy Policy* 21 – 4(Robert C. Lind, ed., 1982) ; Robert C. Lind, Analysis for International Discounting, in *Discounting and International Equity*(Paul R. Portney and John P. Weyant, eds., 1999).

"그건 바보 같은 결정입니다. 당신은 그 돈을 10퍼센트에 투자했고 사람들을 부유하게 만들 수 있었습니다."라고 확신에 차서 말할 것이다. 그렇지 않다! 우리는 투자기금(investment funds)을 어떻게 확보할지도 모르고, 지금으로부터 200년 후의 세대에게 소비재(consumer goods)를 전달하기 위해 중간세대로 하여금 어떻게 투자와 재투자를 하게 만들지도 알지 못한다.[23)]

이것이 얼마나 정확한지는 순수하게 윤리적인 문제라기보다는 경험적이고 제도적인 문제이다. 우리는 매우 낮은 수익률을 가진 프로젝트가 시간에 걸쳐 자원을 이동시키는 가장 좋은 방법일 가능성을 배제할 수는 없지만, 그럴 가망은 없어 보인다. 예를 들어, 만약 시장수익률이 10퍼센트일 때 문제의 프로젝트가 0의 수익률을 가진다고 하면, 다른 프로젝트가 완전히 10퍼센트 수익까지는 아니더라도 0보다 높은 수익률을 가지지 않는다고 생각하기는 힘들다.

위에서 인용한 대로, 미래를 위한 기금을 조성할 수 없다는 주장은 주로 중간세대의 문제에서 종종 나타난다. 기후변화저감과 같은 프로젝트가 말하자면 100년에서 200년 정도의 먼 미래에 지불할 것을 가정해 보자. 만약 기금을 확보하는 것이 배출을 줄이는 데 투자하는 것보다 더 큰 미래 가치(a greater future value)를 가질 것이라는 이론에서, 그 미래의 개인을 위한 기금을 확보하려고 한다면 그들은 목표 세대에 도달하기까지 많은 세대를 거쳐갈 것이다. 이때 어떤 중간세대라도 미래로의 이전(transfer to the future)을 막아서, 그 기금이 의도한 대로 사용되는 것을 보증하지 못하게 만들 수 있다.

그러나 같은 문제가 기후변화저감에서도 발생할 수 있다는 점에 주목하

---

23) Lind, Analysis for International Discounting, supra n.21.

자. 우리가 막대한 자원을 들여서 탄소 배출을 줄인다고 하더라도, 미래 세대는 언제든 다시 화석 연료를 태우는 것으로 돌아 갈 수 있다. 더 많은 제도적인 세부 사항 없이는, 주장이 힘을 얻기 위해서 필요한, 다양한 프로젝트가 차등을 두어 중간세대의 문제를 가지는 이유를 이해하기 어렵다. 이런 가능성을 배제할 수는 없지만, 그럴 가능성은 매우 희박해 보인다.

실현가능성의 문제는 어떻게 다루어져야 하는가? 실현가능성 문제가 시장할인율을 사용한다는 의미에서 매우 높은 수익률을 가지는 프로젝트를 선택하는 경우를 심각하게 약화시킨다고 생각하지는 않는다. 반면, 윤리주의자의 접근방식이 제안하는 매우 높은 저축률은 현실적이지 않다는 것은 분명해 보인다.

동시에 기후변화에 대해서 더 배웠듯이, 우리가 후손에게 물려줄 유산이 희망하는 것보다 훨씬 적을 것이라는 점이 명백해지고 있다. 기후변화에 대한 새로운 이해는 감축에 대한 투자나 다른 것을 통해서 우리가 절약해야 할 필요성을 증가시킨다. 윤리주의자의 책무는 더 중요해지고 있다. 그러나 가장 좋은 접근법은 후손에게 물려줄 유산은 우리가 희망한 것보다 적을 것이고, 시장이 이러한 결합된 정보와 미래 세대에 대한 선호를 모아야 한다는 점을 국민에게 이해시키는 것이다.

3. 비교할 수 없는 상품(Incommensurable goods): 생명 대 돈.

우리의 도덕적 의무(our ethical obligations)와 프로젝트의 선택(project choice)을 분리할 수 없다는 마지막 주장은, 기후변화는 미래 세대를 다른 방법으로 도울 수 있는 방법에 의해 상쇄시킬 수 없는 미래 세대에 대한 특별한 해악을 가져온다는 것이다. 이 주장은 다양한 형태를 가진다. 한 가지

버전은 기후변화에 의해 야기된 죽음은 단지 저축을 늘리는 것으로 상쇄될 수 없다는 것이다. 저명한 환경학자인 뉴욕대학교 법과대학의 학장 리차드 리베즈(Richard Revesz)는 그와 같은 주장을 한다.[24] 그는 금전 할인의 이익(discounting monetary benefits)이 생명과 건강의 위험에 적용되지 않는 주요한 이유를 주장한다. 돈은 투자될 수 있기 때문에 할인된다. 그러나 인간의 삶(human lives)은 투자될 수 없고, 20년 혹은 200년 후 미래의 생명손실(life lost)은 현재의 어떤 금전적 투자로 "회복될(recovered)" 수 없다.

생명은 투자될 수 없다고 말하는 것이 옳으나 이 주장의 문제는 할인되는 것은 돈이지 생명은 아니라는 것이다. 표준적인 분석에 의하면, 어떤 할인율은 통계상 감소된 위험에 지불하려는 의지에 적용되는 것인데 이것은 금전적인 수단이다.[25] 생명의 금전적 평가에서 제기된 이러한 쟁점은 한 세대나 여러 세대에 걸쳐 표준적인 비용효과 분석에 사용될 때와 다르지 않다. 일단 삶이(또는, 더 적절하게는 '통계적인 사망의 위험') 금전과 등가물로 치환된다면, 위에서 논했던 할인에 대한 모든 논의가 적용된다. 금전의 관점에서 오늘의 생명과 200년 후의 생명이 같은 가치를 갖는다면, 미래의 성장을 위한 돈은 따로 떼어 두기 때문에 우리는 미래에 할당될 돈을 감소시킬 필요가 있다. 예를 들어, 오늘날의 생명과 200년 후의 생명이 모두 5백만 달러라면, 현재의 가치인 5백만 달러만을 미래의 생명을 위해 할당해야 한다. 5백만 달러보다 더한 어떤 것도 미래의 생명(the future life)을 현재의 생명(the present life)보다 중요시 하지 않는다. 분명히 삶을 돈으로 치환하

---

24) Richard L. Revesz, Environmental Regulation, Cost-Benefit Analysis, and the Discounting of Human Lives, 99 *Columbia Law Review* 941(1999).

25) 예를 들면 W. Kip Viscusi, *Fatal Tradeoffs*(1994)를 보라.

는 것은 쉽지 않고 많은 곤란한 문제를 야기하나[26] 이것은 특별히 할인의 문제는 아니다; 생명을 평가하는 방법론에 대한 반대는 할인논쟁과 수직 교차한다.[27]

철학자 데렉 파핏(Derek Parfit)과 관련된 비교불가능성 논쟁에 대한 대안적 버전은 전체적 저축률의 변화와 결합된 할인이 자원의 분배를 세대간에 교정할 수 있다고 하더라도, 이러한 절차에 의해 특정 개인에게 가해지는 해악은 상쇄될 수 없다.[28] 파핏은 소수의 개인들에 있어서 미래의 유전적 기형아 출생을 증가시킬 수 있는 오늘날의 활동을 상상한다. 전반적인 세대간의 자원 분배의 변화는 이러한 기형아들에게 보상을 하지 못한다.

어떤 의미에서는 파핏이 옳다. 그러나 생명을 가치평가 하는 문제를 고려해 보면, 이러한 주장은 할인에 관한 것이 아니다. 전체적으로 한 세대 안에서 일어나는 프로젝트는 여전히 개인들에게 위험을 부과할 것이다. 프로젝트가 시작되기 전에, 모든 개인은 동일한 위험의 대상이 되고 전체적으로, 프로젝트는 합리적으로 보일 것이다. 그러나 사후적으로는 특정 개인은 해악을 겪을 것이며, 프로젝트에서 이익을 얻은 사람은 손해를 본 사람에게 보상할 수 없을 것이다. 이러한 문제를 둘러싼 논쟁은 왕성하게 논의되었다.[29] 이것은 한 세대 이상에서 프로젝트가 실행되었을 때 아무 것도 새로운

---

26) 논의를 위해서는, Cass R. Sunstein, Valuing Lives : A Plea for Disaggregation, 54 *Duke Law Journal* 385(2004)를 보라.

27) 이 점에 대한 더 자세한 논의를 위해서는 Cass Sunstein and Arden Rowell, On Discounting Regulatory Benefits : Risk, Money, and Intergenerational Equity, 74 *Chicago Law Review* 171(2007)를 보라.

28) Derek Parfit, *Reasons and Persons*(1984).

29) Viscusi, supra n.24 : Sunstein, supra n.25.

것을 제공하지 않는다.

기후변화와 미래를 존중하는 것
Climate Change and Respecting the Future

여기서 우리의 최소 목표는 세대 간 정의와 할인에 관한 논쟁을 분명히 하는 것이다 - 무엇이 양면을 나누는지를 정확히 보여 주기 위해서이다. 불확실의 문제 때문에, 우리는 낮은 이익률을 주장해 왔다. 그러나 우리는 또한 기초적인 물음 위에서 주장하는 바, 실증주의자가 많은 부분에서 옳다 : 기후변화와 관련된 프로젝트를 포함한 프로젝트는 시장이익률에서의 비용과 이득의 할인에 의해서 평가되어야 하고 불확실성과 환경의 가치를 위하여 적절하게 조정되어야 한다.

다른 어떠한 방법은 상정되어 있는 자원을 남기는, 낮은 수익률의 프로젝트를 선택하는 위험을 무릅쓴다.

그러나 할인은 미래를 위한 우리의 윤리적 의무를 결정하는 방법이 아니라 프로젝트를 선택하는 방법으로서만 보아야 한다. 우리는 세대 간 중립의 원칙을 지지했다. 기후변화 때문에 우리 후손에게 줄 우리의 유산은 우리가 한때 생각한 것보다 훨씬 낮게 나타난다. 이러한 이유로 우리는 조정할 도덕적 의무를 가진다. 적절한 대응은 할인을 거절하여 프로젝트를 선택하는 것이 아니라 그들에게 더 남기는 것이다.

현재까지 할인문제는 우리가 4장에서 논의한 분배적 정의 문제의 세대 간 버전이라는 것은 분명하다. 그리고 정확하게 같은 잘못은 두 가지 상황에서 만들어진다. (가난한 나라들에게, 미래 세대에게) 관대한 기후협약의 대다수 지지자들은 목적과 수단을 혼동하고 있다. 목적의 측면에서, 현재 우리

나라에 살고 있는 사람들과 외국에 살고 있는 사람들에게, 미래의 우리나라나 외국에 살고 있는 사람들에게, 동등한 비중을 주는 것이 윤리적으로 타당하다. 실제적인 문제로, 동일한 비중보다 덜한 것은 우리가 달성할 수 있는 최선일 수 있다. 어떤 경우에서든지, 중요한 점은 이 목표들이 그들 스스로 기후협약의 설계에 대하여 아주 많은 것을 내포하지 않는다. 첫 단면으로써 외국 사람들을 돕는 최선의 방법은 현재 그들에게 현금 또는 현물 대외 원조를 하여 분배하는 것이다 ; 그리고 미래 세대를 돕는 최선의 방법은 저축과 투자이다.

현재 적합하게 설계된 기후 협약은 대외 원조보다는 오늘날 가난한 사람들에게 더 효율적으로 재분배하는 요소들을 포함해야 하는 것일 수 있다 ; 그리고 더 나아가 투자의 다른 유형들보다 미래에 효율적으로 재분배하는 요소들을 포함할 수 있을 것이다[기후감축계획(climate abatement schemes)은 단지 투자의 한 유형이다.] 첫 번째에 관해서는 회의적이다 ; 두 번째에 관해서는 관용적이다. 어떤 경우이든 이러한 결론들은 다양한 대안으로 수익률을 비교하는 경험적 분석을 요구한다.

제8장

세계 복지, 세계 정의와 기후변화

Global Welfare, Global Justice, and Climate Change

우리는 기후변화 정책이 교정적 정의에 근거하거나 부유국에서 빈국으로 재분배하려는 노력을 해야 한다는 주장을 받아들이지 않았다. 게다가 배출허가권은 직관적으로 흥미롭지만, 1인당 접근법을 근거로 할당되어야 한다는 주장은 많은 문제점이 있다. 그러한 할당은 윤리적 이론의 관점에서 정당화하는 것이 쉽지 않다. 그리고 가난한 나라의 가난한 사람들에게 심각한 문제들을 보장하므로, 그것을 주장하기 위한 노력들은 기후협약을 더욱 수포로 돌아가게 할 수 있다. 하지만 부유국들의 윤리적 의무는 무엇인가?

우리는 여기서 네 가지 주장을 한다. 첫째, 개인의 도덕적 가치는 공간적 경계와 시간적 경계를 초월한다. 부유국의 부유한 사람들은 개발도상국에 사는 가난한 사람들을 포함하여 가난한 사람들을 도울 의무를 가진다. 기후변화가 부유함과 가난함 사이의 차이를 증가시키는 한, 이 의무는 증가한다. 이 관점은 또한 시간적 변화에도 마찬가지로 적용된다. 만약 기후변화가 미래 세대를 가난하게 한다면, 현재 세대는 개선 조치(remedial action)를 취할 강한 의무가 있다. 기후변화가 단순히 미래의 몇몇 부유한 사람들을 기후변화가 없는 것보다 덜 부유하게 만든다면, (그러나 오늘날 대부분의 사람들보다 부유하다면) 시정 조치를 취할 의무는 더 약해진다. 그리고 기후변화가 미래의 승자와 패자(future winners and losers)를 만들어낸 경우, 오늘날 시정 조치를 취하는 현재 세대의 의무는 그 반대의 경우보다 그 시정조치가 사실상 승자가 아닌 패자를 돕는 범위에 달려 있다.

둘째, 이 의무가 기후변화협약을 통해 충족되어야 한다는 것에 아무런 요건이 없다. 가난한 사람들을 돕는 것은 어떤 원조의 유형이 주어진 상황에서 최선인지에 대한 복합적 판단을 요한다.

그러한 판단들은 현존하는 제도 및 강대국, 부유국, 그리고 빈곤국의 정부들을 포함한 다른 국가들의 행동에 달려 있다. 예를 들면, 부패한 정부가 통치하고 있거나 강대국들이 그들을 위협하거나 나쁜 의도를 가지고 지배하는 경우에 있어서는 빈곤국들에 대한 의무를 이행하는 최선의 방법이 무엇인지 등은 분명하지 않다. 특히 체계나 무역 또는 이민에 관한 규정들을 조정하는 것과 같은 간접적 제도들은 직접적인 방법들보다 좀 더 효과적일 수 있다. 완벽하게 윤리적인 국가, 또는 순전히 이타적인 동기를 가진 국가라 할지라도, 이러한 종류의 복잡성을 고려하여 어떻게 행위를 하는 것이 최선인가를 선택하는 것은 아직도 매우 어려운 일이다. 기후변화협약은 이 같은 종류의 고려들을 구체화하기에는 부적당하다.

셋째, 기후변화에 있어서 가장 중요한 의무는 적절한 기후목표들을 성취하기 위한 광범위하고, 심도 있는, 집행 가능한 협약을 개발하는 것이다. 국가들은 반드시 기후협약에 동의하여야 하는 바, 협약이 가입국들에 더 나은 점을 가져다 줄 수 있도록 만들어져야 한다는 의미이다. 이는 기후협약의 핵심이 국제 파레토주의(Paretianism)[1] – 국가들은 협약이 있는 것이 없는

---

1) 역자 주 : 파레토 효율성(效率性)이란 하나의 자원 배분 상태에서 다른 사람에게 손해가

것보다 낫다고 여겨야 한다.

그러나 광범위하고, 심도 있는 집행 가능한 협약을 만들기 위한 의무는 부유국 및 빈곤국 모두에게 심각한 윤리적 책무를 부과한다 – 협력의무(obligation to cooperate)이다. 우리의 관점에서는, 다른 국가들에 무임승차해 살아가기 위해 기후협약에의 가입을 거부하는 것은 윤리적이지 않다. 어떤 국가가 기후협약에 가입하지 않는 것보다 가입하는 것이 더 나은 것이지만, 다른 모든 국가들이 기후협약에 가입했었을 때 그 국가만 가입하지 않았다면 그것이 더 좋을지도 모른다. 이러한 상황에서 협약에 가입하지 않는 것은, 우리의 주장에서는, 비윤리적이다.

넷째, 효과적인 기후변화협약은 잉여분(surplus)을 만들어 낼 가능성이 크며, 잉여분은 분배되어야 한다. 우리는 잉여분이 과거에 배출량을 감소했던 국가들에게 보상하는 것이 가장 최선이라고 생각한다. 어떤 국가가 배출량 감소를 위해 적극적인 조치를 취하였다는 점에서, 그 국가가 기후변화협약으로 인한 잉여분의 더 많은 지분을 차지해야 한다.

이와 같은 각각의 요점들은 더 확장해 논할 가치가 있다. 여기에서 우리는 가장 관련 있는 고려사항들의 일부를 단순히 스케치한다. 우리는 네 개의 주장 각각에 대해 살펴보기 전에 윤리적 배경에 대한 짤막한 논의부터 시작한다.

가도록 하지 않고서는 어떤 한 사람에게 이득이 되는 변화를 만들어 내는 것이 불가능할 때 이 배분 상태를 '파레토 효율적'이라고 한다.

기초 : 복지주의와 의무론
Foundations : Welfarism and Deontology

우리는 기후변화협약을 위한 두 가지 가능한 이론적 근거를 제시한다. 첫 번째 근거는 의무론적이다.[2] 몇몇 사람들은 국경의 도덕적 무관성을 강조하며, "무지의 장막(veil of ignorance)" 뒤에서, 사람들이 특히 가장 혜택을 받지 못하는 자들에게 이익이 되는 합의를 선택할 것이라고 주장한다. 이러한 의무론적 접근법에서는, 기후변화협약은 만일 이것이 (예컨대) 좀 덜 혜택을 받지 않는 혹은 가장 혜택을 많이 받는 10억 명의 사람들의 관점에서 상당한 악영향이 발생할 가능성이 있다고 하더라도 지구상에서 가장 혜택을 받지 못하는 10억 명의 사람들에 대한 혜택을 향상시킨다면 정당화될 수 있을 것이다. 의무론자들은 복지의 극대화를 원하지 않는다(이러한 개념은 그들 스스로도 가끔은 의문시하기도 한다). 그 대신, 기후변화협약이 정당하거나 또는 공정한 것이 되어야 한다고 생각하며, 많은 의무론자들이 공정한 것이 무엇인지는 그 대상이 되는 국가에 있지 않은 자들에 의하여 선택되어지는 것이라고 생각한다. 사람들이 현금 이전이나 배출권 또는 배출 감축 요건 부담을 부유국에는 많이 부과하고 빈곤국에는 덜 부담시키는 방법 등을 통해서 "바닥(floor)"을 끌어올리는 것에 대해 특별한 관심을 줄 것이라는 것은, 직관적으로 그럴듯해 보인다.

두 번째 접근법은 복지론자적 관점이다.[3] 복지론자들은 사람들의 웰빙을 최대화하는 정책을 추구하는 바, 웰빙은 주관적인 의미의 웰빙, 욕구 혹은

2) 예를 들면 Martha Nussbaum, *Frontiers of Justice*(2006)을 보라.

3) 예컨대 Peter Singer, *One World : The Ethics of Globalization*(2002)을 보라.

선호의 만족, 또는 일정한 객관적 변수의 만족 등으로 다양하게 정의되었다.[4] 이것은 다른 계층과 비교할 때 빈곤층의 복지에 얼마나 비중을 두느냐에 따라 달라지지만, 거의 모든 복지론자들이 1달러가 빈곤한 사람에게 더 많은 복지를 제공해 주기 때문에 부유한 사람 대신 빈곤한 사람에게 1달러를 주는 것이 복지를 더 향상시킨다는 점에는 동의한다.

복지론자들은 때때로 의무론자들의 표준적 레퍼토리를 차용하여 무지의 장막 뒤에서, 사람들은 실은 복지주의를 선택한다고 주장한다. 몇몇 복지론자들은 만일 사람들이 자신들이 속한 국가를 알지 못했을 때, 지구상의 평균적인 사람을 기준으로 그 복지를 최대화할 수 있는 기회를 증대시키고자 추구한다고 주장한다.

대신에 복지론자들은 '무지의 장막개념'을 버리고 가장 타당한 접근법이자 가장 정의로운 접근 방법은 관련된 인구의 복지를 향상시키는 것이라고 한다. 복지론자의 관점에서는 (세계 전체 인구의 3분의 1 이상인) 중국이나 인도 사람들 모두나 대부분의 복지를 획기적으로 증진시키는 기후변화협약은 비록 미국이나 러시아의 모든 사람이나 대부분의 복지를 하락시킬지라도 정당화될 수 있다.

의무론자와 복지론자의 논쟁은 철학적 문제에 있어 몇 가지 심오한 문제를 제기하지만 우리는 여기서 그러한 논쟁을 해결하려 들지는 않는다. 최선의 의무론적 접근법 주장이 국경을 넘어서 적용되어야 할 것인가를 결정하는 것은 명백한 난제이고 또한 복지관념을 어떻게 명확히 특정짓느냐도 난

---

4) 예를 들면, James Griffin, *Well - Being : Its Meaning, Measurement, and Moral Importance*(1986)을 보라.

제이다.[5] 우리의 목적을 위해서 우리들이 지지하고자 하는 복지론자들의 주장이 마찬가지로 가장 의무론적인 주장과 넓게 양립될 수 있기 때문에 가장 큰 논쟁거리를 하나로 묶는 것이 가능하다.

세계주의자들과 그 비판자들 사이에는 수직으로 교차하는 논쟁이 있다. 많은 의무론자들은 세계주의자들인 바, 국경이 정의문제와 관련된다고 생각하지 않는다는 점에서 그러하다.[6] 그러나 다른 사람들은 세계주의자들이 아니다 ; 그들은 국가사회는 정의를 위한 전제 조건이 아니라고 생각하고 국가들 사이의 관계를 더욱 제한된 윤리적 기준에 의해서 지배되어야 하고 대체적으로 실용적이라고 믿고 있다. 철학적 전통에서 복지론자들은 세계주의자들이다. 그러나 공공정책에 대해서 논하는 경제학자들은 사회복지적인 기능을 논할 때(아무런 변명 없이) 오직 국가적인 것만 포함하여야 한다는 가정을 한다. 그러한 가정을 하는 데에는 현실적인 이유들이 있다.

도의적 고려사항들에 대해서 마치 아무런 국가체제가 없는 것 같이 국가나 개인들이 세계주의적인 사람들과 같이 행동해야 되는 한 기후변화정책은 훨씬 간단할 것이다.[7] 국가들은 윤리적으로 기후경감체제(climate abatement system)에의 가입이 강제될 것이다. 최적의 재분배수준을 이루기 위해서 국제적으로 조정된 탄소세(an internationally harmonized carbon tax)라든가 동시다발적인 세계적 분배와 같은 것들이다(말하자면 조세제도와 소비를 통해서이다). 경제학자들은 통상적으로 이러한 시나리오를 복지 경제학이라는

---

5) 관련된 논의를 위해서는 Amartya Sen, *Development as Freedom*(2000)을 보라.

6) Nussbaum, supra n.1 참조.

7) 예를 들면 Peter Singer, Famine, Affluence, and Morality, 1 *Philosophy and Public Affairs* 229(1972)를 보라.

틀 속에서 연구한다. 그들은 주로 이러한 모델을 특정 국가에 한정시킬지 혹은 전 세계로 확대할지에 대해서 명확히 밝히지 않는다. 그러나 우리가 그들의 모델을 단일 권력기관에 의해서(또는 전 세계를 위해 행동하는 국가들에 의해서) 세계를 다룬다고 해석하면 그들이 제시하는 해결책은 순수한 세계주의적 접근방법과 동일하다. 그들은 일반적으로 탄소세를 다른 배출 규제 장치(emission control mechanism)보다 선호한다. 또한 부정적인 분배적 효과를 상쇄하기 위해서 이러한 다양한 세금을 다른 세금제도나 소비제도와 결합시키려 할 것이다.

물론 많은 사람들이 국가나 사람들이 다른 국가나 외국 사람들에 대해 상당한 의무가 있다고 생각하지 않는다. 그들은 만나보지 못한 남의 자식보다 자신의 자식에게 더 많은 의무감을 느낄 수밖에 없다. 그리고 그들은 이러한 감정을 외국인보다 자신의 동료 시민들에게 의무감을 느낀다는 것을 제시하며 확대한다. 우리가 이러한 감정을 느끼는 것을 윤리적으로 타당하지 않다고 비난할 수 있는 데 반하여 다른 사람들은 이러한 논리는 원칙이나 실용성의 측면에서 그들이 자국의 국민을 보호하기 위한 타당한 이유가 있다고 생각할 수 있을 것이다.

우리는 여기서 이러한 깊은 문제에 대한 입장을 표명하려 하는 것이 아니다. 그러나 원칙상 세계주의적 주장이 얼마나 가능한지 이해하기 위해서는 세계가 국가들로 구분되어 있다는 것을 인지해야 한다. 윤리적 주장들은 궁극적으로 세계적이고 지역적인 목표에 균형이 이루어져야 한다. 국가 시스템 상에서의 가능성과 세계복지의 최대치를 위해서 그렇게 해야 한다. 국가들의 존재는 윤리적 논쟁들에 대한 기본적 제한으로 여겨져야 한다.

우리의 목표는 의무론과 복지적 접근법 양자의 핵심적 요소와 광범위하게 양립할 수 있는 도의적 의무를 확인하는 것이다. 그리고 단순히 국가나 동네 사람들의 기준에 맞추는 것이 아니라 세계 문제에 세계주의적 관점을 가진 국가 체계의 이익과 실제적 현실과 균형을 찾는 것이다. 이러한 세계적 접근법은 특정 미세이론을 기반으로 하여 세밀한 구분을 할 수 없다는 것을 의미한다. 대신에 우리는 일반적인 기준에서 말하여야 한다. 그럼에도 불구하고 우리는 이러한 네 가지 기본적 주장이 일반적 동의를 받을 것이라 생각한다. 견해를 달리하는 윤리적 입장에 서 있는 사람들은 부유한 나라들이 가난한 나라들에 대해 어느 정도의 의무를 갖는지에 대해서와 같은 몇몇 미세한 사항들에 대해서는 동의하지 않을 것이다. 부유한 국가가 어떻게 가난한 이들을 최선으로 도울 수 있을까와 같은 경험적 문제는 격렬하게 논란이 될 것이고 기후변화의 파국적 효과에 대한 어떤 판단들이 우리의 몇 가지 결론에 영향을 미칠 것이다. 우리는 이러한 가정들에 대해서 명확하고 이러한 논쟁들을 통하여 중간적 방향으로 향하도록 한다.

부유한 국가들의 가난한 자들에 대한 의무
Duties of Wealthy Nations to the Poor

우리의 첫 번째 주장은 부유한 국가들이 가난한 국가들에 살고 있는 자들을 포함하여 가난한 국가들에게 윤리적 의무가 있다는 것이다. 제4장에서 우리는 이러한 주장을 하였다. 거기서 우리는 소행성 충돌과 같은 자연적 재난에서 부유국이 가난한 국가를 피해를 방지하도록 도와줘야 하는 의무가 있다고 논의한 바 있다. 부유한 국가는 이러한 상황에서 가난한 국가를 도와줘야 할 의무가 있고 이러한 의무는 그들의 자연적인 자비로운 성격 이상인 것이다. 우리는 이러한 주장이 논란의 대상이 된다는 것을 인지하고 있다. 그리고 우리는 이것을 세부적으로 변명할 수 없다 ; 그러나 주요한 접근법들 모두가 기본적 결론으로 집중될 것이다.

복지론적 관점에서 보면, 국가들은 전체 복지의 증진을 위해서 힘을 써야 할 의무가 있다. 대부분의 사람들은 공리주의(utilitarianism)를 포함하여 몇 가지 형태의 복지주의에 동의한다.[8] 그들은 사람들이 도덕적으로 전체적 복지 증진을 위해서 조치를 취할 의무가 있다고 믿는다. 1달러가 부유한 이의 손에 쥐어져 있는 것보다 가난한 이의 손에 쥐어져 있을 때 더욱 값지기 때문에 가난한 이를 돕는 것은 전체적 복지를 증진시킨다. 국가들은 또한 자신의 국민을 도와줘야 할 의무가 있다 : 국가는 가난한 이들을 도와주는 것에 균형을 맞출 의무가 있다. 다른 사람들은 이처럼 상충되는 목표의 균형을 맞추는 데 다른 방법을 사용하나 복지주의자들은 통상 몇 가지 종류의 가난한 이들을 도와주는 의무를 지지하여야 한다.

의무론자들은 롤스의 무지의 장막개념(Rawls's idea of a veil of ignorance)에 호소할 것이다. 개인들이 자신들의 상황에 대한 정보가 박탈되었을 때 정의에 관한 어떠한 원칙을 선택하겠는가? 또한 이것이 자신이 속한 국가인 경우에는 어떠하겠는가? 매우 그럴듯하게도 사람들은 부유한 국가가 상당한 양을 가난한 국가에게 주는 원칙을 선택할 것이다. 특히 가난한 국가가 위험에 처해 있을 때는 더욱 그러할 것이다. 종족, 성별, 장애, 출생지는 무관해 보인다. 정의에 관한 입장에서 보면 미국에서 출생하였다는 이유로 인도에서

---

8) 공리주의는 특수한 형태의 복리주의이다. 일반적으로 복리주의는 어떤 정책의 가치가 총복지의 효과에 좌우된다는 믿음이다. 많은 다른 형태의 총합이 복리주의와 일치한다. 공리주의는 총복지는 개인복지의 총합에 의해서 측정되어야 한다는 믿음이다.

출생한 자에 비해서 더욱 좋은 삶을 살 권리를 가지지는 않는다. 따라서 현존하는 이러한 부정의를 줄이기 위해서는 부유한 국가에 사는 사람들은 가난한 국가들의 가난한 사람들을 도와야 할 윤리적 의무가 있는 것이다.

이러한 경우에 부유한 국가는 상대적으로 덜 부유한 다른 국가에게 큰 의무를 지니고 있지 않다. 그러나 부유한 국가는 아주 가난한 국가에 살고 있는 사람들에게는 상당한 의무를 지니고 있다. 가난한 이들을 도와줘야 하는 의무의 정도는 그 국가의 부나 복지의 다른 규모에 달려 있다. 제1장에서 보았다시피 기후변화는 가난한 국가들에게 더욱 심대한 영향을 미칠 것이기 때문에 이러한 차이를 더욱 크게 하도록 위협할 것이다. 이러한 정도에서는 기후변화의 전망은 부유한 국가의 가난한 국가에 대한 의무를 증대시킨다.

부유한 국가의 가난한 국가에 대한 의무는 기후변화협약에 의해 이행될 필요가 없다
The Duty of Wealthy Nations to the Poor Need Not Be Discharged through a Climate Treaty

우리의 두 번째 주장은 기후변화협약을 통해서 가난한 자들에 대한 책무를 완수할 의무가 없다는 것이다. 가난한 자들을 돕는 것은 문맥상의 특별규정과 지역의 사정에 달린 어려운 문제이다. 국가들은 그들의 의무를 완수하기 위해서 어떻게 하는 것이 최선인지를 결정함에 있어 이러한 요소들을 고려할 필요가 있다 ; 그들은 재분배적 기후변화협약과 같은 하나의 특정 정책에 구속되어서는 안 될 것이다. 더구나 기후변화협약은 가난한 이들을 도와주기 위한 좋은 도구가 아니다. 다른 장치들에 비해서 목표가 빈약하고 비용이 많이 든다. 우리는 이 문제에 대해서 제4장에서 탐구하였고 여기서는 단지 논의를 간단하게 요약하였다. 거기에는 윤리적 주장과 이러한 주장에 대한 경험적 요소가 모두 존재한다.

윤리적 주장 Ethical Claim

윤리적 요소는 가난한 자들에 대한 의무는 개별적 정책을 위해서가 아니라 전체 정책적 맥락에서 고려되어야 한다. 우리는 기후변화 정책과 같은 특정정책이 가난한 사람들에게 자원을 이전시키는지 여부보다는 가난한 사람들에 대한 순이전(net transfers)을 고려해야 한다. 이러한 각 개별적 정책이 이러한 목표를 이루기 위해서 설계되어야 할 의무는 없다.

어떤 의미에서는, 우리는 가난한 사람들에게 재분배하기 위해 설계된 기후정책으로 별개의 두 가지 기후정책을 생각할 수 있다 : 최적의 기후정책(optimal climate policy)과 대외 원조 프로그램(foreign aid program)이다. 대외 원조 프로그램은 - 전반적으로 분배 목적을 가지고 계획된 정책 부문으로서의 - 다른 대외 원조 프로그램들과 비교된다. 이전이 가능한 방법은 얼마든지 있다. 부유한 국가들은 가난한 나라에 자원을 이전시키기 위해 가장 효과적인 방법을 선택할 것이다. 그들은 모든 주어진 가능한 방법들 중에서 목적을 효과적으로 성취하는 방법을 선택해야 한다. 분배적 정의는 다른 것을 요구하지 않는다.

경험적 주장 Empirical Claim

우리의 주장에서 경험적 요소는 (바람직한 양을 넘어서는) 기후변화를 줄이는 것이 가난한 이들은 돕는 값비싼 방법이 될 것이라고 본다. 확실한 것은 기후변화 감축은 그 자체의 권리 속에서 바람직하고, 이것은 많은 잠재적 피해자들이 가난하기 때문에 가난한 사람들을 도울 수 있을 것으로 보인다. 그러나 교토에서 이루어진 것처럼 최적량을 넘어서 기후변화를 감축하는 것이나 그러한 방법을 통해 명시적으로 가난한 사람들을 돕기 위해 설계하는 것은 가난한 사람들을 돕는 가장 좋은 방법인 것 같지는 않다. 지금까지 논의한 바에 따르면, 기후변화는 그것이 분배이론 또는 교정적 정의 이론(theories of distributive or corrective justice)을 이용하든지 잘못 겨냥되었다. 더욱이, 분배적 요소를 고려하기 위해 기후조약을 조정한 교토 같은 시도는 비용과 위험을 현저히 증가시켜 조약을 비효율적으로 만들었다.

빈곤층을 돕는 데 기후변화를 이용하려는 것에는 추가적인 경험적 제약이 있다. 국가의 정부는 자국 영토 내에 살고 있는 사람들을 통제하기 때문에 자원의 이전(transfers of resources)은 각국 국민 자체가 아닌 거의 항상 중앙 정부의 것이 된다. 설령 미국과 같은 부유한 국가가 가난한 국가의 빈곤층의 삶의 질을 향상시키는 데 큰 관심을 가지고 원칙적으로, 기후조약이 그런 효과를 가진다고 기꺼이 동의한다고 하더라도, 이런 조약의 실행 가능성은 가난한 국가들의 정부가 실제로 그들의 가난한 국민들을 돕기 위해 이러한 이전을 사용할 것인지에 크게 좌우된다. 앞서 강조한 대로, 사람들이 그런 것이지, 국가가 부유하거나 가난한 것은 아니다. 모든 부유한 국가에도 가난한 사람이 있고, 모든 가난한 국가에도 부자가 있다. 대외 원조의 경험은 단순히 가난한 나라에 자금을 이전시키는 것은 빈곤층을 거의 돕지 못한다는 것을 가르쳐 주고 있다. 왜냐하면 부분적으로 많은 가난한 나라의 정부들은 제도적 역량이나 빈곤층을 도울 의지가 부족하기 때문이다.

세계적인 기후변화를 경감시키는 것이 타락한 정부가 가로챌 수 없는 현물 이전이라는 것은 진실이고 중요한 사실이다. 그러나 마찬가지로, 그 조치는 빈곤층을 돕는 극도로 투박한 방법이다.

사실, 그런 방법은 현재의 빈곤층을 별로 돕지 못하고, 먼 미래의 빈곤층을 도울 것이다. 그리고 그것은 빈곤층과 마찬가지로 부자도 돕기 때문에 좋은 방법은 아니다. 결국, 배출권 거래와 같은 현실적인 조약은 예컨대 수십억 달러의 배출권과 같은 광대한 자원을 타락한 정부가 잘 관리할 것에 대한 신뢰를 포함함과 동시에 온실가스를 배출하는 공장 소유자들과 같은 부자들에게 불리한 규칙을 시행하는 것을 포함한다. 이러한 문제들은 극복할 수 있겠지만, 없앨 수는 없다. 그리고 야심찬 기후제도가 가난한 국가의 부자와 타락한 정부를 더욱 부유하게 해줄 것이고, 마찬가지로 빈곤층에 효과적이지 않을 것이라는 것은 예측할 수 있고 그러면 국가들은 이런 조약에 가입하는 것을 꺼려야 하고 꺼리게 될 것이다.

개발과 빈곤층을 돕는 문제에 관한 문헌은 매우 많다. 많은 이론들이 있지만, 우리는 당장 빈곤을 줄일 최선의 방법을 알지 못한다고 말하는 것이 옳다. 선진국들은 개발도상국에 수조 달러를 써 왔지만 별 성과를 얻지 못했다. 급성장한 많은 국가들은 선진국으로부터 원조를 거의 받지 못했다.

좋은 지역기관과 자치단체는 중요해 보이고 그것은 어떤 원조를 할 수 있는지를 확실하게 통제한다 ; 그러나 근본적으로 성장에 도움이 되는 것이라 할지라도 시장이나 정치제도를 외부에서 강요하는 것은 쉽지 않다. 더욱이 타락한 정부가 운영하거나 전쟁으로 황폐화된 나라에 살고 있는 국민들을 도울 분명한 방법은 없다.

빈곤층을 돕는 많은 방법은 미약하거나 간접적이다. 작은 변화는 지역기관을 만들거나 중요하지만 지역적인 문제를 도울 수 있다. 또한 가난한 나라에 직접적으로 관련이 없는 다른 나라의 정책변화는 중요한 효과를 가질 수 있다. 예를 들면 지적 재산이나 무역, 이민법의 변화는 원조만큼이나 중요할 것이다. 기후변화 감축은 이러한 복합된 것들의 주요한 부분이다. 확실히 말할 수 있는 것은 빈곤층을 도우려는 국가들의 계속적인 시도는 중요하다는 것이다. 각각의 정책이 분배적 목표에 독립적으로 충족된다고 하여도 좁은 식견으로 고려된 별개의 정책에 제약되어서는 안 된다. 대신에, 좋은 기후조약을 포함하여, 제자리에 있는 전체적으로 좋은 정책을 찾는 것이 목표가 되어야 한다.

세계기후조약 A Global Climate Treaty

세 번째 주장은 기후조약을 어떻게 평가할 것인가와 그러한 조약에 가입할 것인지에 대한 국가들의 결정과 관련되어 있다. 여기에서 논의할 것은 간단하면서도 조금 난해한 것이다 ;

우리의 기본적 강조점은 국가들이 무임승차하기보다는 협력을 해야 할 도덕적 의무를 가진다는 것이다.

세계는 배출을 줄여야 한다. 필수적인 감축의 속도나 범위에 대해서 의견이 일치하지 않더라도 많은 배출원, 특히 에너지 부문에서의 장기적 배출을 통해 제로에 가까운 극적인 감축을 해야 할 것은 상대적으로 분명해 보인다. 왜냐하면 이렇게 하는 것은 아마 인류복지 또는 환경을 보호하기 위한 의무론적 논쟁(deontological argument)을 매우 증가시킬 것이기에, 배출을 감축할 의무는 어쩌면 윤리적 의무의 수준으로 올라설 것이다.

우리가 밑그림을 그린 이유로, 기후협약은 국제 Paretianism의 원칙을 존중해야 한다. 이것은 윤리적 쟁점은 아니지만, 다음과 같은 것을 가능하게 하는 결론으로 이끈다 : 만약 어떤 협정이 국제 Paretianism을 충족한다면, 협정에 가입하기를 거부함으로써 다른 나라에 무임승차한 국가는 비윤리적이다.

돌아온 국제 파레토이즘 International Paretianism Redux

효과적 기후정책은 최소한 주요 배출자(significant emitters)가 포함되어야 한다는 의미에서 세계적 참여(global participation)를 필요로 한다. 필수적인 배출 감소 비용은 주요 배출 국가가 감축에서 면제될 때 급격히 증가한다. 최저비용 감축기회의 대부분은 개발도상국에 있다. 배출은 개발도상국에서 가장 빠른 속도로 증가하고 있다. 그리고 현재와 같은 조약에서 탄소 누출 기회가 생기기 때문에 개발도상국을 제외한 조약은 비효과적일 수 있다.

기후협상(climate negotiation)의 핵심적 요소는 모든 주요 배출국의 광범위한 참여이다.

광범위한 참여를 보장하는 유일한 방법은 참여국의 형편이 좋아지도록 협약을 설계하는 것이다. 기후협약은 국제 Paretianism을 존중해야 한다. 이것은 배출 감축에서 나오는 이익이 비용을 초과하기 때문에 가능할 것이다. 이러한 협약을 설계하는 것은 쉽지 않다. 이것은 부대 비용(side payments)이나 다른 이전을 요구할 것이다. 국가는 자신들의 비용은 높고 이익은 낮다며 속임수를 쓰거나 대비책을 세울 것이다. 그러나 만약 배출감소의 이익이 정말로 비용을 초과한다면 그러한 협약은 실현가능하다.

우리가 국제 Paretianism을 사용할 때, 국가들이 좁은 자국의 이익만 추구한다는 것을 의미하지는 않는다. 대부분의 사람들은 어느 정도는 이타적이고, 이러한 것은 자신의 이타심을 만족시키기 위한 것에 있다. 예를 들어 기후협약이 미국에게 순수 200억 달러의 순 손실을 요구하지만 200억 달러는 빈곤에 빠진 외국 사람들을 위해 원조된다고 가정해 보자. 미국인들이 이타적인 한 이러한 확실한 손실 하에서도 미국은 이 조약에 동의할 수 있다. 우리는 그러한 조약이 미국의 이기심을 촉진하다고 말할 수 있다.

불행하게도 대외 원조 흐름의 증거가 대부분의 국가는 적절한 형태의 이타심만을 가지고 있음을 보여 주고 있다. 대외 원조는 GDP의 1 또는 2%를 거의 넘지 않고, 이러한 원조도 거의 가장 부유한 국가에 의해서만 이루어지고 있다. 게다가 상당한 비율의 대외 원조가 이타심보다는 협소한 이기심에 의한 것이다. 예를 들면 일본이나 미국이 안보보장이사회(Security Council) 회의에서의 호의적 투표의 대가로 대외 원조를 한다면 이러한 대외 원조는 이타심에 의한 것이라고 할 수 없다 ; 원조의 총액은 실제로 서비스에 대한 지급이며, 대외 원조는 단지 수입된 밀값의 지불에 지나지 않는다. 만약 우리가 이러한 요소를 고려한다면 이타심이나 도덕적 고려를 반영하는 대외 원조의 실제량은 매우 낮다. 그래서 우회적 경로로 우리가 돌아가면 국제 Paretianism이, 이론보다는 실무상, 모든 국가에 기후협약에 참여하라고 요구하는 것은 경제적으로 더 나아지거나 최소한 더 나빠지지는 않는 것이다 : 그러한 국가들의 감축 비용이 피해진 기후와 관련된 해악 형태보다 상당하게 많지 않아야 한다.

다른 힘은 기후협약에서 국가의 이기심을 유발할 수 있고 그 결과 그들의 의지는 비용을 초래하고 그것은 경제적 이해관계만을 고려하는 비용-편익분석이라는 근거에서 예상된 것보다 훨씬 크다. 예를 들어 많은 사람들이 기후변화를 감소시키기 위해 아무런 이득이 없는데도 희생해야 한다고 믿고 있다고 가정해 보자. 이러한 믿음은 환경주의의 실천(commitment to environmentalism)이나 미래 세대의 사람들이 잘 살게 하기 위한 것이라는 관심에 근거해 있을 것이다. 그들은 기후변화를 제한함에 있어서 도덕적이나 이념적 이해관계를 가지고 있는 바, 그것은 정당성이 입증되는 것을 보기 위해 그들이 기꺼이 비용을 지불하는 것이다. 만약 많은 사람들이 이러한 신뢰를 가지고 있다면, 지구의 온실가스 감축에서 나오는 국가의 "이익"은 커질 것이며, 이에 따라 그렇지 않은 경우 정당화될 수 없는 조약 관련 비용이 정당화될 것이다. 그러나 사람들이 실제로 이렇게 느낄 정도가 어느 정도인지는 알 수가 없다 ; 아마도 국제적 혹은 세대 간 이타심이 오랜 동안 증가될 것이다.

국제 Paretianism은 두 가지 시각에서 비판받을 수 있다. 이상주의자들은 국제 Paretianism이 윤리적으로 바람직한 조약들을 잘못 배척한다고 주장한다. 현실주의자들(Realists)은 국제 Paretianism이 국가들이 진실로 이기심에서 있지 않는 조약에 동의한다는 것을 함의하기 때문에 너무 약하고 낙관주의적이라고 주장한다. 이러한 두 가지 주장 모두 비판을 받아야 한다.

이상주의자들은 국가들이 특히 기후변화와 같이 어려운 문제에 부딪혔을 때 그들의 이기심에서 - 이타주의를 포함한 넓은 의미에서조차 - 행동해서는 안 된다고 주장할 것이다. 그리고 윤리적 주장은 사람들로 하여금 그들의 이기심을 배제하고 도덕적으로 옳은 협약을 지지하도록 설득하는 것이 가능하다. 그러나 국제관계의 전체 역사를 보면 전적으로 혹은 주로 도덕적 이상에서 협약을 생각한다는 것은 불가능하고 1인당 소득제도와 같은 이상적인 기후협약 제안에 뒤따르는 희생과 이전은 불가능하다.[9)] 기후협약이 그러한 첫 번째 성공이 될 수 있을까? 가능하다. 그러나 우리는 부유하거나 막강한 국가에게 많은 희생의 감수를 요하는 협약 제안의 실험을 정당화하기 위하여 실패의 위험이 너무 높다고 믿고 있다.

현실주의자들은 국제 Paretianism이 너무 약하다고 주장할 것이다. 만약 국가들이 그들의 이기심에 기하여 행동한다면, 그들은 협약이 현 상황에 관하여 그들의 입장을 개선시킨다고 주장하지만은 않을 것이다.

그들은 또한 협약에 의해 발생된 잉여분의 가능한 최대의 지분을 주장할 것이다. 실제로 잉여분은 전혀 없다 : 최대 교섭력을 가진 국가들 – 협약으로부터 최소를 얻을 수 있는 국가들 – 은 결국 아주 제한된 의무나 최대의 보조금으로 결말을 낼 것이다. 그들이 얻는 것은 윤리적 가정이 아닌 상대적 권력을 반영할 것이다. 국제 Paretianism은 이기적인 국가는 윤리적 요구를 감수하는 것을 벗어나 그들의 국익만을 주안점으로 가진다고 자의적으로 가정한다. 이러한 관점에서 기후협약에 관한 규범적 논쟁은 무익하다. 협약은 만약 국가들이 협약으로부터 이득이 있는 경우에만 성립될 것이고, 그 협약은 상대적 권력에 따라 이득을 분배할 것이다.

그러나 현실주의자의 주장은 너무 강력해 보인다. 국가들은 윤리적 중요성에 따라 움직인다 ; 실제로 윤리적 중요성에 관한 일관적인 행동은 그들의 평판을 높이고 그들의 권력을 강화하는 방법이 될 것이라고 믿는다. 우리는 확실히 알 수 없지만, 그 가능성은 윤리적 논쟁을 정당화하기에는 충분히 현실적이다. 현실주의자들에 의해 만들어진 중요한 논점은 국제 Paretianism

---

9) 아마도 가장 최근의 선례는 노예무역의 폐지인 바, 그것은 주로 대영제국이라는 한 국가의 바다 통제를 개척한 업무였다.

은 자의적이라는 것이다. 윤리적 중요성이 일부 역할을 한다면, 국가들은 그들에게 이익이 되지 않는 윤리적으로 타당한 협약에 동의할 것이다. 만약 윤리적 중요성이 역할을 하지 못하거나 매우 약할 경우, 국제 Paretianism을 충족하는 협약들일지라도 가능하지 않다.

International Paretianism은 기껏해야 현실주의와 이상주의 간의 긴장을 해결하기 위한 개략적 시도이다. 우리는 그것을 협상을 위한 실용적인 출발점으로 볼 수 있다. 국제 Paretianism에서 너무 벗어난 협약은 성공의 기회가 적어서 협상의 대상이 되지 않는다. 그리고 국제 Paretianism을 따르나 몇 가지 윤리적 내용을 가진 조약이 달성될 수 없는 한 , 그러한 어느 협약도 숙고의 대상이 된다.

무임승차 Free - Riding

국제 Paretianism은 필요한 반면, 기후협약에 국가들의 서명을 유도하기에 충분하지 않다. 그 이유는 만일 어느 국가가 협약을 하지 않은 것보다 협약으로 더 부유해진다면, 모든 다른 국가들이 협약에 서명하거나 서명을 안 해도, 여전히 부유해질 것이다. 이러한 것은 국가로 하여금 다른 곳에서 이루어진 배출 감축에 무임승차를 못하도록 한다. 기후변화는 한 국가에 의한 배출 감축이 모든 국가들을 도와주기 때문에, 무임승차의 영향을 매우 받기 쉽다. 비록 국제 Paretianism의 원리를 충족한다고 하더라도 무임승차 문제의 해결책 없이 기후협약은 다양한 참가를 이루기 어렵다.[10)]

---

10) 국가들이 무임승차를 하지 않을 것이라고 주장하기 때문에 실제로 두 가지 문제는 얽힐 것이다 ; 그들은 협약이 그들 국가가 잘 살게 하지 않을 것이라고 말할 것이다.

무임승차를 예방하는 것은 내키지 않아 하는 국가들의 참여를 독려하기 위한 협약을 설계함에 있어 궁극적으로 어려운 문제가 될 것이다. 기후협약은 무임승차자들을 효과적으로 처벌하기 위한 다른 정책과 연관되어야 한다. 윤리적 관심이 이 문제를 해결하는 역할을 하는 범위에서, 우리는 비윤리적으로 행동하는 다른 국가들에 의해 배출 감축에 무임승차를 하지 못하도록 하기 위한 기후협약에 서명을 거부하는 국가들이 있다고 생각한다. 이러한 종류의 무임승차는 페어플레이의 기본 개념의 원칙을 위반하는 것이다.

의무론자들은 그러한 개념을 오랫동안 지지해 왔다.11) 롤스(Rawls)는 기후변화의 매우 유사한 사례를 연구하였다.12) 그는 협력이 희생을 필요로 하는 곳에서 모두 혹은 거의 모두가 협력하여 작동하는 곳에서 상호적인 이득과 협력체계의 경우를 고려했고 비협조적인 개인은 이득으로부터 제외할 수 없는 경우를 고려했다. 그는 이 경우에, 비용 부담 없이 이득을 받아들일 수 없다고 주장했다. 직관은 자기 소유의 이득을 위해 다른 사람의 협력과 희생을 부당하게 사용해서는 안 된다는 것이다. 이 주장은 공정성에 관한 단순한 직관 또는 무작위로 협력자 또는 잠재적 무임승차자로 지정된 경우에 당신이 적용하기를 원하는 규칙을 고려하는 논쟁에 의해 지지될 수 있다.

배출 감축 비용과 기후변화 감소의 지역적 이득 산정의 어려움으로 인하여 그러한 주장을 반박하는 것은 어려울 것이다.

11) H.L.A. Hart, Are There Any Natural Right? 64 *Philosophical Review* 185(1955) ; John Rawls, Legal Obligation and the Duty of Fair Play, in *Law and Philosophy : A Symposium(*Sydney Hook, ed., 1964). Robert Nozick has objected to these arguments. See Robert Nozick, *Anarchy, State, and Utopia*(1974), chapter 5, using an example, an obligation to contribute to a public address system that you view as having marginal value.

12) Rawls, supra n.10.

복지주의자들은 유사한 근거로 그러한 의무를 지지해야 한다. 그러한 의무 없이, 기후협약과 같이 이용가능한 공공재(public goods)인지 여부 및 그 범위가 어느 정도인지가 분명하지 않다. 전체 복지를 증진하는 조치에 참여하는 의무가 있다면, 무임승차 대신에 협력은 의무적이다.

기후의 맥락에서, 페어플레이의 원칙을 위한 논쟁은 롤스가 고려한 경우보다 더 강하다. 기후의 맥락에서, 협력에 실패하는 것은 다른 국가들에 직접 비용을 부과하는 바, 결과적으로 탄소 축적과 더 많은 기후변화의 결과가 높기 때문이거나 협력하는 국가들이 그들의 배출을 줄이기 위해 추가 자원을 소비할 것이기 때문이다. 주요 배출국의 탈퇴는 다른 국가들에게 매우 많은 비용을 부담하게 한다. 기후협약이 국제 Paretianism을 충족하는 한, 이 경우의 무임승차는 비윤리적인 것이다.

잉여분의 분배 Dividing the Surplus

참여문제는 극복할 수 있고, 우리는 기후변화협약을 달성할 수 있다고 가정하자. 배출 감축 이득이 비용보다 적다면, 그러한 협약은 얼마간의 잉여분을 만들어 낼 것이다. 잉여분은 어떻게 배분되어야 하는가?

무엇이 성패가 달린지를 이해하기 위해, 세계는 190+ 국가보다 더 2를 포함한다고 가정하자. 그 나라들은 함께 다소간 적극적인 기후 조치들을 할 수 있다. 더 적극적인 조치들은 더 많은 비용이 든다 ; 덜 적극적인 조치들은 비용이 덜 든다. 더 적극적인 조치들은 또한 기후변화로부터 손실을 피하는 형태로 더 큰 이득을 만들어 낸다. 공동의 최적 협약은 이득과 비용의 차이를 최대화하는 것이다.

국가들이 합리적일 경우, 그들은 바람직한 기후제도를 만드는 협약에 참가할 것이다. 한 국가를 위한 감축 비용(abatement cost)이 그 특정 국가를 위한 기후 이득(climate benefit)보다 더 크더라도 이는 진실이라는 것에 주목하자 : 그것은 단순히 다른 국가로부터 현금 이전(cash transfer)을 받는 것이다. 그러나 간단히 말하면 우리는 각 국가들이 현금 이전이 없이 이득을 받는다고 가정하자. 예를 들면 어느 정도 취약한 국가(Pretty Vulnerable State)는 400의 비용을 손해보고, 600의 혜택을 얻는 반면, 매우 취약한 국가(Very Vulnerable State)는 100의 비용을 손해 보고, 900의 혜택을 얻는다. 그 비용은 온실가스의 집약적 활동의 더 높은 비용으로부터 초래되는 잃어버린 경제적 활동이다. 반면 그 이득은 질병, 홍수 그리고 그 밖의 것들을 피한다.

아주 취약한 국가와 어느 정도 취약한 국가는 고전적인 교섭 문제에 직면한다. 협약은 1000(800+200)이라는 잉여분을 만들어 낸다. 매우 취약한 국가는 100 또는 그 이상의 이득을 제공하는 협약에 기꺼이 참여하는 반면, 어느 정도 취약한 국가는 400 또는 그 이상의 이득을 제공하는 협약에 참여하려 할 것이다. 이러한 각 협약들 하에서, 어느 국가는 이득이 보다 크거나 비용과 같기 때문에 더 나빠지지 않을 것이다. 많은 대안적 협약들은 잉여분을 좀 더 평등하게 분배할 것이다.

협약은 1,000의 잉여분을 여러 가지 방법으로 분배할 수 있다. 예를 들어, 만약 협약이 배출 총량이 정해진 배출권거래 제도를 만들게 된다면, 대부분의 배출권을 매우 취약한 국가(Very Vulnerable State)에게, 대부분은 어느 정도 취약한 국가(Pretty Vulnerable State)에게 또는 다른 지분은 개별 국가들에 할당하게 될 것이다. 각 국가들은 더 많은 배출권 지분을 가져야 한다고 주장할 것이다. 만일 협약이 통일된 탄소세 제도(uniform carbon tax)를 도입

한다면, 이는 한 국가로부터 다른 국가에 대한 지원금(side payment)을 필요로 하게 된다. 더 복잡한 차원에서 보면, 잉여분의 분배는 예를 들어 기술의 공유를 요구하는 조항들과 같이 다른 조항들에 의해서 숨겨질 수도 있다.

그러나 개념적으로는, 문제는 간단하다. 국가들 간에 잉여분을 분배하기 위한 최선의 방법은 무엇인가?

기준선 사례 The Baseline Case

한 가지 해답은 규범적인 문제를 한 쪽에 내려놓고, 간단하게 국제정치를 통해 잉여분의 분배를 결정하는 것이다. 이것은 현실주의자적 관점으로 위에서 검토되었던 것이다 : 실현가능성은 단지 기준선만을 정하는 것이 아니다 (즉, 국가들이 더 나아져야 한다) ; 잉여분의 분배 또한 결정한다. 기본적인 협상모델에서는 협상력이 강한 관리들이 협상 대상의 더 큰 자산 지분을 차지하게 된다. 협상력은 대개 억지와 인내(낮은 할인)의 조합으로 이해된다.

협상 문헌에 있어서 설계자들은 때때로 협상 대리인들이 더 나은 교육을 받거나, 더 지적이거나 혹은 더 경험이 많을 때 더 전문성을 갖는다고 가정한다. 문제의 성격에 대한 나은 이해와 협상 대상자의 약점과 강점을 잘 이해함으로서 더 나은 전문성을 갖춘 당사자가 협상 대상에서 불균형적인 지분을 얻게 된다. 더 많이 인내하는 당사자가 잉여의 더 많은 부분을 얻게 되는 것은 (일반적인 협상 게임에 있어서) 지연으로 인해 합의에 실패하기 때문이고, 더 많이 인내하는 쪽이 아닌 쪽보다 지연으로 인해 손해를 덜 보기 때문이다. 그러므로 비용이 드는 지연을 피하기 위해서, 덜 인내하는 당사자가 협상 초기단계에서 잉여분의 더 큰 지분을 더 인내하는 쪽에게 양보하게 된다.

국제적인 환경에서는, 이러한 관찰 결과들이 그리 놀랍지 않게 나타난다. 즉 더 크고 더 부유한 국가들이 기후협약으로부터의 잉여분의 더 많은 지분을 차지하게 될 것이라는 것이다. 크고 부유한 국가들은 전문적 외교관인 인력을 더 많이 보유할 수 있을 것이며, 좀 더 안정적인 기관들을 가지고 있는 바, 그로 인하여 장래에 대해 더 큰 고려를 할 수 있을 것이다. 이 모든 것들은, 놀랍지 않게도, 산업화된 국가들과 중국, 인도, 브라질, 러시아 등 떠오르는 신흥국가들이 잉여분이 어떻게 나누어질지에 대부분 결정할 것이며 불균형적 분배를 하게 될 것을 시사하고 있다.

이러한 견지에서, 윤리적 규범이 잉여분의 배분에서 역할을 하게 될 것으로 볼 하등의 이유가 없다.

그러나 위에서 제시한 우리의 논의는 이러한 결론이 결코 명백하지 않다는 것을 시사한다. 윤리적 규범이 협상에서 일정 역할을 하게 될 것은 분명 가능하다. 한 가지 이유는 공무원들이 윤리적 규범이 그 국가의 국민들의 요구와 상충하는 경우라 하더라도 윤리적 규범에 의한 동기의 자극을 받을 수 있다는 점이다. 참가비용(agent costs)은 외교관 및 지도자들에게 얼마간 자유를 부여한다. 우리는 일부 국가의 시민들이 다른 국가 국민들의 복지에 별반 관심을 가지지 않는 경우를 쉽게 상정해 볼 수 있지만, 그 국가의 지도자들은 전 지구적 복지를 고려하는 것을 중요하게 여기고 있다는 점도 쉽게 예상해 볼 수 있다. 또 다른 어쩌면 더 중요한 하나의 이유는, 윤리적 규범이 지도자에게 역사적인 불만, 부의 불균형 등을 바로잡을 것을 요구하는 국민들의 자세에 영향을 미칠 수 있다는 점이다.

이러한 이유들 때문에 우리는 윤리적 규범이 잉여의 배분에서 어떠한 역할을 하는지를 고려해 볼 것이다.

규범적 제안 Normative Proposal

한 가지 가능한 접근법은 우리가 앞의 장에서 비판했던 주장을 단순히 재구성하는 것이다. 기후협약이 국제 Paretianism를 만족시켜야만 한다고 하더라도, 이 주장에 따르면, 우리가 교정적 정의 또는 분배적 정의에 관한 판단을 충분히 존중하는 방법으로 잉여를 배분할 수 있다. 교정적 정의는 먼저 산업화된 선진국들(예컨대, 미국)이 이후에 산업화된 후진국들(예컨대, 한국)보다 더 적은 양의 잉여를 받아야 한다는 것이다. 분배적 정의는 부유한 국가들이 빈곤한 국가보다 더 적은 양의 잉여를 받아야 한다는 것이다.

이와 같은 협약이 실현가능성 제약을 충족시켰다고 하더라도, 앞서 언급한 몇 가지 반대 의견은 여전히 유효하다. 국가가 개인인 것처럼 국가를 다루는 데 대한 의구심 때문에 우리는 교정적 정의 접근법(corrective justice approach)을 비판한다 ; 어느 국가 혹은 개인들이 이를 구성할 것인지의 여부에 대해서는 과실이 있으며 ; 비용과 마찬가지로 이익을 합산하는 문제를 포함한 어려운 실증적 문제에 관한 것도 존재하기 때문이다. 교정적 정의 원칙이 잉여의 분배에 사용되기 위해서는 이러한 문제들이 해결되어야 한다.

우리는 분배적 정의 접근법을 비판하는데, 여기에도 여러 가지 이유가 있다 : 부유한 국가들이 현재 빈곤한 사람들보다 미래의 사람들을 도와야 하는지 여부 ; 지구온난화 감소의 현물 이익보다 (지금 당장의) 현금 이익이 더 나은 것은 아닌지 여부 ; 빈곤국가의 정부들이 자금지원을 지혜롭게 사용할 것인지 여부 ; 재분배가 우리가 목표하는 바이라면, 부유국에 있는 일부 빈곤층을 벌하고 빈곤국에 있는 부유층에게 이익을 주는 것이 좋은 방법인지 여부 ; 그리고 가장 일반적으로는, 해외 원조가 다른 방법으로 그 목적하는 바를 더 달성할 수 있을지 여부 등을 고려하여야 한다. 최상의 협약은 미래 세대의 부유층에게 과도하게 재분배하지 않을 것이다 ; 여기 우리 모두는 협약이 비준될 시점에 발생하게 될 현금의(또는 배출권) 분배에 대하여 이야기하고 있다. 다른 것들이 같다면, 잉여는 부유국보다는 빈곤국에게 주어져야 한다는 점에 동의한다. 그러나 다른 것들이 같지 않다면 ; 인센티브 효과 또한 문제가 된다.

그리고 우리는 균등한 분배원칙에 의존하는 것을 비판한다 ; 그 이유는 이 원칙은 규범적인 호소를 제한해 왔기 때문이다. 이 원칙은 적용될 수 있는 다른 원칙들이 없는 경우 최후의 원칙으로 작용하여야 정당화될 수 있으며, 기후변화에 있어서는, 직관에 크게 반하는 것으로 이에 따를 경우 일부 빈곤 취약국가들이 비용의 상당한 지분을 부담하여야만 한다.

여기 더 나은 접근법이 있다. 협약에 대한 협상이 시작되기 전에 온실가스 감축을 위해 적극적인 조치를 취하여 온 국가들에게 보상을 주는 방법으로 잉여를 나눌 수 있을 것이다. 이러한 접근법의 장점은 전 지구적 문제가 존재하는 경우, 최종적으로 협약이 협상될 때 선행된 노력에 대한 보상을 받을 수 있다는 점에서 문제를 무시하기보다는 해결을 위해 먼저 나설 수 있도록 한다는 취지에서 국제관계의 선례를 강화하는 데 도움이 된다는 것이다. 이와 같은 선례는 위험하게 왜곡된 효과를 피할 수 있다 : 위험하게 왜곡된 효과란, 선행조치는 그들의 협상력을 약화시키기 때문에 나타나는 재앙에 대한 대응을 국가들이 지연시키는 것을 말한다.

이러한 접근법은 교정적 정의의 원칙과 희미한 유사점을 갖고 있으나,

동일하지는 않다. 교정적 정의는 현재 누적된 온실가스 배출에 가장 많이 기여한 국가들에게 관심을 기울인다. 대안으로는 대안적 에너지 자원(alternative energy resources)에 투자하기 위해 노력한 국가들, 온실가스 배출을 다른 방법으로 축소시킨 국가들, 기후관련 협약의 협상에 신의를 가지고 참여한 국가들에게 보상을 하는 방법이 있을 것이다.

우리는 이러한 모든 원칙들이 최종적인 협상에 기여할 것이라고 생각한다. 여기서 이해해야 할 가장 중요한 점은 이러한 원칙들이 기껏해야 대단하지 않은 역할을 수행한다는 것이다. 기껏해야 그것들은 잉여분의 분배에 영향을 미칠 수 있다 ; 잉여분의 매우 작은 부분에만 기여할 것이다. 기후변화 협약을 이용하여 역사적 불평을 제거하거나 전 지구적 부의 불평등(global wealth inequities)을 교정하기 위해 노력하는 것은 잘못된 것이다. 그러한 야심찬 노력들은 협상에 참여하고자 하는 가장 중요한 참가자들 - 부유하고 큰 국가들 - 의 인센티브를 감소시킬 것이다. 그것들은 정신력을 흩트려 놓고 이미 부정할 수 없을 정도로 막강한 기후변화와 싸움의 전쟁에 관여할 것이다.

또 하나의 문제가 있다. 잉여분을 어떻게 분배를 할 것인가에 관하여 도덕적이고 현실적인 요소들은 정의에 관한 단순한 원칙이나 할당계획에 관한 호소력 있는 단순한 방법과 부합하지 않을 가능성이 있다. 왜냐하면 각 국가들은 협상 테이블에 각기 서로 다른 기준들을 가져올 것이고 모든 국가들 적어도 주요 국가들은 분배에 있어서 기후협약에 동의할 필요가 있기 때문에 - 다른 이해관계를 언급하지 않고 - 다른 충돌할 가능성이 있는 이상을 반영할 것이다. 이러한 가능성은 단순한 할당 계획 문제를 야기하는 바 - 예를 들면, 어떤 있을 법한 도덕적 이상과는 거의 관계가 없는 반면, 부자 나라로부터 빈곤한 나라들로의 대량 이전을 요하는 1인당 소득에 기초한 배출 분배와 같은 것이다.

실용주의와 복지주의 Pragmatism and Welfarism

잉여분이 어떤 식으로 분배가 되든지 간에 기후협약이 도덕적으로 강력한 정당성을 가져야 한다는 사실적 시각을 잃어서는 안 된다 - 기후협약은 전 세계 사람들 특히 미래 세대의 사람들의 복지를 증진한다. 잉여분이 단순히 국가들의 협상력을 반영한다할지라도 이러한 국가들 국민들의 형편을 더 낫게 할 것이고 그것은 좋은 일이다. 거의 모든 국가들, 매우 가난한 국가일지라도 협상력은 갖는다. 만약에 가난한 국가들이 협약에서 제외된다면 온실 가스를 방출하는 기업들에게는 피난처가 될 것이다. 그리고 장기적으로 보았을 때 오직 강대국들만을 당사자로 포함했던 조약들로부터 오는 많은 절차는 파기될 것이다. 이런 이유로 인하여 강대국들은 가난한 국가들을 제외시키기보다는 잉여분의 지분을 가난한 국가들에게 제공함으로써 빈곤국들의 동의를 보장할 것이다. 오직 자신의 이기심만을 위해서 행동했던 국가들도 온실가스 배출을 줄임으로써 그들의 이익을 포함하고 다른 나라들, 즉 가난하고 취약한 국가들과 잉여분을 나눠 가질 실제적인 이유가 존재하게 될 것이고 이것은 결과적으로 가난한 국가들의 국민들이 이득을 얻는 결과로 나타날 것이다. 초래되는 결과가 윤리적으로 이상적으로 될 것이라고 생각할 이유는 없다. 그러나 이러한 결과가 현재 상태보다는 나을 것이라고 생각하는 점은 의심의 여지가 없어 보인다.

이민 방식과 미래의 예상 밖의 변화는 직관적으로 큰 혼란을 야기한다.

만약에 대부분의 기후협약의 이득이 백년 이내에 돌아온다면 그때까지는 지금의 가난한 국가들에 거주하는 국민들의 후손들은 부유한 국가에 거주할 것이다. 그 이유는 가난한 국가가 종국에는 개발되었거나 그들 또는 그들의 조상들이 부유한 국가로 이민을 갔을 것이기 때문이다. 국가들은 서로로부터 이득을 취하게 되는데 부유한 국가에 거주하는 국민들은 가난한 국민들의 국가에게서 물건을 구매하거나 투자를 하기 때문이다. 기후변화협약은 장기적으로 기후변화로 인한 피해의 양을 축소시켜 국제적 부를 증가시킬 것이다. 먼 미래의 국가시스템 구성을 예측하기 힘들고 기후변화가 지구의 어떤 부분에 영향을 미칠지는 예상할 수 없기에 오늘날 협상가들은 무지의 장막 속에 효과적으로 숨을 수 있다. 그리고 또한 기후변화협약의 장기적인 이득이 자신들의 국가에 이득이 될 것이라고 장담하기엔 역부족이다.

요약 A Recapitulation

몇 년간 기후변화에 관한 원칙상 불합의는 미국과 유럽이 맞서게 해왔다. 많은 사람들 특히 유럽 사람들에게 미국은 국제협약에 있어서 가장 큰 장애물로 인식되어 왔다. 유럽과 미국과의 분쟁은 정확히 아직 끝나지 않았다 ; 유럽 정부들은 미국보다 더욱 적극적인 지름길을 모색하고 있다. 또한 국제적인 조약에 있어 여러 가지 선결조건들을 덜 고집하는 모습을 보인다. 그러나 매년 불합의는 중점적인 논의에서 빗겨나 부차적인 것으로 되고 있다. 대두되는 의견 차이는 - 미래에 관한 것이고 가장 중요한 것이다 - 부유한 국가와 가난한 국가와의 사이의 것이다.

전 세계적으로 부유한 국가들은 온실가스 배출에 초점을 맞추고 있고 이를 경감하고자 하는 의지를 내비치고 있다. 아주 대조적으로 개발도상국들은 이러한 의무의 중심은 선진국에 있고 또한 선진국들에게 있어서 이러한 배출 감축 조치는 후순위로 밀려나 있다고 주장한다. 이 책이 대중에게 출판됨에 따라 언론사들은 중국과 인도 그리고 다른 개도국들이 이러한 주장을 하고 있다고 알리고 있다고 한다. 많은 점에서 부유한 국가와 가난한 국가의 차이점은 감지된 이기주의를 반영하고 있다 - 국제 Parentianism의 제약이다. 그러나 대부분의 논의는 정의문제와 관련된다. 이 책에서 우리는 매우 많은 양의 정보를 작은 범위 내에서 다루었다. 따라서 결론이라는 방법으로 우리의 주장을 요약하는 것은 매우 유용할 것이다.

온실가스 배출을 줄이기 위한 비용은 다른 국가들보다 특정 국가들에게 더욱 많은 부담을 안길 것이고 이득은 다른 국가들보다 몇몇 국가들에게 생길 것이다. 예측하기는 어려우나 가난한 국가들이 부유한 국가들에 비해서 취약한 상태에 있으며 인도와 아프리카가 그 중에서도 가장 취약할 것이다. 가난한 국가들의 궁핍으로 인하여 배출 감축에 부유한 국가보다 더욱 적은 비용을 쓰게 될 것이라고 생각하기 쉽다.

온실가스 배출이 부유한 나라들에 의해 불균형적으로 되는 정도까지 더 해질 것이고 후자 즉 부유한 나라들은 이 문제를 해결하는 데 있어서 이끌어 나갈 도덕적 책임을 지게 된다. 그리고 만일 또는 국제적으로 배출권에 대한 합의가 이끌어질 때, 그러한 배출권은 현재 나라별 배출 비율에 따라 정해져서는 안 될 것이다 ; 1인당 소득에 따른 배출 비율이 분배에 있어서 훨씬 더 공평해 보인다.

우리는 지금 이러한 주장에 반대하는 일상적이지 않은 입장에 있다. 반면에 온실가스 배출 규제와 부자 나라의 부자들로부터 가난한 나라의 가난한 사람들에게 배분을 하는 것에는 국제적 지지를 강하게 받고 있다 - 사실은 오늘날 심각하게 제기된 것보다 훨씬 더한 재분배이다. 우리의 중심적인 주장은 기후변화에 관한 영향력 있는 그러한 요구가 이론적으로 그리고 실제적으로 양자 모두 취약하다는 것이었다. 우리가 지금까지 봤듯이 부자 나라들이 더욱 그들의 온실가스 배출을 줄이면서 가난한 나라들이 거의 줄이지 않거나 전혀 줄이지 않도록 하는 접근법은 현실적으로 불가능하다 ; 그러한 접근 방법은 비용을 훨씬 많이 발생시키면서 달성되는 것은 훨씬 적다. 만일 기후협약이 - 만약 관련되어 있는 위험에 특히 취약한 가난한 나라들에게 많은 혜택을 준다면 - 부유한 나라들이 그들의 이익을 증가시키는 것보다 적극적인 감축을 요구하는 협약에 동의하기가 다소간 더 좋다. 그러나 그러한 감축은 가난한 나라들에 있는 가난한 사람들을 돕는 조악한 방법이다 ; 만약에 이것이 정말로 목표라면, 아마도 대외 원조(foreign aid)와 같은 다른 방법이 더 낫다.

부유한 나라들이 어떠한 기후변화협약의 주요한 경제적 부담을 져야 한다고 생각하는 것이 그럴듯한데, 왜냐하면 그들이 과거 주요 기여자들(main contributors in the past)이기 때문이다. 하지만 이러한 주장은 심각한 반대를 받게 된다. 사실상 아주 가까운 시기에 – 아마 빠르면 2030년에 될 것이다 – 개발도상국들은 온실가스 배출 축적량에서 선진국에 근접한 수준에 이르게 될 것이다. 원칙상으로, 교정적 정의 모델은 기후변화 문제에 관련하여 잘 맞지 않는다. 과거에 온실가스 배출에 기여한 자들(past contributor)은 죽었다. 이미 그들 중 다수는 필요한 마음의 상태를 가지고 있지 않다. 더욱이 그런 피해의 위험을 입은 자들이 또한 다른 나라들에 주요한 이득을 주었고 이러한 이득은 계산에 포함시켜야 한다.

배출권은 1인당 소득기준에 따라서(on a per capita basis) 분배되어야 한다는 주장이 상당한 직관적인 호소력을 가진다. 언뜻 보아, 3억의 인구를 가진 미국이 13억의 인구를 가진 중국보다 훨씬 더 많은 배출권을 가져야 한다는 주장은 받아들이기가 쉽지 않다. 그러나 만약 재분배(redistribution)가 목표라면, 배출허가권(emission permits)은 1인당 소득기준이 아닌 가난한 나라들에게 할당되어야 한다. 우리가 말하기는 좀 그렇지만 원칙상 배출권 할당(allocating emission rights)은 현재의 배출비율(existing emissions rates)에 따라야 한다는 데 동의한다. 그러나 만약에 엄청난 양의 자원이 부유한 나라들로부터 중국이나 인도로 이전되는 조약이라면, 그러한 조약은 실현 불가능하다. 더욱이 1인당 할당은 몇 가지 나쁜 인센티브를 만들 수 있다.

정의의 고려(considerations of justice)는 시차적 중요성(intertemporal dimension)을 갖는다. 즉 그것은 국가 간의 이익과 의무의 할당뿐만 아니라 시간에 걸친 할당(their allocation across time)도 고려하는 것이다. 우리는 세대 간 중립성 이론을 지지해 왔는 바, 이 이론은 후속세대 시민들도 현재 세대 시민들과 동일한 비중의 가치로 고려되어야 한다는 것이다. 그러나 우리는 이러한 원칙이 미래비용과 이익의 "할인"을 거부하는 것(refusal to "discount" future costs and benefits)을 정당화하는 것은 아니라고 주장하였다. 만일 기후변화가 2150년에 심각한 해악을 초래한다면, 해악의 현재 가치는 - 그것이 2100년에 일어날 것이라고 예상된다면 - 그 때보다 낮은 것이다. 그리고 - 그것이 2050년이나 2020년에 일어날 것으로 예상된다면 - 해악의 현재 가치 역시 미래의 그것보다 작은 것이다. 우리는 미래의 효과를 현재의 가치로 할인하는 것이 일반적으로 미래 세대에 해가 아닌 도움이 될 것이라고 주장하여 왔다. 하지만 우리는 어떤 특정한 가정 하에 할인이 반영된 비용 -편익분석(cost-benefit analysis with discounting)이 복지 손실과 세대 간 중립성 원칙의 위반에서 심각한 불공정을 야기한다고 주장하였다. 이러한 경우에 더 적절한 대응은 할인을 거부하는 것이 아니라 복지 손실(welfare losses)과 부정의에 반하는 직접적인 조치를 취해야 한다는 것이다.

우리의 궁극적인 제안은 현실적인 제약을 충족시키는 복지주의자들의 기후변화 문제 접근법이다 ; 그것은 국제 Paletianism을 존중하면서 당연히 심각한 주목을 받아야 하는 다른 문제들의 모임과 함께 문제를 해결하기 위한 노력의 혼란을 거부하는 국가체계(state system)를 가져야 한다.

우리 자신이 선호하는 것은 최적 수준의 배출 감축을 정착시키기 위해 과학과 경제를 이용하면서 기후문제를 해결하는 복지를 증진시키는 협약이다. 국제 Paletianism을 충족시키기 위해, 그 기후조약은 기후변화 완화에 더 큰 이익을 갖는 나라로부터 더 적은 이익을 갖는 나라에게로의 보조금을 요구할 수 있다. 좀 더 일찍 그들의 배출을 감소시키는 나라들은 그렇게 하는 데 따른 신뢰를 더 받아야 한다. 그리고 그것과는 별도로, 기후문제와 관련된 것과 상관없이 국가들은 재분배 또는 정의와 관련된 목표를 이루기 위해 계속 노력해야 한다. 우리가 강조하였듯이, 우리의 중심적인 관심은 기후협약 하에서 그러한 목표를 이루기 위한 노력은 그러한 협약이 성취되는 것을 방해할 수 있다는 것이다. 만일 정의와 관련된 주장들의 결과가 국제적 합의를 어둡게 하고 그리하여 위에서 말한 모든 가난한 나라들의 인간 복지에 중대한 위험을 끼친다면 그것은 지독한 아이러니가 될 것이다.

부록

코펜하겐 합의

The Copenhagen Accord

이 책이 완결된 후인 12월 7일부터 18일까지, 193개국 대표들이 기후협약에 관한 다음 단계를 논의하기 위해 코펜하겐에 모였다. 본래 코펜하겐 회의는 기후협약을 만들어 낼 것으로 생각되었으나 - 교토의정서의 승계자로서 - 회의 오래 전에 만났던 국가들은 협약을 성사시킬 그들 간의 이견을 충분히 해결하지 못할 것이 명백하게 만들었다. 실제로 코펜하겐 회의는 격렬했고 조직이 결성되지는 못했다. 미국, 중국, 인도, 남아프리카공화국 그리고 브라질 간의 최후 협상에서 비구속적 원칙의 선언인 코펜하겐 합의로 알려진 문서를 도출해 냈다. 다른 회의 참가국들은 공식적으로 이 합의에 서명하지 않았으나 그 대신 회의로부터 나온 최종문서에 "주목"했다.

코펜하겐 합의는 그 서명국들이 합의할 수 있었던 일반적 조건에서 원칙을 선언한 3페이지의 문서이다. 그 중요한 원칙들은 아래와 같다 :

- 지구 온도를 2℃ 이상 증가를 방지하는 배출 감축을 위하여 "장기간의" 협력조치가 행하여져야 한다.
- 부유국들은 빈곤국들에 의한 적응 노력을 위해서 재정적 원조를 제공할 것이다. 선진국들은 2010~2012년까지 3년 동안 300억 달러를 제공할 것이고 2020년까지 매년 1000억 달러를 제공할 것이다.
- 교토의정서 비부속서 I 당사국들은 "저감조치들을 이행할" 것이다.
- 저감조치들은 "국내적 측정, 보고와 검증"에 따라야 하고 국제적으로 교환될 것이다.

- 국가들은 산림파괴와 산림의 황폐화를 줄이기 위한 인센티브를 확립할 것이다.

더 이상의 협상은 "주요 배출국들"에 의해서 주로 수행될 것으로 보인다 - 미국, 중국, 인도, 유럽국가들 그리고 브라질을 포함한 대략 20개국들이다. 이러한 국가들은 합해서 매년 탄소 배출의 90% 이상을 차지한다.

기후변화저감 목표에 배치됨으로써, 코펜하겐 합의는 대실패였다. 아무런 협약도 채택되지 않았다. 원칙은 명확하지 않았다. 최대 배출국들은 기후변화에 대처하기 위해서 충분한 양에 이르기까지 그들의 배출을 감축하려는 어떠한 시도도 하지 않았다. 중국은 배출에 대한 적절한 모니터링을 함으로써 시도가 평가될 수 있도록 한 제안을 거부하였다. 가장 적극적인 국가들 - 유럽의 국가들 -은 방관자였다. 개도국들은 선진국들이 제공하려고 하는 것보다 저 많은 원조를 받아야 한다고 설득력 있게 주장하였으나, 그들의 방식을 얻기 위한 노력에 있어서는 협상을 손상시켰고 주요배출국들로 하여금 단독으로 협약에 가입하도록 몰아갔다.

이 회의는 이 책에서의 주요 주제를 설명한다. 국가들은 최적의 기후저감에 대해 각기 다른 선호도를 가지고 있고 성공적인 기후협약은 약한 선호도를 가진 국가들이 더 좋아지게 만드는 것을 보장하는 것이 필요할 것이다. 낮은 지역에 있는 섬과 같은 개도국들은 기후변화로부터 잃을 것이 많다. 동시에 그들은 협상력도 거의 없다. 지구온도를 1.5℃ 이상 오르는 것을 방지해야 한다는 그들의 요구는 묵살되었다. 유럽 국가들 역시 기후변화로부터 잃을 것이 너무 많다. 그러나 그들의 부로 인하여 그들은 상당한 감축을 하고 다른 국가들까지 그들의 배출을 감축하도록 비용을 지불할 능력을 가지고 있다. 유럽 국가들의 문제점은 협상력이 별로 없다는 것이다. 그들의 배출 감축에 대한 선호는 잘 알려져 있고 교토 합의(Kyoto Accord)를 통해 이미 실행에 착수하였다. 그 결과 만약 다른 국가들이 양보를 하지 않는다고 하더라도 협상테이블에서 떠날 확실한 위협은 없다.

미국과 중국은 주요 참가자로 남을 것이다. 미국의 입장은 – 단기에 있어 최소한 2005년 수준보다 17% 이하로 배출을 감축하는 것인데(이는 미국으로서는 교토 목표보다 훨씬 적은 규모이다) – 과학적인 관점에서 그리고 나머지 세계에 대해 전적으로 확실하지 않은 것으로서 모두 필요한 것보다 약한 것이다. 오바마 대통령은 배출 감축을 위해서 미국을 움직일 수 없다. 왜냐하면 그렇게 할 권력이 상원의 수중에 있고 주요한 배출량 감축을 위한 미국 내 여론의 지지가 약하기 때문이다.

중국은 2020년까지 2005년 수준의 40~45% 규모로 탄소 배출량을 감축하겠다고 제안했다. (탄소 규모는 GDP 단위당 배출량에 의존한다). 이러한 제안은 굉장한 팡파르와 함께 소개되었는데 사실 중국으로 하여금 어떠한 추가적 조치를 착수하게 한 것은 아니다. 에너지 정보국(Energy Information Administration)의 2009년 국제 에너지 전망에 따르면, 중국의 탄소규모는 통상적 계획에 의해 이 정도 양까지 감소할 것이라고 한다(더 부유한 국가들은 더 효율적인 에너지 부문을 가지고 있고 그래서 국가들은 자연스럽게 국가가 부유해짐에 따라 덜 배출한다). 2006년에 중국은 GDP의 2005년 미국 100만 달러당 1,001 입방미터 톤을 배출하였다 ; 2020년에는 중국은 558 입방미터 톤을 배출한다고 계획하고 있다. 더욱이 탄소 규모 감축은 배출 감축에 있어서 필요적인 감축은 아니다. 같은 계획 하에서 중국의 배출은 매우 실질적으로 증가한다(2006년 1인당 4.6평방미터 톤에서 2020년까지

6.6평방미터 톤까지). 더 나아가 중국은 목표 도달에 실패가 명시되지 않거나 최소한 논의를 확실히 하기 위해 국제검증절차(international verification procedures)에 승복하도록 하는 미국의 제안을 거부하였다.

코펜하겐의 교훈은 성공적인 협약은 국제 Paretianism을 충족해야 한다는 것이다. 국제 Paretianism은 국가들로 하여금 협약이 없을 경우 보다 협약이 있을 때 더 좋아진다는 것을 믿도록 요구하는 것이다. 급속하게 산업화하는 정부들에게는 경제적 성장이 기후변화에 우선한다. 중국은 상당한 배출 감축에 동의하는 것을 그들의 이익이라고 인식하지 않는다. 명시적으로 러시아, 인도, 브라질 그리고 다른 주요 개도국들도 그렇게 인식하지 않는 바, 그들의 배출을 줄이는 것에 대해 이제까지 거부해 왔다. 우리는 성공적인 협약이 저지대 섬 국가들과 아프리카의 빈곤국이 아니라 이러한 국가들에게 이전 또는 다른 양보를 하는 것을 요구하는 것에 의문을 갖는다. 만약 배출 감축 이득이 비용을 능가한다면 이러한 제약을 충족할 방도가 있어야 한다. 그러나 더욱더 지정학적인 경쟁자로 인식될 국가들에게 이전하는 것은 심각한 정치적·실제적 반대에 직면할 것이다. 그리고 지구 기온 상승에 대한 목표 강제는 기후변화로부터 잃을 것이 많은 국가들과 잃을 것이 적은 국가들 간의 타협을 반영할 것이다. 이 문제에 대한 해결책을 찾는 것은 기후정책의 주된 목표가 되어야 한다.

국제 Paretianism은 또한 기후협약이 분배나 교정적 정의의 요구를 충족시키기 위해서 빈곤국에 대한 대량 이전을 포함하지 않을 것이라는 것을 의미한다. 빈곤국과 부유국 간의 충돌은 배출 감축이라는 본질적인 목표를 압도하려고 위협한다. 빈곤국들은 처음부터 매년 적응비용(adaptation costs)으로 1000억 내지 2000억 달러를 요구했다. 그들은 이 책에서 우리가 논의해

온 교정적 · 재분배적 정의를 활용했다. 그것은 코펜하겐 회의에서 많은 혼돈으로 이끈 이러한 요구에 대한 거절이었다. 빈곤국들은 주요 배출국들보다 훨씬 수가 많고 유엔 절차에서 동등한 투표권을 갖는다. 따라서 그들의 요구가 충족될 때까지 논쟁을 봉쇄하기 위해 의회 전략을 쉽게 사용할 수 있다.

결국에는 부유국들은 이후 3년간 매년 100억 달러를 제공하기로 동의했는바, 이 액수는 빈곤국들이 요구했던 것보다 상당히 덜 관대한 것이다. 신문은 이 자금의 상당액이 대외 원조 회계에서 모아질 것이라는 점을 표면화했다. 그게 진실이라면 빈곤국들은 이 시도로부터 얻을 것이 거의 없거나 아무것도 얻지 못할 것이다. 우리가 확인할 수 있었던 바와 같이 2020년에 시작되는 1,000억 달러라는 숫자는 어떠한 명백한 약속을 반영하지 않는다. 미국은 자기가 할당분만 기여하겠다고 선언하였고 그 액수를 특정하지 않았다. 빈곤국들의 의심은 쉽게 이해할 수 있다. 대외 원조는 미국에서 매우 인기가 없다. 개도국들 G77그룹의 수석대사는 코펜하겐 합의를 "소수 국가들의 경제적 지배를 유지하기 위한 동반자살계약(suicide pact), 소각계약(incineration pact)과 비유하였다. 그것은 유럽인 600만 명을 용광로에 집중시키는 가치에 근거하고 있다." 그 말은 과장이지만 그 정서는 이해할 수 있다. 만약 기후변화가 선진국들과 주요 개도국들에 사는 사람들이 받아들일 수 있는 비용으로 대체될 수 있다면 빈곤국에 대한 대규모 재분배는 기후협약의 일부분이 될 수 없을 것이다.

코펜하겐은 가난, 과거 부정의 그리고 단일 협상에서의 기후변화에 대한 무의미함을 보여 주었다. 광범위한 가난의 문제는 시급하다. 배출 감축 문제도 그렇다. 그리고 많은 국가들은 과거에 나쁘게 행동했다. 그러나 어떠한 정의의 원칙도 이러한 문제가 동시에 또는 다각적으로 대처되어야 한다는 것을 요구하지는 않는다. 코펜하겐에서의 행사는 그렇게 하려고 시도하는 것은 세 가지 목표 모두를 위험하게 한다는 점을 가르쳐 주고 있다.